Natur bewusst

Natur bewusst 2.1

Natur – Umwelt – Technik

Herausgeber
Heinz Böttgenbach
Jörn Schoof

Autoren
Heinz Böttgenbach
Siegfried Grandt
Mariela Kalkhake
Claus Rüping
Thomas Sudeik
Karl Volkmann
Elisabeth Westendorf-Bröring

westermann

In diesem Buch gibt es:

i **Informationsseiten:**
Zusammenhänge zum
Nachlesen und Verstehen

A **Aktionsseiten:**
Aktiv werden mit Versuchen,
Erkundungen, Rätseln, Aufgaben ...

P **Projektarbeit:**
Ein Thema selbstständig bearbeiten

1. Auflage Druck 5 4 3 2 1
Herstellungsjahr 2003 2002 2001 2000
Alle Drucke dieser Auflage können im Unterricht parallel verwendet werden.

www.westermann.de
Verlagslektorat: Heidrun Kiene
Gestaltung und Lay-out: Andrea Heissenberg, Braunschweig
Gestalterisches Konzept: Gerd Gücker, BDG, Braunschweig, Schwanke / Raasch graphik design, Hannover,
Herstellung: Dirk Walter-von Lüderitz
Druck und Bindung: westermann druck GmbH, Braunschweig

ISBN 3-14-150963-8

Inhaltsverzeichnis

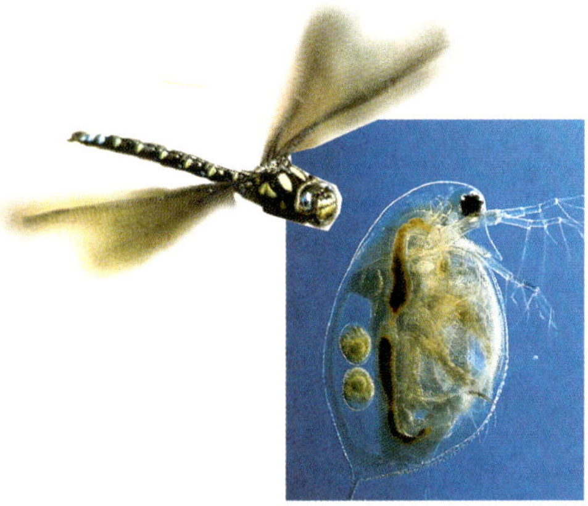

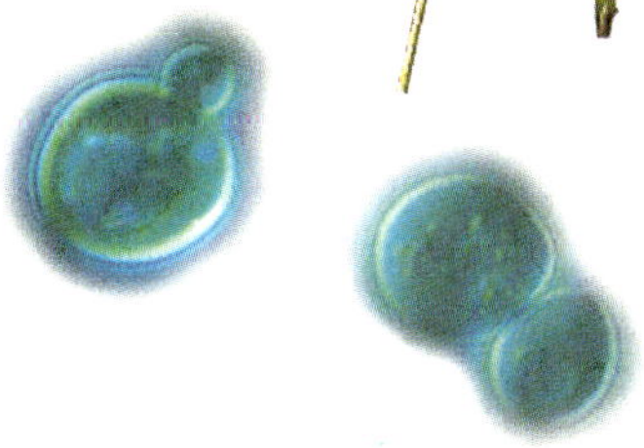

1 Wasser - ein wichtiger Lebensraum

1.1 Wasser ist lebenswichtig

Abb. 1 Erde, aus dem Weltraum gesehen

Unsere Erde ist ein „Wasserplanet“. Betrachtet man die Erde aus dem Weltraum, so erkennt man, dass die Erdoberfläche zum größten Teil aus Wasser besteht (Abb. 1). Fast drei Viertel der Oberfläche sind von Meeren bedeckt. Bei dieser Fülle von Wasser könnte man meinen, dass es nirgendwo auf der Erde Wassermangel gibt. Das ist aber nicht so, denn das Wasser der Meere ist salzig und für den Menschen ungenießbar. Nur 3 % des Wassers auf der Erde sind *Süßwasser* und drei Viertel davon sind zudem noch in den Gletschern der Hochgebirge und an Nord- und Südpol in Form von Eis gespeichert (Abb. 2). Außerdem ist Süßwasser in der Luft gelöst und die Wolken bestehen daraus. Nur ein geringer Teil des Süßwassers befindet sich in Flüssen und Seen sowie als *Grundwasser* im Erdboden. Grundwasser ist für uns besonders wertvoll, da es beim Versickern durch den Boden gereinigt wird und deshalb zur Herstellung von Trinkwasser sehr gut geeignet ist.
Wasser ist die Grundlage für alles Leben. Alle Menschen, Tiere und Pflanzen enthalten Wasser und brauchen es zum Leben. Unser Körper enthält etwa 70 % Wasser. Bei einigen Lebewesen, z. B. Quallen, beträgt der Wassergehalt sogar über 90 %.

Abb. 2 Eisberg in der Arktis

Abb. 3 Dürre in Afrika

Abb. 4 Überschwemmung in Bangladesch

Abb. 5
Fang von Rotbarsch

Sowohl ein Mangel als auch ein Zuviel an Wasser kann zu Katastrophen führen. Dürre verursacht Ernteausfälle und Hungersnöte (Abb. 3). Sturmfluten und Überschwemmungen zerstören Häuser, vernichten Ernten und töten Menschen und Tiere (Abb. 4). Meere, Flüsse und Seen sind wichtige Nahrungslieferanten. Ohne Fischfang wäre die Ernährung der Menschheit nicht möglich (Abb. 5). Das Wasser selbst ist für uns ein wichtiges Lebensmittel. Darum müssen wir sorgsam damit umgehen und es vor Verunreinigungen schützen.

Wasser übt auf uns Menschen einen besonderen Reiz aus: Schon als Kleinkind spielen wir begeistert mit Wasser und viele Freizeitvergnügen haben mit Wasser zu tun, z. B. Baden, Segeln und Surfen.

Merksatz

Wasser nimmt den größten Teil der Erdoberfläche ein. Alle Lebewesen brauchen Wasser zum Leben.

1 Untersuchung des Wassergehalts von Gemüse

Du brauchst:
- Messer
- Backpapier
- Waage
- verschiedene Gemüsesorten

Schneide das Gemüse in sehr dünne Scheiben und wiege jeweils 100 g davon ab (Abb. 6). Lege die Scheiben nebeneinander auf das Backpapier und trockne sie 3 Stunden bei 100 °C im Backofen oder Trockenschrank. Nimm die getrockneten Scheiben vom Papier und wiege das Gemüse erneut. Wenn du diesen Wert von 100 abziehst, hast du den Wassergehalt des Gemüses in Prozent.
Vergleiche deine Ergebnisse mit den folgenden Werten:

100 g Lebensmittel enthalten so viel Gramm Wasser:

Salat	90 g
Kartoffeln	80 g
Hühnerei	67 g
Schweinefleisch	55 g
Butter	10 g
Mehl	6 g

2 Wie entstehen Eisberge?

Eisberge, die nahe dem Nord- und Südpol in den Ozeanen treiben, bestehen aus gefrorenem Süßwasser. Schlage im Lexikon nach, wie Eisberge entstehen.

Abb. 6 Die dünnen Gemüsescheiben werden auf dem Backpapier verteilt

3 Wasser ist lebenswichtig

Sammle Bilder und Zeitungsausschnitte zum Thema „Wasser ist lebenswichtig“ und gestalte dazu ein Poster.

4 Wasserverteilung auf der Erde

Von 100 Litern Wasser auf der Erde sind:
97,2 l Salzwasser,
2,2 l Eis,
0,003 l in der Luft und in den Wolken,
0,6 l im Grundwasser,
weniger als 0,5 l in Flüssen und Seen.
Klebe einen 100 cm langen und 10 cm breiten Papierstreifen zusammen, übertrage die Werte auf diesen Papierstreifen und male sie unterschiedlich an.

5 Gute und schlechte Erfahrungen mit Wasser

Mit Wasser können wir gute und schlechte Erfahrungen machen. Teile deine Heftseite in zwei Spalten und schreibe in die linke gute Erfahrungen und in die rechte schlechte Erfahrungen.

6 Trinkwasser aus Gletschereis?

Das Eis der Gletscher und der Polkappen besteht aus Süßwasser. Man zählt es aber nicht zu der Wassermenge hinzu, die zur Trinkwassergewinnung genutzt werden kann. Gib Gründe dafür an.

A

7 Dein Wasserkonto

Prüfe nach, ob das Wasserkonto in Abb. 7 ausgeglichen ist. Nenne drei Situationen, in denen diese Durchschnittswerte von den tatsächlichen Werten stark abweichen können.

Jeden Tag
- trinkst du ungefähr 1,6 l Wasser,
- nimmst du ungefähr 0,9 l Wasser mit der Nahrung auf,
- verlierst du ungefähr 0,5 l Wasser durch deine Lungen,
- scheidest du ungefähr 1,25 l Wasser als Urin aus,
- scheidest du ungefähr 0,1 l Wasser mit dem Stuhl aus,
- schwitzt du ungefähr 0,65 l Wasser aus

Abb. 7 Dein persönliches Wasserkonto

8 Wassersport

Die verschiedenen Wassersportarten machen viel Spaß, bringen aber manchmal Probleme für die Umwelt mit sich. Manche sind deshalb auf bestimmten Gewässern verboten. Nenne sechs Wassersportarten und überlege, bei welchen die Umwelt gefährdet werden könnte.

9 Kein Trinkwasser

In der Weltkarte (Abb. 8) sind alle Länder rot gezeichnet, in denen mehr als die Hälfte der Bevölkerung kein sauberes Trinkwasser zur Verfügung hat. Schlage im Atlas nach, welche Länder das sind.

10 Aufgabe

Welche Folgen hat es für Menschen, wenn sie kein sauberes Trinkwasser zur Verfügung haben?

Abb. 8 Nicht alle Menschen haben sauberes Trinkwasser

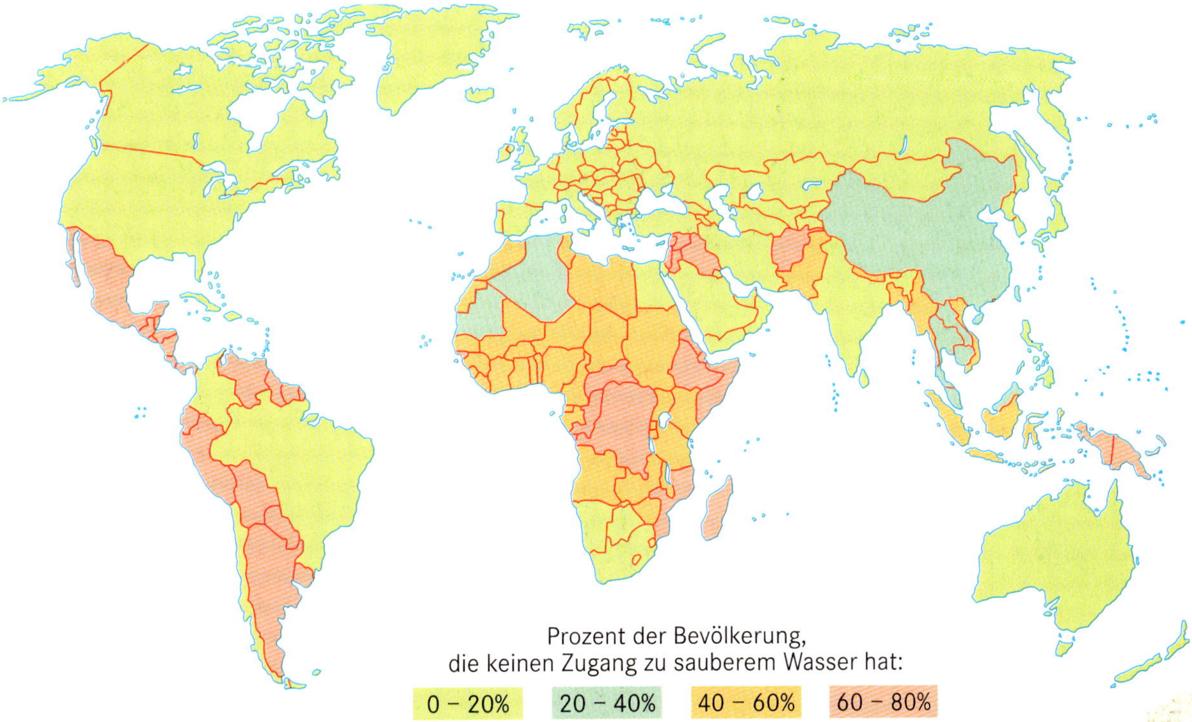

A

1.2 Wasserkreislauf

Abb. 1

Wasser ist ständig in Bewegung. Etwa 80 cm tief würden wir im Wasser stehen, wenn der Schnee, Hagel und Regen, der bei uns in einem Jahr niederfällt, an Ort und Stelle bliebe (Abb. 1). Wo bleibt das ganze Wasser? Die Abbildung 2 zeigt die Antwort. Angetrieben durch die Energie der Sonne, befindet sich das Wasser in einem ständigen Kreislauf. Durch die Wasserverdunstung vom Land und von den Meeren gelangt Wasserdampf in die Luft und verteilt sich durch den Wind. In den kühleren Höhen der Luft kondensiert der Wasserdampf und bildet feine Tröpfchen: Wolken entstehen. Wenn sich größere Tröpfchen bilden, regnen sie zur Erde nieder. Ein Teil des Regens verdunstet schnell wieder, ein Teil bleibt *Oberflächenwasser* und fließt als Bach und dann als Fluss zum Meer. Nur etwa ein Achtel des Regens versickert im Boden und wird zu *Grundwasser*. Auch das Grundwasser fließt zum Meer, allerdings unterirdisch und sehr langsam.

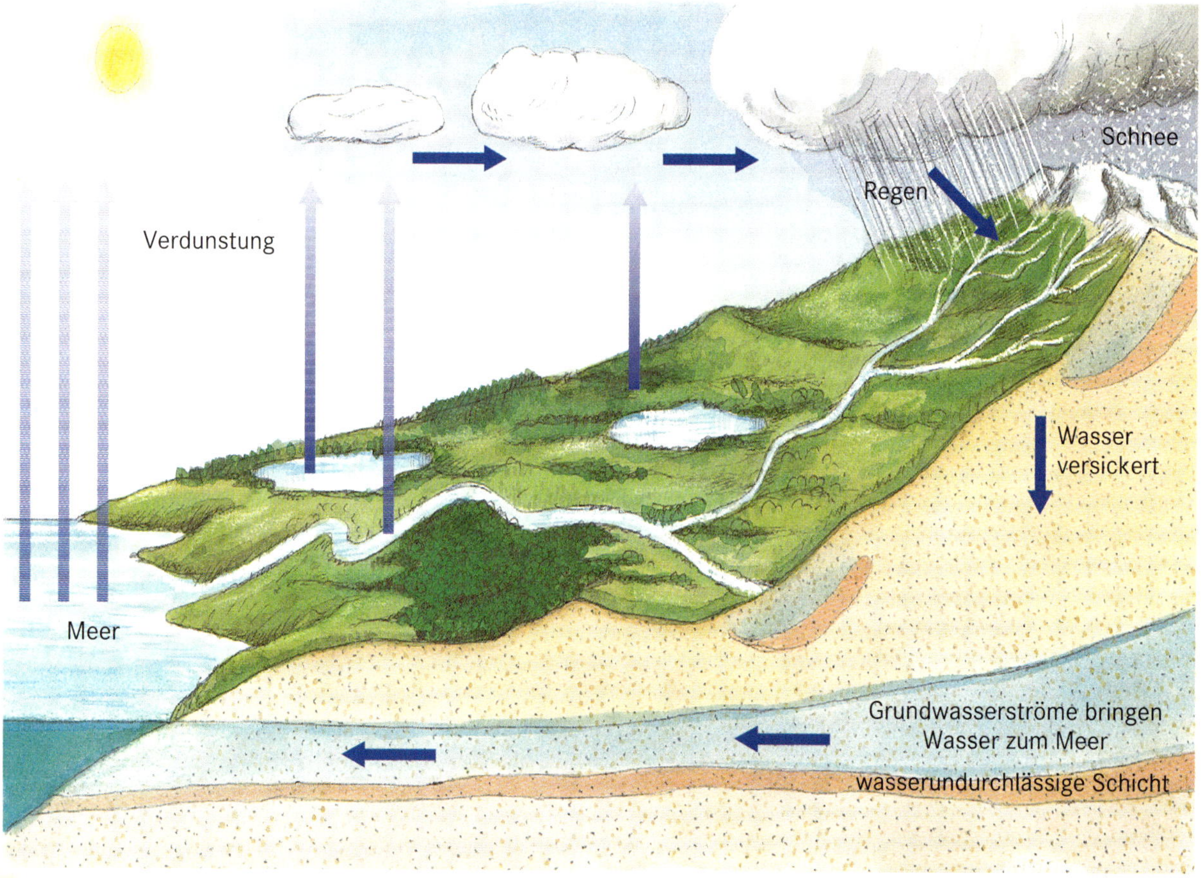

Abb. 2 Das Wasser befindet sich in einem ständigen Kreislauf

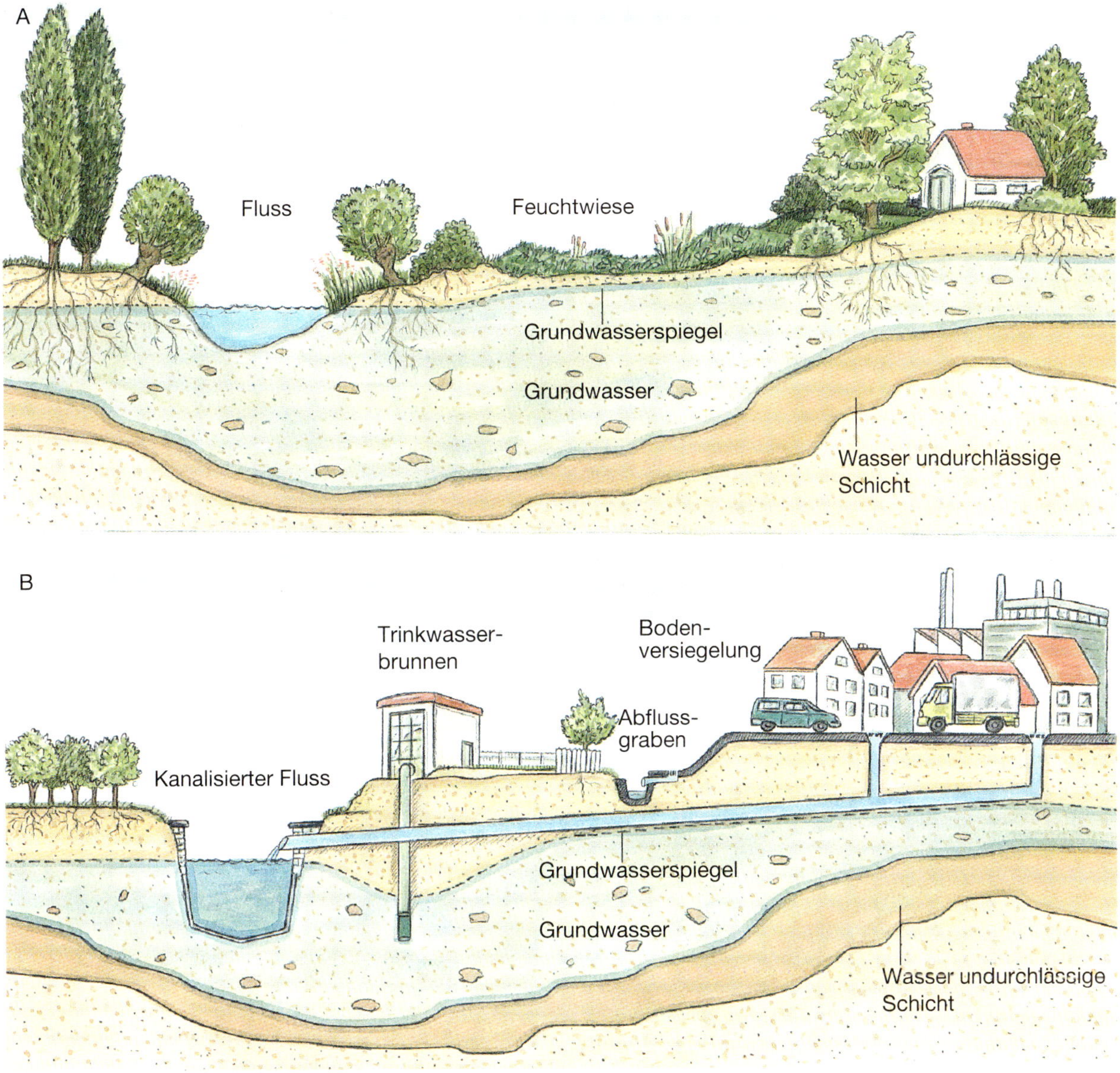

Abb. 3 Wie wir die Menge des Grundwassers verändern

Aus Grundwasser wird Trinkwasser. Auf dem Wege durch verschiedene Bodenschichten wird das versickernde Wasser gereinigt und ist am Ende, wenn es zu Grundwasser geworden ist, viel sauberer als das Oberflächenwasser. Deshalb ist Grundwasser für uns sehr wichtig. Wir können daraus Trinkwasser gewinnen. Damit wir immer genügend sauberes Trinkwasser haben, müssen wir unser Grundwasser schützen und dürfen es nach Möglichkeit nicht durch Schadstoffe verunreinigen. Außerdem müssen wir dafür sorgen, dass immer genug Regen versickern kann. Das ist aber nur möglich, wenn der Erdboden für Wasser durchlässig ist und nicht durch Beton oder Asphalt versiegelt wird. Viele Veränderungen der Landschaft durch den Menschen führen dazu, dass das Grundwasser immer weniger wird (Abb. 3).

Merksatz

Das Wasser auf der Erde befindet sich in einem ständigen Kreislauf. Grundwasser ist für uns die wichtigste Trinkwasserquelle.

1 **Reinigender Boden**

Du brauchst:
- feinen Sand
- groben Sand
- Kies
- Gartenerde
- Watte
- Glasrohr (mindestens 5 cm Durchmesser) mit passendem, durchbohrtem Stopfen
- 2 Bechergläser
- Tinte
- Parfüm oder Eau de Toilette
- Heizöl oder Diesel
- Kochsalz
- Geschirrspülmittel

Verschließe ein Ende des Glasrohres mit dem durchbohrten Stopfen. Stecke dann den Wattebausch in das Glasrohr. Schichte nacheinander den Kies, den groben Sand, den feinen Sand und dann den Mutterboden in das Glasrohr. Jede Schicht muss mindestens drei Zentimeter dick sein. Lege einen zweiten Wattebausch oben auf den Mutterboden (Abb. 4). Gib Wasser in ein Becherglas und füge 5 Tropfen Tinte, einen Tropfen Heizöl und 3 Tropfen Parfüm hinzu, löse einen Teelöffel voll Kochsalz darin auf und gib zehn Tropfen Spülmittel dazu. Gieße die Mischung langsam in das Glasrohr und lass sie in das zweite Becherglas sickern. Prüfe die Farbe und den Geruch des durchgesickerten Wassers. Schüttle eine Probe davon und prüfe, ob es schäumt. Lass einige Tropfen verdunsten und prüfe, ob Salz enthalten ist. Was kannst du feststellen?

Abb. 4 Reinigt der Boden?

2 **Der Wasserkreislauf**

Beschreibe den Wasserkreislauf auf der Erde. Beginne mit „Das Wasser verdunstet vom Land und vom Meer."

3 **Veränderungen beim Grundwasser**

Vergleiche die beiden Zeichnungen in Abb. 3, Seite 11.
a) Wodurch unterscheiden sich die dargestellten Querschnitte?
b) Durch welche Maßnahmen verändert sich der Grundwasserspiegel?
c) Welche Folgen haben die Veränderungen für die Vegetation?
d) Was könnte getan werden, um die Menge des Grundwassers zu erhöhen?

4 **Folgen der Bodenversiegelung**

Man spricht davon, dass die „Versiegelung des Erdbodens" ein Grund dafür ist, dass der Grundwasserspiegel absinkt. Was ist damit gemeint?

5 **Regenwasser statt Trinkwasser**

Um Trinkwasser zu sparen, kann man stattdessen für viele Zwecke auch Regenwasser verwenden.
Für welche Zwecke kann problemlos Regenwasser verwendet werden?
Welche Vorteile hat die Nutzung von Regenwasser?

A

1 Wasser - ein wichtiger Lebensraum

1.3 Pflanzen im See

Abb.1 Seeufer

Binnengewässer sind Lebensräume. Das Wasser an der Oberfläche unserer Erde bildet Meere und Binnengewässer. Zu den *Binnengewässern* zählt man Flüsse, Bäche und Kanäle, Seen, Talsperren und Tümpel. Zahlreiche Pflanzen und Tiere leben in diesen Lebensräumen. Pflanzen wachsen in und am Wasser. Wasservögel, Fische, Frösche sowie viele Insekten und andere Tiere leben ständig hier. Manche verbringen hier einen Teil ihrer Entwicklungszeit, z. B. die Libellen und Mücken, die während ihrer Entwicklung als Larven Wasserbewohner sind.

Erlen. An den Ufern von Seen findet man häufig Erlen (Abb. 2). Ihre Wurzeln vertragen eine zeitweise Überflutung, wie sie im Frühjahr häufig auftritt. Der Boden des Ufers wird von den Wurzeln durchzogen; dies stellt eine natürliche Uferbefestigung dar. Die freigespülten Wurzeln bilden im flachen Wasser des Ufers ein Gestrüpp mit vielen Versteckmöglichkeiten für Jungfische und andere Wasserbewohner.

Abb. 2 Erlenzweig im Frühjahr und im Winter

1 Wasser - ein wichtiger Lebensraum

Abb. 3 Laichkraut

Schilf. Am Ufer und im flachen Wasser bilden Schilf und andere Pflanzen der Uferzone einen dichten Bewuchs, den man auch *Röhricht* nennt (Abb. 1). Die Stängel der Röhrichtpflanzen haben eine hohe Biegefestigkeit und halten Wind und Wellen aus ohne abzubrechen. Das Röhricht bietet Schutz und Nahrung für Frösche, Molche, Insekten und Jungfische. Viele Vögel bauen hier ihre Nester. Auch das Ufer wird durch das Röhricht geschützt, weil die Wellen gedämpft werden.

Seerosen. Weiter zur Seemitte hin schließt sich der Bereich der *Schwimmblattpflanzen* an. Am bekanntesten ist die Seerose (Abb. 1). Ihre Blätter liegen flach auf dem Wasser. Drückt man sie unter Wasser, steigen sie nach dem Loslassen wieder auf. Luftkammern im Inneren der Blätter sorgen dafür, dass die Blätter immer an der Oberfläche schwimmen. Die Oberseite der Seerosenblätter ist mit einer Wasser abstoßenden Wachsschicht überzogen. Dadurch perlt das Wasser von den Blätttern ab. An der Unterseite aber haftet das Wasser. Deshalb werden die Blätter auch bei Wind nicht umgeschlagen. Bis zu vier Meter lange, sehr biegsame Stängel verbinden Blätter und Blüten der Seerose mit den Wurzeln am Grund des Sees.

Laichkraut. Einige Pflanzen wachsen vollkommen unter der Wasseroberfläche des Sees, man nennt sie *Tauchblattpflanzen*. Zu ihnen gehören Laichkraut (Abb. 3) und Wasserpest. Die Stiele des Laichkrauts sind weich und biegsam, sodass die Pflanze alle Wasserbewegungen mitmachen kann.

Algen. Im Sommer findet man an der Wasseroberfläche und an Steinen manchmal watteähnliche grüne Polster. Diese Polster werden durch lange, fadenförmige Grünalgen gebildet (Abb. 4). *Algen* sind sehr einfach gebaute Pflanzen ohne Wurzeln, Stängel und Blätter. Nicht alle Algen sind fadenförmig. Die Grünalge Volvox bildet winzige Kugeln, die wiederum Tochterkugeln enthalten können (Abb. 5). Diese Kugeln treiben frei im Wasser, sie gehören zum pflanzlichen Plankton. Als *Plankton* bezeichnet man mikroskopisch kleine Lebewesen, die im Wasser schweben.

Abb. 4 Fädige Grünalge, mikroskopisch

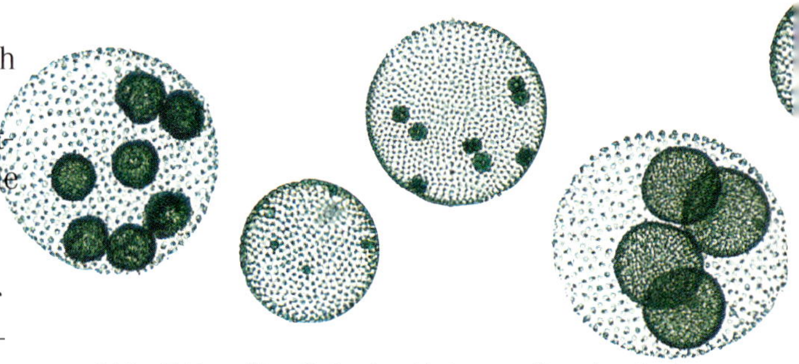

Abb. 5 Kugelige Grünalge Volvox, mikroskopisch

Merksatz

Bei den Pflanzen eines See unterscheidet man Uferpflanzen, Röhricht, Schwimmblattpflanzen, Tauchblattpflanzen und Algen.

1.4 Tiere im See

Wasserflöhe. Im Sommer findet man in vielen Seen und Teichen große Mengen von millimetergroßen Krebsen, die Wasserflöhe genannt werden (Abb. 1). Wasserflöhe gehören zum tierischen *Plankton* eines Sees. Sie bewegen sich mit ihren langen Fühlern durch das Wasser. Die Fühler und im Körper eingelagerte Öltröpfchen sorgen dafür, dass der Wasserfloh einige Zeit im Wasser schwebt und nicht so schnell absinkt. Mit dem Mikroskop kann man auch die Beine erkennen, die sich ständig auf und ab bewegen und einen Wasserstrudel erzeugen. Dadurch wird sauerstoffreiches Wasser und Nahrung zu den Beinen gespült. Die Kiemen an den Beinen versorgen den Wasserfloh mit Sauerstoff. Die Borsten an den Beinen filtern die Nahrung aus dem Wasser und befördern sie zur Mundöffnung. Wasserflöhe ernähren sich vor allem von Algen. Wenn das Wasser im Sommer warm ist, vermehren sich die Wasserflöhe sehr schnell. Die Weibchen legen unbefruchtete Eier, aus denen sich wieder nur Weibchen entwickeln. Erst im Spätsommer entwickeln sich auch Männchen. Die Weibchen paaren sich mit diesen und legen im Herbst Eier ab, die auf dem Boden des Sees den Winter überdauern.

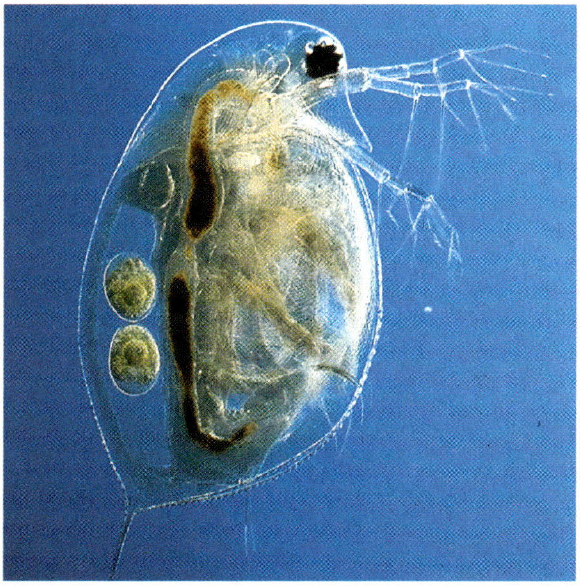

Abb. 1 Wasserfloh, mikroskopisch

Abb. 2 Keine Angst, Libellen stechen nicht!

Libellen. Gewässer und ihre Ufer sind das Jagdrevier von Libellen (Abb. 2). Libellen sind wahre Luftakrobaten, die fast 50 Kilometer pro Stunde schnell fliegen, abrupt in der Luft stillstehen und sogar rückwärts fliegen können. Sie jagen Fliegen, Mücken und andere Insekten. Die Beute wird mit den Vorderbeinen ergriffen und häufig noch im Flug verzehrt. Auch wenn es manchmal bedrohlich erscheint, wenn man von einer großen Libelle umkreist wird - es besteht keine Gefahr. Libellen sind völlig ungefährlich.

Die Paarung der Libellen findet im Flug statt. Kurz darauf legt das Weibchen seine Eier ab. Manche Libellen bohren Wasserpflanzen an und legen ihre Eier in dort vorhandene Hohlräume. Andere lassen die Eier einfach ins Wasser fallen. Daraus entwickeln sich Libellenlarven, die im Wasser leben und sich von anderen Wasserlebewesen ernähren (Abb. 3). Libellenlarven

Abb. 3 Libellenlarve frisst Kaulquappe

sind geschickte und schnelle Jäger. Zu ihrer Beute gehören Wasserflöhe und andere Kleinkrebse, Kaulquappen und kleine Fische. Um wachsen zu können, muss sich die Libellenlarve häuten. Die harte Haut kann nicht mitwachsen. Nach etwa einem Dutzend Häutungen ist die Libellenlarve ausgewachsen. Das dauert zwei bis vier Jahre. Jetzt kriecht sie an Röhricht- oder Uferpflanzen hoch und krallt sich dort fest. Die Haut platzt am Rücken auf und die Libelle kriecht heraus (Abb. 4). Fast zwei Stunden dauert es, bis die Flügel sich ganz entfaltet haben und die Haut hart geworden ist. Dann fliegt die Libelle los und beginnt ihr Leben als Jäger in der Luft.

Abb. 4 Eine Libellenlarve hat das Wasser verlassen, die flugfähige Libelle schlüpft

Rotaugen. Das Rotauge (Abb. 5), in manchen Gegenden auch Plötze genannt, ist in Deutschland und großen Teilen Europas verbreitet. Man findet den Fisch nicht nur in Binnengewässern, sondern auch in der Ostsee. Er ist leicht an den rot umringten Augen zu erkennen. Der Rücken ist bläulich bis grünschwarz gefärbt. Die Seiten sind heller und werden zum Bauch hin silbrig glänzend. Bauch- und Afterflosse sind hell- bis dunkelrot. Rotaugen gehören zu den *Friedfischen*, das heißt, dass sie keine Jäger sind. Dies bedeutet jedoch nicht, dass sie ganz auf tierische Nahrung verzichten. Neben Algen und Wasserpflanzen gehören auch Krebse, Würmer, Insekten und Jungfische zu ihrer Nahrung. Rotaugen laichen je nach Wassertemperatur zwischen März und Juli an flachen, mit Pflanzen bewachsenen Uferzonen. Rotaugen können 50 cm lang und 1,5 kg schwer werden.

Abb. 5 Rotauge

Hechte. Einer der größten bei uns vorkommenden *Raubfische* ist der Hecht (Abb. 6). Er kann 1,50 Meter lang und 35 kg schwer werden. Er hat einen lang gestreckten Körper. Sein Maul ist schnabelartig vorgezogen, bis unter die Augen gespalten und mit sehr vielen spitzen Zähnen besetzt. Hechte kommen in ganz Europa in langsam fließenden oder stehenden Gewässern vor. Ihr kräftiger Körperbau ermöglicht es ihnen, sehr schnell zu schwimmen. Zu ihrer Beute gehören Fische, Frösche und Wasservögel, aber sie fressen auch Aas. Häufig stehen Hechte im Schilf. Sie sind dort durch ihre Querstreifen gut getarnt. Vom Schilf aus stoßen sie blitzschnell vor und ergreifen ihre Beute.

Anpassungen der Fische. Als Lebewesen, die ständig im Wasser leben, sind Fische dem Lebensraum Wasser in besonderer Weise angepasst. Sowohl die Art der Fortbewegung als auch die Atmung erfordern im Wasser völlig andere Organe als an Land. Anstelle von Lungen haben Fische *Kiemen*, die vom Wasser umströmt werden und den darin gelösten Sauerstoff aufnehmen. Bei der Fortbewegung im Wasser muss ein größerer Widerstand überwunden werden als an der Luft. Der spindelförmige Körper der Fische ermöglicht trotz des hohen Widerstandes eine schnelle Fortbewegung im Wasser. Den Vortrieb erzeugen Fische durch Flossen.

Merksatz

In einem See leben viele verschiedene Tiere, manche nur während ihrer Larvenzeit. Fische bewegen ihren spindelförmigen Körper mithilfe von Flossen durch das Wasser. Sie atmen durch Kiemen.

Abb. 6 Hecht

1.5 Vögel am Wasser

Graureiher. Bewegungslos steht ein Graureiher im flachen Wasser und lauert auf seine Beute. Wenn er einen Fisch entdeckt hat, der sich in seiner Reichweite befindet, stößt er blitzartig mit seinem langen, spitzen Schnabel zu. Er packt den Fisch, hält ihn fest und dreht ihn geschickt herum, sodass er ihn dann mit dem Kopf voran ganz hinunterschlucken kann (Abb. 1). Weil der Graureiher Fische fängt, heißt er auch Fischreiher. Die Beine und die Zehen des Graureihers sind an das Waten in flachem Wasser angepasst: Die Beine sind lang und die Zehen lassen sich weit spreizen (Abb. 1). So kann der Reiher auf einem weichen, schlammigen Grund kaum einsinken. Aber nicht nur im flachen Wasser, sondern auch auf Feldern und Wiesen kann man den Graureiher bei der Jagd beobachten. Dort gehören Mäuse, Frösche, Maulwürfe und Käfer zu seiner Beute. Graureiher brüten auf Bäumen am Waldrand, meistens in Kolonien mit anderen Graureihern zusammen. Vier bis fünf Eier werden von beiden Partnern knapp vier Wochen lang bebrütet. Die Jungen sind Nesthocker und verlassen erst nach acht bis neun Wochen das Nest. Bei Fischzüchtern sind Graureiher nicht beliebt, da sie auch in Fischteichen ihre Nahrung suchen und dadurch Schaden verursachen können.

Abb. 1 Graureiher

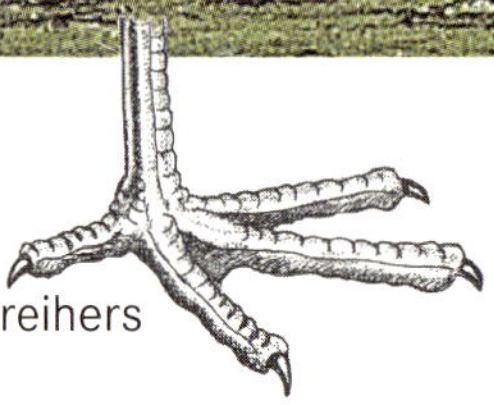

Fuß eines Graureihers

Abb. 2 Haubentaucher mit Jungen

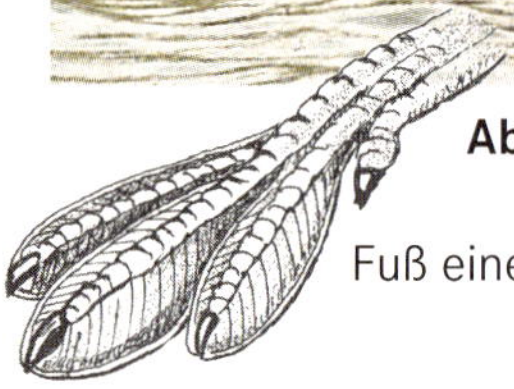

Fuß eines Haubentauchers

Haubentaucher. Die entengroßen Haubentaucher (Abb. 2) können gut tauchen. Beim Schwimmen liegen sie etwas tiefer im Wasser als Stockenten. Vor dem Abtauchen legt der Haubentaucher die Federn eng an seinen Körper an und presst dadurch die Luft aus seinem Gefieder. Unter Wasser jagt er Fische, Frösche, Insekten und Kleinkrebse. Mit seinen Füßen kann er einen kräftigen Vortrieb erzeugen, weil die Zehen seitlich schmale Hautlappen haben, die ähnlich wirken wie die Schwimmhäute von Enten (Abb. 2). Wenn der Haubentaucher die Füße nach vorne bewegt, dann klappen die Hautlappen nach hinten und die Zehen haben nur einen kleinen Widerstand im Wasser. Bewegt er die Füße nach hinten, klappen die Hautlappen auseinander, das Wasser wird nach hinten gedrückt und der Vogel bewegt sich nach vorn. In der Brutzeit häufen die Haubentaucher Schilf und Röhrichtstücke aufeinander, bis ein großes Schwimmnest entstanden ist, das die Eier und den brütenden Vogel tragen kann.

Merksatz

Graureiher und Haubentaucher sind mit ihrem Körperbau und ihrer Lebensweise an das Leben am Wasser angepasst.

1.6 Wasser als Lebensraum

1

Pflanzen und Tiere am See
Zeichne Abb. 1 vergrößert in dein Heft. Zeichne die auf den Seiten 13 bis 18 beschriebenen Pflanzen und Tiere dort in den Seequerschnitt ein, wo sie sich bevorzugt aufhalten.

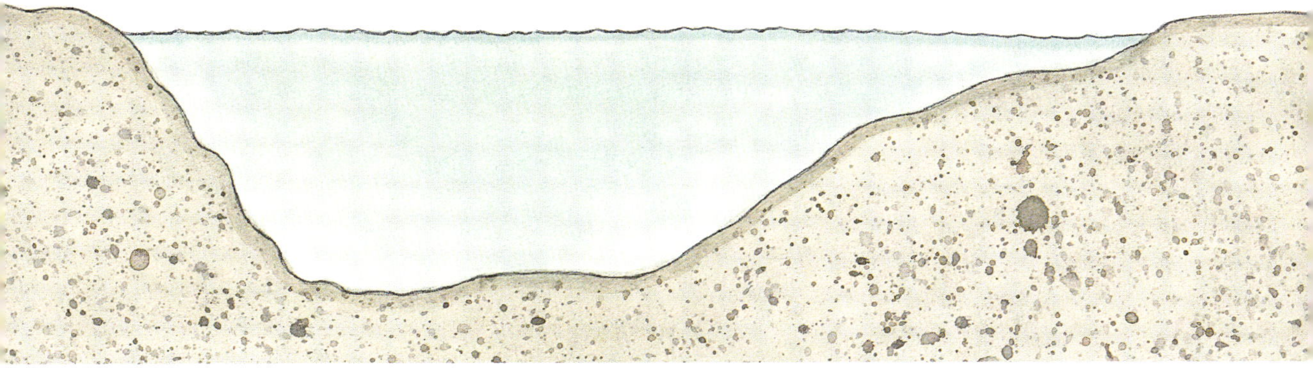

Abb. 1 Seequerschnitt

2

Wer ist wer?
Abb. 2 zeigt in einer schematischen Darstellung die Lage zweier Wasservögel im Wasser. Der eine Vogel sucht seine Nahrung von der Wasseroberfläche aus, der andere Vogel jagt untergetaucht. Welche Abbildung gehört zu welchem Vogel? Erkläre die Vorteile dieser Anpassungen.

Abb. 2 Wer jagt unter Wasser?

3

Aufgabe
Suche aus einem Bestimmungsbuch oder Nachschlagewerk zwei weitere Lebewesen heraus, die im See leben, und beschreibe sie.

4

Verschiedene Füße
In Abb. 1 und 2, Seite 18, siehst du eine Darstellung der Füße von Graureiher und Haubentaucher.
a) Beschreibe, wodurch sie sich unterscheiden.
b) Was kannst du über den Lebensraum dieser Vögel sagen?
c) Was hat die Form ihrer Füße mit der Art ihrer Nahrungsaufnahme zu tun?

A

5 Wie schwimmt ein Fisch?
Beobachte die Schwimmbewegungen von Fischen in einem Aquarium. Wie erzeugen die Fische den Vortrieb, wie verändern sie ihre Bewegungsrichtung?

6 Die Spindelform der Fische
Welchen Vorteil hat die spindelförmige Gestalt der Fische für die Fortbewegung?

7 Was lebt am Gewässer?
Du brauchst:
- Fernglas
- evtl. Fotoapparat
- Bestimmungsbuch

Beobachte ein Gewässer in deiner Nähe und erstelle eine Liste der Tierarten, die du dort entdecken kannst.

8 Wasserpest trocknen
Du brauchst:
- Wasserpest
- Waage
- Glasschale oder Teller

Wiege eine Glasschale und schreibe das Gewicht auf. Lege auf die Schale genau 10 g Wasserpest, von der du vorher das Wasser abgeschüttelt hast. Stelle die Schale mit der Wasserpest bei 100 °C für drei Stunden in den Trockenschrank oder lass sie einige Tage auf der Heizung trocknen. Wiege dann die eingetrocknete Wasserpest mit der Glasschale. Berechne das Gewicht der trockenen Wasserpest und den Wassergehalt in Prozent. Vergleiche das Ergebnis mit dem Wassergehalt von Obst und Gemüse auf Seite 8.

9 Biegefestigkeit von Schilfrohr
Du brauchst:
- Stativmaterial
- Papiertücher
- Gewichte
- Draht
- Schilfrohr (1 m lang)

Umwickle ein Ende des Schilfrohrs dick mit Papiertüchern und spanne es waagerecht im Stativ ein. Wickle Draht um das andere Ende und forme einen Haken. Hänge nacheinander immer mehr Gewichte an den Drahthaken, bis das Schilfrohr abknickt (Abb. 3). Was kannst du über die Biegefestigkeit aussagen?
Wie ist das Schilfrohr gebaut? Woher erhält es seine hohe Festigkeit?

Abb. 3 Schilfrohr ist biegsam

1.7 Nahrungsketten im See

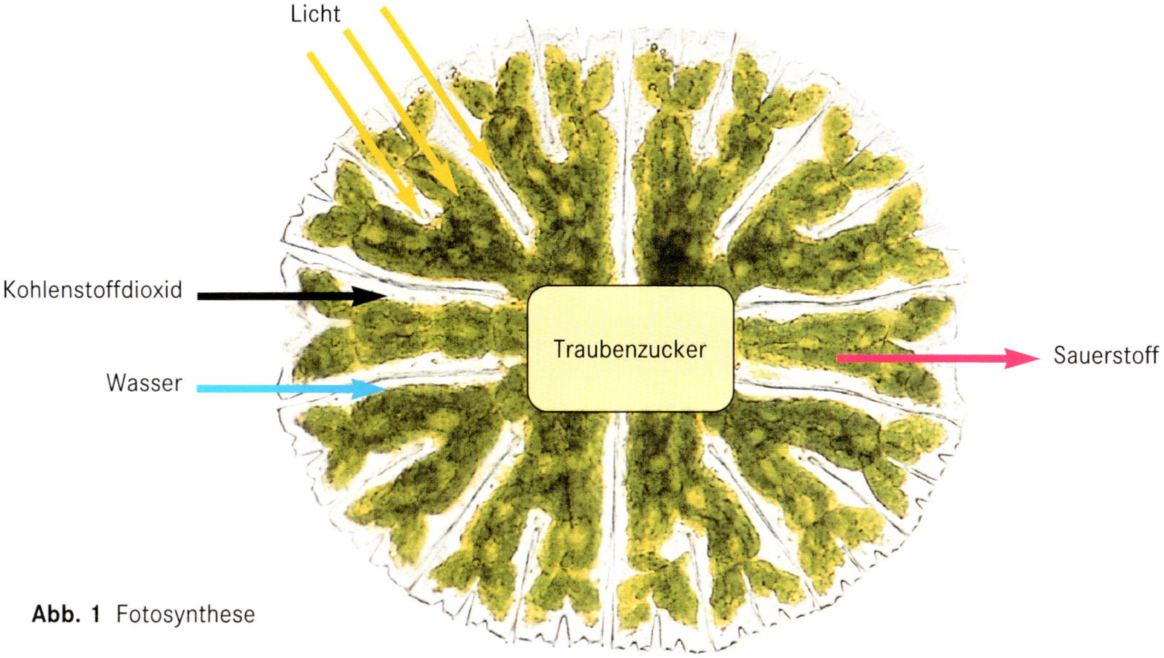

Abb. 1 Fotosynthese

Seen ohne Pflanzen sind tot. Die Pflanzen in einem Gewässer sind für alle Lebewesen lebenswichtig. Sie stellen aus Kohlenstoffdioxid und Wasser mithilfe der Sonnenenergie Traubenzucker und Sauerstoff her. Diesen Vorgang nennt man *Fotosynthese* (Abb. 1). Mit der Fotosynthese produzieren die Pflanzen die Nahrung für alle Lebewesen. Man nennt die Pflanzen deshalb auch *Produzenten*. Die Fotosynthese ist aber auch deshalb wichtig, weil die Pflanzen dabei Sauerstoff an das Wasser abgeben. Der Sauerstoff ist für die Atmung aller Lebewesen im Wasser lebensnotwendig.

Fressen und gefressen werden. Graureiher erbeuten unter anderem Hechte, wenn sie nicht zu groß sind. Diese wiederum fressen Rotaugen. Zur Nahrung der Rotaugen gehören Wasserflöhe. Diese ihrerseits ernähren sich von Algen. Reiht man die Lebewesen nach der Folge des Fressens und Gefressenwerdens auf, erhält man eine Reihenfolge, die als *Nahrungskette* bezeichnet wird (Abb. 2):
Algen ⇨ Wasserfloh ⇨ Rotauge ⇨ Hecht ⇨ Graureiher.

Abb. 2 Nahrungskette

1 Wasser - ein wichtiger Lebensraum

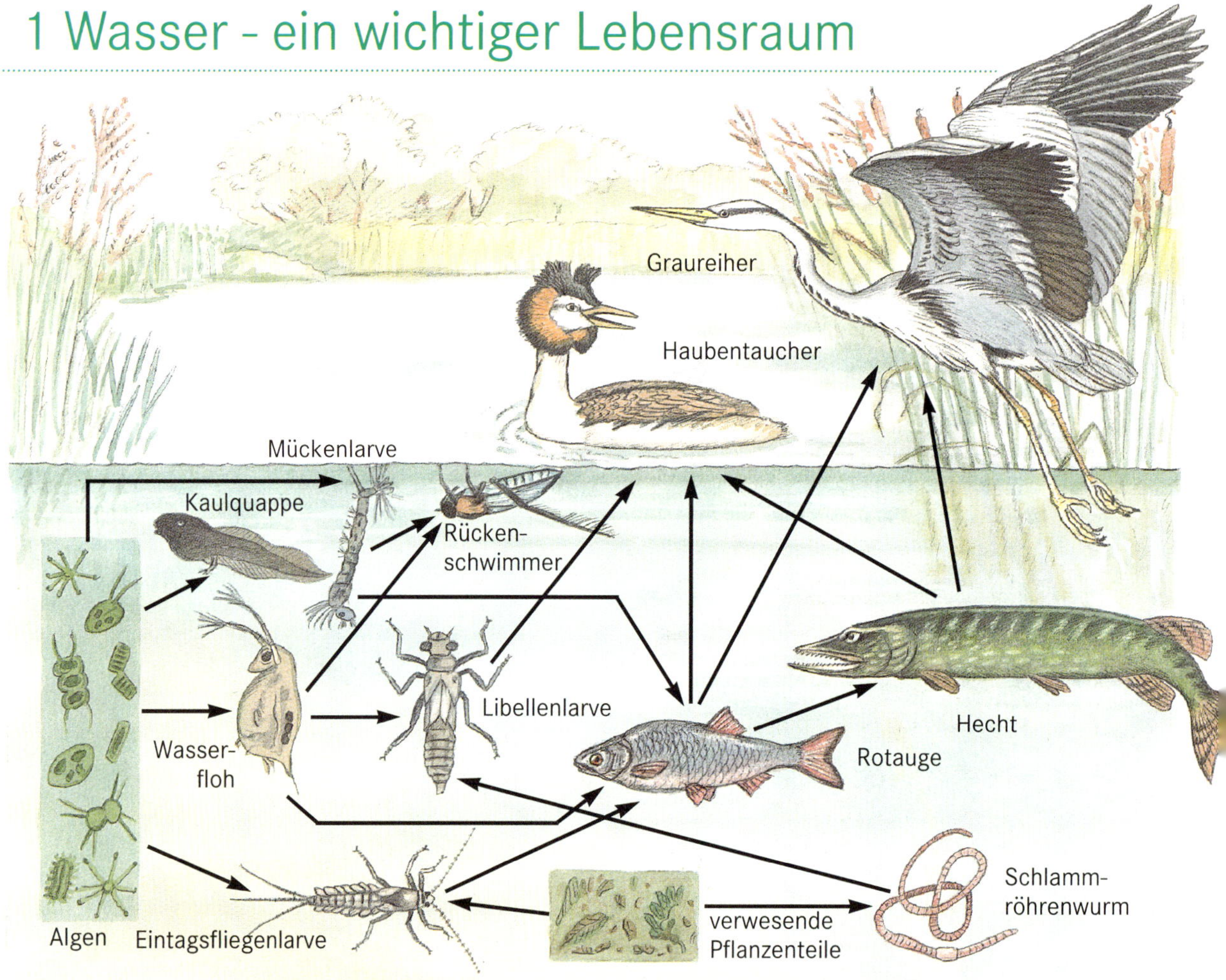

Abb. 3 Nahrungsnetz im See

Die Pfeile in einer solchen Nahrungskette zeigen von dem Lebewesen, das gefressen wird, zu dem Lebewesen, das sich davon ernährt. Algen werden aber nicht nur von den Wasserflöhen gefressen, sondern auch von jungen Rotaugen und Kaulquappen. Der Graureiher frisst verschiedene Fische, unter anderem auch Rotaugen. Das gleiche gilt für den Haubentaucher. Macht man diese Nahrungsbeziehungen durch Pfeile deutlich, dann entstehen mehrere verzweigte Nahrungsketten, die untereinander verbunden sind. Man nennt dies ein *Nahrungsnetz* (Abb. 3). Auf Eingriffe des Menschen reagiert ein Nahrungsnetz sehr empfindlich. Das kann zu einer Gefahr für die ganze Lebensgemeinschaft in einem See werden. Werden z. B. zu viele Rotaugen aus dem See gefischt, können sich Lebewesen ungehemmt vermehren, die zur Beute der Rotaugen gehören. Hechte, die Jäger der Rotaugen, leiden dagegen unter Nahrungsmangel.

Umweltgifte im Nahrungsnetz. Tierarten können durch Umweltgifte geschädigt oder ausgerottet werden, mit weit reichenden Folgen für das gesamte Nahrungsnetz. Eine andere, noch größere Gefahr entsteht dadurch, dass sich ein Umweltgift von Lebewesen zu Lebewesen in einer Nahrungskette immer mehr anreichern kann. Im Körper der Lebewesen am Ende der Nahrungskette liegt dann das Gift in einer gefährlich hohen Konzentration vor. Das ist auch dann möglich, wenn die ursprüngliche Konzentration des Umweltgiftes im Wasser sehr gering und ungefährlich war.

Merksatz

Nahrungskette und Nahrungsnetz zeigen, welche Nahrungsbeziehungen es zwischen den Lebewesen gibt. Nahrungsnetze können durch Eingriffe des Menschen gestört werden.

1 Algen produzieren Sauerstoff

Du brauchst:
- 2 Bechergläser (1 l Inhalt)
- Speiseöl
- Sauerstoff-Bestimmungsset
- Aquarienwasser
- sprudelndes Mineralwasser

Koche 1,5 l Leitungswasser ab und lass es abkühlen. Verteile es auf die beiden Bechergläser und füge jeweils 100 ml sprudelndes Mineralwasser hinzu. Gib in ein Glas zusätzlich 200 ml Aquarienwasser, das pflanzliches Plankton enthält, und kennzeichne es durch einen Aufkleber. Gieße in beide Gläser 1 cm hoch Speiseöl auf die Wasseroberfläche. Stelle die Gläser für eine Woche auf die Fensterbank. Miss dann mit dem Sauerstoff-Bestimmungsset in beiden Bechergläsern den Sauerstoffgehalt des Wassers (Abb. 4).

a) Was kannst du feststellen?
b) Wie kannst du die Messergebnisse erklären?
c) Welche Aufgabe hat das Speiseöl bei diesem Versuch?
d) Warum gibt man bei Versuchsbeginn das sprudelnde Mineralwasser hinzu?

Abb. 4 Der Sauerstoffgehalt wird gemessen

2 Verschiedene Nahrungsketten

Das Nahrungsnetz in Abb. 3 auf Seite 22 enthält verschiedene Nahrungsketten. Schreibe drei dieser Nahrungsketten auf.

3 Ein See wird trübe

In einem See ist das Wasser trübe. Bei einer Untersuchung stellt man fest, dass am Boden keine Pflanzen wachsen. Nenne mögliche Ursachen für diese Beobachtung.

4 Aufgabe

Nimm Stellung zu folgender Aussage: „Die Sonne ist die Quelle für alles Leben auf der Erde."

5 Kohlenstoffdioxid und Pflanzen

Tierische Wasserbewohner geben beim Atmen Kohlenstoffdioxid an das Wasser ab. Welche Bedeutung hat dies für die Pflanzen im Wasser?

6 Ein Modellversuch

In Abb. 5 sind sechs Aquarien abgebildet.

a) Beschreibe die Lebewesen und die Lebensbedingungen in den Aquarien.
b) Beschreibe für jedes der Aquarien die Veränderung des Sauerstoffgehaltes und des Kohlenstoffdioxidgehaltes.
c) Welches Aquarium kommt den natürlichen Lebensbedingungen in einem See am nächsten?

1 2 3 4 5 6

Abb. 5 Aquarien 1, 3, 5 mit Tageslicht; Aquarien 2, 4, 6 durchgehend abgedunkelt

1.8 Wir untersuchen ein Gewässer

See: natürlich entstanden, an manchen Stellen über 2 m tief, dort wachsen keine Pflanzen

Weiher: natürlich entstanden, flach, meist weniger als 2 m tief

Tümpel: natürlich entstanden, flach, trocknet manchmal aus

Teich: vom Menschen angelegt

Kleinstgewässer: Pfütze, Regentonne usw.

Kanal: vom Menschen angelegte Wasserstraße

Bach: schmales Fließgewässer

Fluss: breites Fließgewässer

Abb. 1 Verschiedene Gewässertypen

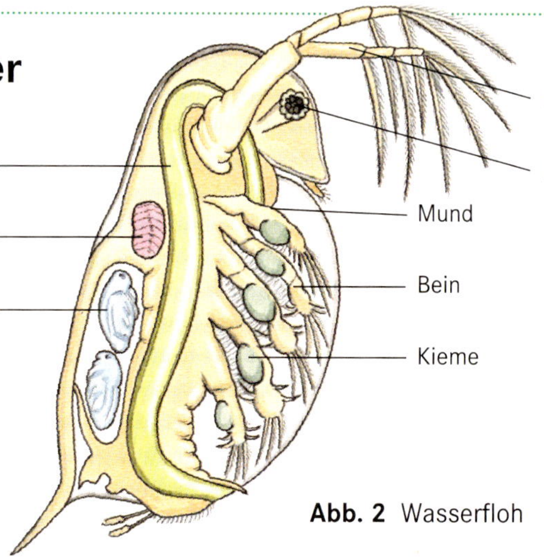

Abb. 2 Wasserfloh

1 Gewässertypen

Suche auf einer Karte deiner Umgebung Gewässer. Schreibe ihre Namen in dein Heft und besorge dir Informationen über diese Gewässer. Schreibe auf, um welche Gewässertypen es sich handelt (Abb. 1).

2 Landschaft ohne Gewässer

In den letzten Jahrzehnten sind sehr viele Gewässer aus unserer Landschaft verschwunden. Nenne mehrere Ursachen dafür.

3 Aufgabe

Seit einigen Jahren werden wieder Gewässer neu angelegt. Welche Gründe könnten dabei eine Rolle spielen?

4 Untersuchung eines Wasserflohs

Betrachte einen Wasserfloh mit dem Mikroskop. Versuche die in Abb. 2 dargestellten Organe zu finden. Fertige eine Zeichnung an und beschrifte sie.

5 Uferprofil zeichnen

Du brauchst:
- Gummistiefel
- Fernglas
- Käscher
- Zollstock
- Bestimmungsbuch
- Heft und Bleistift

Suche an einem Gewässer einen Uferbereich auf, der leicht zugänglich ist. Zeichne ein Uferprofil (1 m in der Natur $\hat{=}$ 10 cm in der Zeichnung) auf eine Heftdoppelseite. Zeichne alle Pflanzen ein, die du am Ufer und im Flachwasser findest und bestimme sie mithilfe des Bestimungsbuches.
Gehe dabei vorsichtig und rücksichtsvoll vor, damit du keine Pflanzen zerstörst oder das Ufer zertrampelst.

6 Plankton käschern

Du brauchst:
- Planktonnetz
- Plastikschale
- Lupe
- Mikroskop
- Bestimmungsbuch

Ziehe ein Planktonnetz (Abb. 3) knapp unter der Oberfläche ruhig und gleichmäßig durch das Wasser. Gieße das gekäscherte Plankton in eine flache Schale und betrachte es mit der Lupe. Betrachte einige Lebewesen auch mit dem Mikroskop und versuche sie mithilfe des Bestimmungsbuches zu bestimmen.

Abb. 3 Planktonnetz

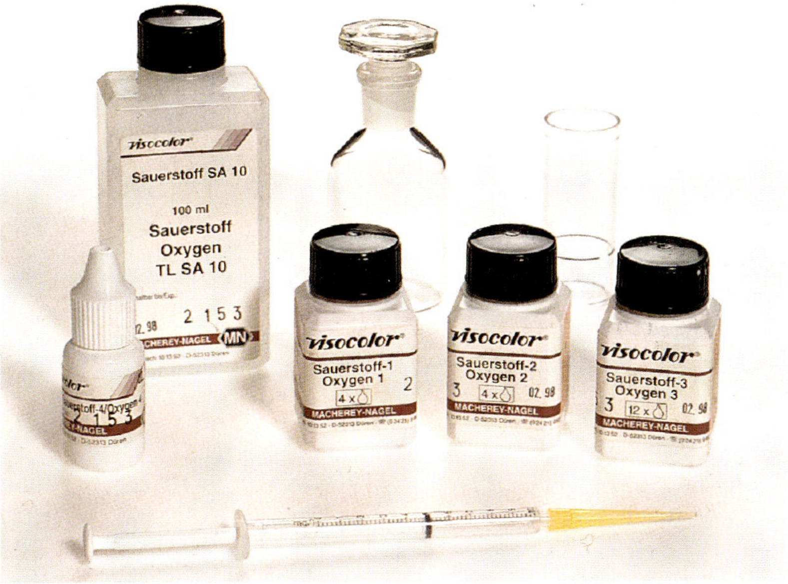

Abb. 5 Damit kann man den Sauerstoffgehalt des Wassers bestimmen

7 Sauerstoffgehalt bestimmen

Du brauchst:

- Sauerstoff-Bestimmungsset oder elektronisches Sauerstoff-Messgerät

Bestimme den Sauerstoffgehalt des Wassers (Abb. 6). Halte dich dabei genau an die Anweisungen der Gebrauchsanleitung. Miss bei jeder Probennahme gleichzeitig die Temperatur, weil das Lösungsvermögen des Wassers für Sauerstoff von der Temperatur abhängig ist.

8 Nitratgehalt bestimmen

Du brauchst:

- Nitrat-Bestimmungsset

Bestimme den Nitratgehalt des Wassers. Halte dich dabei genau an die Anweisungen der Gebrauchsanleitung. Der Nitratgehalt wird in mg/l, das bedeutet: Milligramm je Liter angegeben. Vergleiche den Messwert mit den Angaben in Abb. 4.

Gewässer sehr gering belastet:
weniger als 1 mg/l Nitrat

Gewässer mäßig belastet:
weniger als 5 mg/l Nitrat

Gewässer stark belastet:
mehr als 5 mg/l Nitrat

Abb. 4 Nitratgehalt von Gewässern

Abb. 6 Schöpfthermometer

9 Temperatur messen

Du brauchst:

- Schöpfthermometer
- Schnur

Miss die Temperatur des Wassers, indem du ein Schöpfthermometer an einer Schnur ins Wasser lässt (Abb. 6). Besonders einfach lässt sich die Temperatur von einer Brücke oder einem Steg aus messen.

10 Sichttiefe bestimmen

Du brauchst:

- Secchi-Scheibe oder weiße Kachel
- Schnur
- Zollstock

Man bestimmt die Sichttiefe am besten von einem Boot, einer Brücke oder einem Steg aus. Dazu befestigt man die Secchi-Scheibe an einer Schnur (Abb. 7). Die Scheibe wird dann so tief in das Wasser gesenkt, bis die Helligkeit der Scheibe nicht mehr von der Umgebung des Wassers zu unterscheiden ist. Mithilfe des Zollstocks kann man die Sichttiefe auf 10 cm genau bestimmen.

Abb. 7 Secchi-Scheibe

1.9 Wasser - ein Stoff mit besonderen Eigenschaften

Abb. 1 Eisschollen, etwas Außergewöhnliches?

Wasser hat außergewöhnliche Eigenschaften. Im Winter ist es ein gewohnter Anblick: Eisschollen schwimmen auf einem Fluss (Abb. 1). Niemand käme dabei auf die Idee, darin etwas Außergewöhnliches zu sehen. Und dennoch ist die Eigenschaft des Wassers, die dies bewirkt, außergewöhnlich. Alle Stoffe ziehen sich beim Abkühlen zusammen und werden schwerer. Wirft man z. B. ein Stück Blei in flüssiges Blei, geht es unter. Nur festes Wasser, also Eis, schwimmt auf flüssigem Wasser. Das liegt daran, dass sich Wasser beim Gefrieren ausdehnt und um fast ein Zehntel an Volumen zunimmt, also viel leichter wird (Abb. 2). Diese Eigenschaft ist entscheidend für die Lebewesen in einem See. Weil der See von der Oberfläche her zufriert, können die Wasserlebewesen den Winter im Wasser unter dem Eis überleben.

Temperaturschichtung in einem See. Schwimmt man im Sommer in einem See, dann kann man feststellen, dass das Wasser an der Oberfläche angenehm warm ist. Schon einen halben Meter unter der Oberfläche aber ist es deutlich kühler. Diese Temperaturschichtung ist umso deutlicher, je tiefer der See ist (Abb. 3). Bei tiefen Seen kann auch im Sommer die Temperatur am Boden nur 4 °C betragen. Das ist deshalb möglich, weil Wasser ein schlechter Wärmeleiter ist. Dazu kommt, dass Wasser bei 4 °C am schwersten ist und deshalb nach unten sinkt.

Wasser löst und transportiert. Wasser ist ein hervorragendes Lösungsmittel für viele gasförmige, flüssige und feste Stoffe. Sauerstoff löst sich in Wasser und ermöglicht den Wasserlebewesen im Wasser zu atmen. Andere Gase lösen sich in Wasser in noch viel größeren Mengen. Das kann man sehen, wenn man eine Flasche

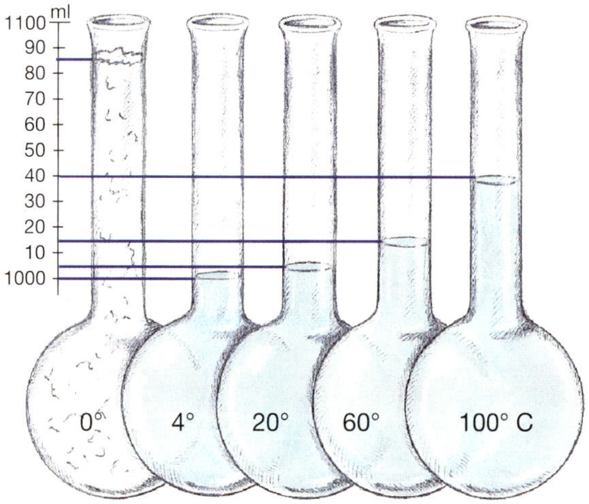

Abb. 2 Wasser verändert sein Volumen

Mineralwasser öffnet und das darin gelöste Kohlenstoffdioxid als Gasbläschen nach oben steigt. Wasser löst auch viele feste Stoffe, z. B. *Mineralsalze* aus dem Boden und dem Gestein. Deshalb enthalten alle Gewässer diese Salze in gelöster Form. Wenn das Wasser verdunstet, werden die gelösten Mineralsalze wieder zu festem Stoff. Durch das Lösungsvermögen und die Transportkraft des Wassers wird unsere Umwelt ständig verändert und geformt. Die in Wasser gelösten Salze sind eine wichtige Voraussetzung, dass Pflanzen wachsen können, denn Pflanzen brauchen außer Kohlenstoffdioxid und Wasser auch Mineralsalze zum Wachsen. Auch wir Menschen und die Tiere brauchen zum Leben Kochsalz und andere im Wasser gelöste Mineralsalze als wichtigen Bestandteil der Ernährung.
Zu viele Mineralsalze sind für einen See allerdings schädlich. Wenn durch Abwässer oder Dünger, der von den Feldern gespült wird, zu viele Mineralsalze in einen See gelangen, vermehren sich Algen und Pflanzen sehr stark. Wenn diese vielen Pflanzen absterben, entsteht eine dicke Schlammschicht am Boden (Abb. 4).

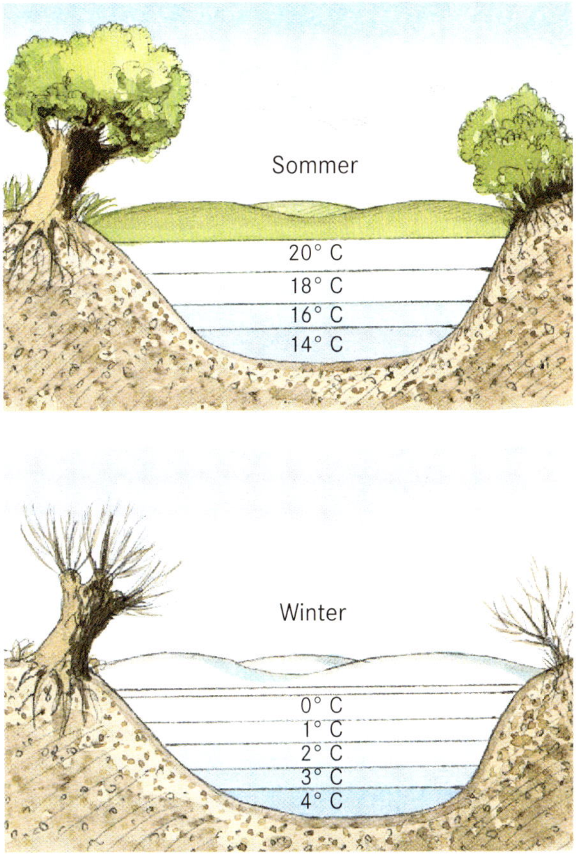

Abb. 3 Temperaturschichtung in einem See

Merksatz

Wasser hat viele ungewöhnliche Eigenschaften: Eis schwimmt auf dem Wasser; Wasser hat eine schlechte Wärmeleitfähigkeit und ein gutes Lösungsvermögen für zahlreiche Stoffe. Auch Gase werden in Wasser gelöst.

Abb. 4 Zu viele Mineralsalze sind schlecht für einen See

1 Wasser - ein wichtiger Lebensraum

1 Wasser ist nicht gleich Wasser

Du brauchst:
- Glasscheibe (10 cm x 10 cm)
- Becherglas
- Brenner
- Drahtnetz
- Dreifuß
- Glasstab
- Siedesteinchen
- Schutzbrille
- Filzstift
- destilliertes Wasser
- Leitungswasser
- Mineralwasser

Schreibe auf die Glasscheibe eine 1, 2 und 3. Fülle in das Becherglas etwa einen Zentimeter hoch Wasser und gib das Siedesteinchen hinein. Lege die Glasscheibe auf das Becherglas und bringe das Wasser zum Kochen (Abb. 5). Gib mit dem Glasstab einen Tropfen destilliertes Wasser auf die Glasscheibe neben die 1, Leitungswasser neben die 2 und Mineralwasser neben die 3. Warte, bis die Wassertropfen auf der Scheibe verdunstet sind, und vergleiche die Rückstände auf der Glasscheibe. Welche Unterschiede kannst du feststellen? Woraus könnten die Rückstände bestehen?

Abb. 6 Woher kommt die Kruste?

Abb. 5 Was ist drin im Wasser?

2 Flecken auf dem Glas

Wenn man Fenster putzt, muss man sie anschließend gut trocken reiben, sonst entstehen Flecken auf dem Glas. Wie kannst du dies erklären?

3 Woher stammen die Krusten?

An Wasserhähnen, in Wasserrohren und Wasserkochern bilden sich mit der Zeit Krusten (Abb. 6). Woher stammen sie?

4 Aufgabe

Die Transportkraft des Wassers kann für den Menschen Vorteile haben, aber auch Probleme mit sich bringen. Beschreibe je zwei Beispiele.

5 Salz in der Suppe

Du brauchst:
- Becherglas
- Messzylinder
- Brenner
- Dreifuß
- Drahtnetz
- Schutzbrille
- Waage
- Kochsalzlösung (mit bei Zimmertemperatur maximal gelöster Salzmenge)

Wiege das Becherglas und notiere den Wert. Miss genau 10 ml Kochsalzlösung ab und erhitze sie in dem Becherglas. Lass das Wasser mit ganz kleiner Flamme verkochen. Wiege das Becherglas dann erneut. Berechne, wie viel Salz zurückgeblieben ist. Wie viel Kochsalz war in einem Liter Wasser gelöst?

6 Wassertemperatur in einem See

In Abb. 3, Seite 27 siehst du die Temperaturschichtung eines Sees im Sommer und im Winter.

a) Begründe, warum die tiefste Temperatur im Sommer nur 4 °C sein kann.

b) Was ändert sich im Winter, wenn eine Frostperiode lange anhält?

c) Warum kann das Wasser eines Sees unter dem Eis nirgends wärmer als 4 °C sein?

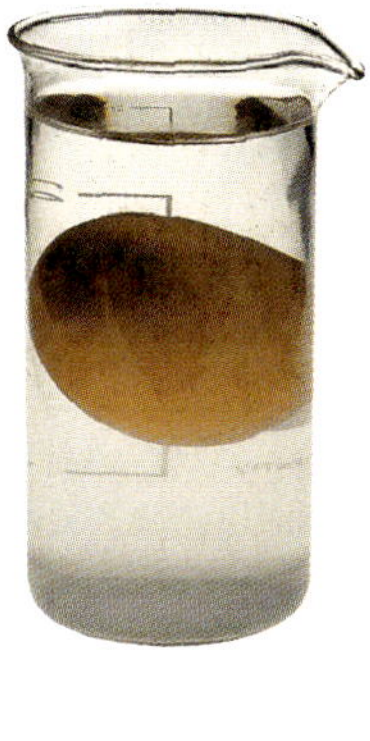

Abb. 7 Das schwebende Ei

A

Abb. 8 Was passiert?

Abb. 9 Was schmilzt schneller?

7 Der schlaue Bauer

Ein Bauer pflügt im Herbst seinen Acker und lässt die großen Erdschollen liegen. Am Ende des Winters sind die Schollen zu kleinen Erdkrumen zerbröselt. Wie kannst du das erklären?

8 Das schwebende Ei

Du brauchst:
- 2 Bechergläser (250 ml)
- rohes Ei
- Kochsalzlösung (mit bei Zimmertemperatur maximal gelöster Salzmenge)

Fülle in das erste Becherglas Wasser und lege das Ei hinein. Fülle anschließend das zweite Becherglas mit Kochsalzlösung und lege das Ei hinein.
a) Welchen Unterschied kannst du feststellen?
b) Es wird behauptet, in Salzwasser falle das Schwimmen leichter. Was meinst du dazu?
c) Wandle den Versuch so ab, dass das Ei in dem Becherglas mitten im Wasser schwebt (Abb. 7). Wie kannst du das erreichen?

9 Wärmeleitfähigkeit

Du brauchst:
- großes Reagenzglas
- Reagenzglasklammer
- Kupferdraht
- Brenner
- Schutzbrille
- Eis

Biege den Kupferdraht so zusammen, dass ein Knäuel entsteht, das gerade in das Reagenzglas passt. Gib zwei möglichst große Stücke Eis in das Reagenzglas, dann das Kupferdrahtknäuel und dann so viel kaltes Wasser, dass das Reagenzglas fast voll ist (Abb. 8). Das Kupferdrahtknäuel muss so schwer sein, dass das Eis am Boden bleibt. Halte das Reagenzglas mithilfe der Klammer schräg in die Brennerflamme und erhitze das Wasser oberhalb vom Kupferdraht. Was kannst du beobachten? Wie erklärst du die Beobachtung?

10 Leichtes Eis

Du brauchst:
- 2 Bechergläser (150 bis 250 ml)
- Dreifuß
- Drahtnetz
- Tiegelzange
- Brenner
- Schutzbrille
- 100 g Paraffin oder Reste von farblosen Kerzen
- Eis

Gib das Paraffin oder die Kerzenreste ohne Docht in ein Becherglas. Behalte ein walnussgroßes Stück zurück. Erwärme das Becherglas langsam auf dem Dreifuß, bis das Paraffin geschmolzen ist. Stelle das Becherglas mithilfe der Tiegelzange auf den Tisch und daneben das andere Becherglas, in das du Wasser einfüllst. Gib jetzt das Stück Eis in das Wasser und das walnussgroße Stück Paraffin in das geschmolzene Paraffin (Abb. 9). Vergleiche beide Bechergläser. Was kannst du feststellen?

2 Projekt: Vom Trinkwasser zum Abwasser

Abb. 1 Staumauer einer Trinkwassertalsperre

Abb. 2 Tuareg am Brunnen

Abb. 3 Regenwassertonne

Abb. 4 Abwasserkanal wird ausgebessert

Abb. 5 Wasserwerk

Abb. 6 Waschtisch

Das neue Jetsystem:
- Nur 49 l Wasser für 5 kg Wäsche
- Sprüh-Waschtechnik statt eintauchen
- Weniger Wasser – weniger Waschmittel

Abb. 7 Waschmaschine

Abb. 8 Spülkasten

2 Projekt: Vom Trinkwasser zum Abwasser

2.1 Das Projekt wird vorbereitet

Wasser ist lebensnotwendig. Die Wassermenge auf der Erde ist unvorstellbar groß. Das meiste davon ist salziges Meerwasser. Nur eine geringe Menge des Wassers steht dem Menschen als Süßwasser zur Verfügung. Bevor wir das Süßwasser nutzen können, muss es aufbereitet werden. Aus dem Wasser müssen störende oder für die Gesundheit schädliche Stoffe entfernt werden. Diese Aufgabe übernehmen bei uns 7 000 Wasserversorgungsunternehmen. Sie liefern das Trinkwasser in die Haushalte. Über ein weit verzweigtes Rohrnetz von insgesamt etwa 400 000 km Länge werden 98 % aller Haushalte in Deutschland mit Trinkwasser versorgt. Die anderen Haushalte beziehen ihr Trinkwasser aus eigenen Brunnen. Die Reinheit des Trinkwassers unterliegt strengen Vorschriften. Das Trinkwasser gehört zu den am meisten und besten kontrollierten Lebensmitteln.

Wasser sparen. Jeder von uns verbraucht durchschnittlich 135 Liter Trinkwasser pro Tag. Der Verbrauch ist deshalb so hoch, weil das Trinkwasser auch zum Duschen, Waschen, zur Toilettenspülung und für vieles mehr benutzt wird. Der Wasserverbrauch ist stetig gestiegen. Im Jahr 1950 waren es nur 85 Liter Trinkwasser pro Person und Tag. Gleichzeitig wird es für die Wasserversorgungsunternehmen immer schwieriger, Trinkwasser in einer hohen Qualität zu liefern. Die Herstellung von Trinkwasser ist teuer. Wasser zu sparen ist deshalb sinnvoll. Hierzu gibt es technische Möglichkeiten, z. B. Toiletten mit einer Stopptaste fürs Spülen, Einhandmischer und Durchflussbegrenzer für Duschen. Auch ein überlegter Umgang mit Trinkwasser hilft sparen: zum Beispiel duschen statt baden, beim Zähneputzen einen Zahnputzbecher benutzen, tropfende Wasserhähne reparieren.

Stationen der Projektarbeit

1. Arbeitsgruppen werden gebildet:
- Fragen zum Thema „Wasser" werden gesammelt.
- Die Fragen werden nach Sachgebieten geordnet.
- Verschiedene Unterthemen zum Thema „Wasser" werden formuliert.
- JederSchüler/jede Schülerin wählt ein Thema aus. Schülerinnen und Schüler mit gleichen Unterthemen bilden eine oder auch mehrere Arbeitsgruppen.

2. Die weitere Arbeit wird geplant:

Die Schülerinnen und Schüler jeder Arbeitsgruppe planen, wie sie das ausgewählte Unterthema behandeln wollen.
- Sie entwerfen einen Zeitplan.
- Sie kümmern sich um: Informationsquellen (Schulbücher, Bücher und Zeitschriften), Materialien (z. B. für Versuche), Medien (Dias, Filme, Papier für Plakate), Anschriften von Organisationen.

3. Durchführung der Arbeit in den Arbeitsgruppen:

Jede Arbeitsgruppe bearbeitet das ausgewählte Unterthema.
- Versuche werden durchgeführt.
- Die Ergebnisse werden aufgeschrieben.
- Plakate werden gestaltet.
- Interviews werden durchgeführt.
- Die Vorstellung der Ergebnisse wird vorbereitet.

4. Die Arbeitsergebnisse werden vorgestellt:
- Plakate werden aufgehängt und erläutert.
- Versuche werden vorgeführt.
- Interviews werden vorgespielt.
- Die Ergebnisse werden auch in der Schule ausgestellt.
- Handzettel werden verteilt.
- Ein Bericht wird an die Presse gesandt.

P

Abb. 1 Das Projekt wird geplant

Abb. 2 Interview auf dem Gelände einer Kläranlage

Abb. 3 Tonbandaufzeichnungen werden ausgewertet

Abb. 4 Ein Versuch wird vorgeführt

2.2 Menschen brauchen Wasser

Projektanregungen
- Sucht in einem Geschichtsbuch und in anderen Büchern Informationen über die Trinkwasserversorgung im Römischen Reich. Gestaltet ein Plakat. Klebt Fotos von den Trinkwasserleitungen und der Kanalisation auf und schreibt Texte dazu.
- Informiert euch über die Wasserversorgung und Abwasserentsorgung einer Stadt im Mittelalter.
- Fragt ältere Menschen, wie eine Küche und ein Badezimmer zu Beginn des 20. Jahrhunderts aussahen und welche Waschutensilien verwendet wurden.
- In vielen Entwicklungsländern ist die Versorgung der Menschen mit Trinkwasser nicht gewährleistet. Erkundigt euch bei Organisationen wie „Caritas“ oder „Brot für die Welt“ über die Wasserversorgung in diesen Ländern.

Abb. 1 Noch heute sind römische Waserleitungen - auch Aquädukte genannt - erhalten; wie riesige Brücken überquerten sie Täler, damit das Wasser in die Städte fließen konnte.
Rechts: Querschnitt durch den oberen Teil des Aquädukts.

Die Wasserversorgung im Römischen Reich
Im Römischen Reich wurden die größeren Städte mit Fernwasserleitungen versorgt. Bereits 312 v. Chr. gab es die erste Fernwasserleitung nach Rom. Sie war 17,6 km lang. Die Wasserleitungen wurden aus Quellen oder Flüssen gespeist. Die Leitungen stellten eine Art Kanal dar, der etwa 90 cm breit und 1,70 m hoch war. Die Kanäle waren gemauert und wurden durch Putzschichten abgedichtet. Manche Wasserleitungen waren oben geschlossen, sodass eine Art Rohrsystem entstand (Abb. 1). In Rom wurden zur Trinkwasserversorgung auch unterirdische Blei- oder Tonröhren verlegt. Sie speisten die öffentlichen Brunnen und reichten teilweise bis in einzelne Häuser. Über diese Leitungen und Brunnen wurden 800 000 bis 1 Million Menschen mit Trinkwasser versorgt. Für die damalige Zeit war der Stand der Wasserversorgung beachtlich gut.
Große Hygieneprobleme hatte man aber bei der Beseitigung des Abwassers. Abfälle und Fäkalien wurden einfach auf die Straße geworfen. Die öffentlichen Brunnen waren Überlaufbrunnen. Das Wasser lief von ihnen auf die Straßen oder in unterirdische Abwasserkanäle. Auf diese Weise wurden die Straßen und Abwasserkanäle mit dem Brunnenwasser gespült. Die Straßen waren teilweise so verschmutzt, dass man an den Straßenkreuzungen große Steine hinlegte, um den Passanten einen trockenen und sauberen Übergang zur anderen Straßenseite zu ermöglichen. Die gesamten Abwässer der Stadt wurden in einen durch Rom fließenden Fluss, den Tiber, geleitet. Kam es zu Überschwemmungen, wurde das übel riechende Flusswasser in große Teile der Stadt geschwemmt. Die Ausbreitung von Krankheiten war die Folge.

ca. 3 700 v. Chr.	gab es die erste Leitung zur Wasserversorgung, gefunden in einer Stadt im Euphrattal (heute Irak);
ca. 3 200 v. Chr.	gab es die erste Talsperre, gefunden in Jordanien;
ca. 2 000 v. Chr.	gab es die ersten einfachen Wasseruhren in Ägypten;
ca. 300 v. Chr.	entstand die Kanalisation in Rom;
ca. 100 v. Chr.	wurde bereits Wasserkraft durch Mühlen genutzt;
um das Jahr 0	entstanden die großen römische Aquädukte;
1450	wurden in Deutschland und England erstmals Wasserrohre aus Gusseisen verwendet;
1591	gab es die ersten Planungen zur Abwasserreinigung in London;
1660	gab es die ersten Toiletten mit Wasserspülung in Frankreich und England;
1848	wurde eine zentrale Wasserversorgung in Hamburg gebaut;
1891	wurde die erste Trinkwassertalsperre bei Remscheid in Betrieb genommen;
1895	wurde die erste Kläranlage in Deutschland in Frankfurt am Main fertig gestellt.

Abb. 2 Zeittafel zur Wasserversorgung und Abwasserreinigung

Wasserversorgung um 1700

Ein Junge vor 200 Jahren berichtet:
„Heute bin ich sehr früh aufgewacht. Geschlafen habe ich auf einem Strohsack. Damit ich nicht friere, behalte ich meistens mein Hemd und meine Hose an. Zum Waschen gehe ich zur Kochecke. Dort steht eine hölzerne Wassertonne. Sie ist von innen gestrichen, damit das Wasser nicht durchsickert. Ich schöpfe mit einer Schüssel etwas Wasser, um mein Gesicht zu waschen. Das Wasser riecht nach Farbe. Jetzt muss ich den Nachteimer nach draußen bringen und dort ausschütten. Meine Mutter bittet mich den Nachteimer am Brunnen ordentlich auszuspülen. Nach der Arbeit nehme ich einen Schluck aus dem Brunnen. Das Wasser ist gelblich und schmeckt etwas salzig. Es löscht aber den Durst. Im letzten Jahr war der Sommer sehr heiß, sodass wir mehrere Wochen kein Wasser im Brunnen hatten. Da musste ich das Wasser in zwei Holzeimern vom weit entfernten Fluss holen."

2.3 Aus Grundwasser wird Trinkwasser

Projektanregungen

- Besucht ein Wasserwerk und fotografiert die technischen Anlagen zur Wasseraufbereitung. Die Fotos könnt ihr mit Schemazeichnungen und erklärenden Texten auf ein Plakat kleben.
- Führt verschiedene Versuche zur Wasserreinigung durch. Fotografiert und protokolliert sie.
- Erkundigt euch in einem Wasserwerk nach den gesetzlichen Anforderungen an Trinkwasser (Trinkwasserverordnung). Fragt nach, welche Anforderungen leicht eingehalten werden können und welche schwer zu erfüllen sind. Fragt auch nach dem Preis für Trinkwasser.
- Sucht Zeitungsartikel über Verunreinigungen von Grundwasser. Stellt einen Zusammenhang zwischen der Verunreinigung von Grundwasser und der Belastung von Trinkwasser her.

Brunnen

Seit alters her ist den Menschen bekannt, dass Brunnen in der Nähe von Flüssen besonders viel Wasser liefern. Auch heute entnehmen die Wasserwerke das benötigte Wasser häufig aus Brunnen an Flussrändern (Abb. 1). Pumpen fördern das Grundwasser aus einer Tiefe von 40 bis 200 Metern nach oben. Oft wird Flusswasser zusätzlich in Sickerbecken geleitet. So werden die natürlichen Grundwasservorkommen durch nachsickerndes Wasser ergänzt.

Im Wasserwerk wird das Wasser aufbereitet

Regenwasser benötigt ungefähr 50 Tage, bis es durch den Boden gesickert ist. Hierbei wird es gefiltert und enthält dann wenige oder keine für den Menschen schädlichen Stoffe. Auf dem Weg durch die Bodenschichten nimmt das Wasser aber verschiedene Mineralsalze, Eisenverbindungen, Kohlensäure und andere Bestandteile auf. Bei der Aufbereitung des Grundwassers zu Trinkwasser werden diejenigen Inhaltsstoffe entfernt, die in zu großen Mengen vorhanden sind oder den Geschmack beeinträchtigen. Dazu wird das Grundwasser in der

Abb. 1 Trinkwassergewinnung und Aufbereitung

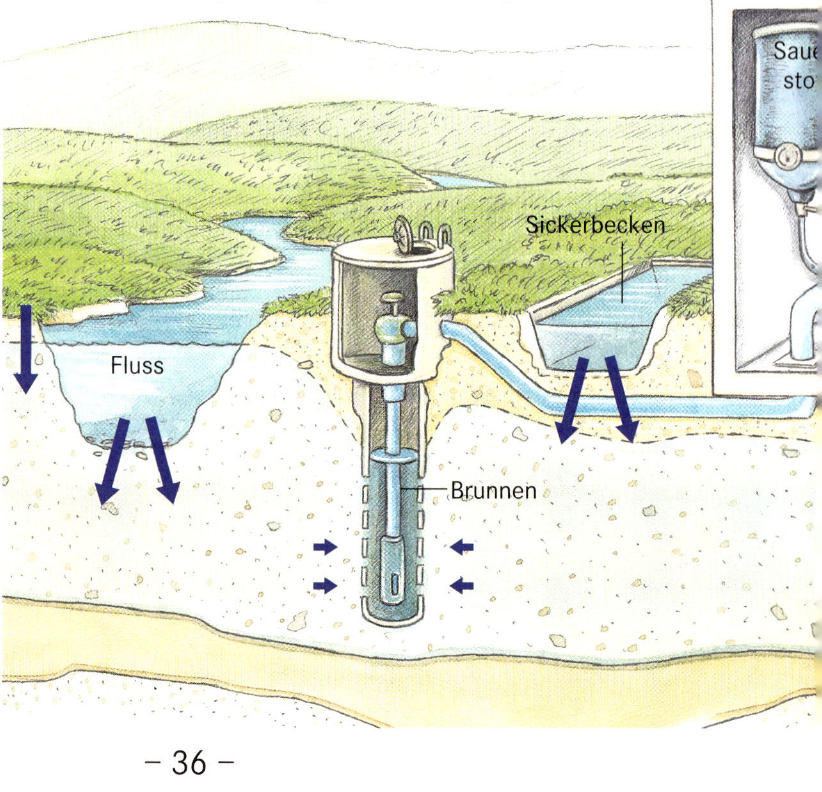

Belüftungsanlage durch Düsen fein zerstäubt. Dadurch wird die Kohlensäure entfernt. Vorher wurde dem Wasser Sauerstoff zugeführt. Der Sauerstoff reagiert im Wasser mit den Eisenverbindungen. Es bilden sich kleine Flocken, die in einem Kiesfilter herausgefiltert werden. Das gefilterte Wasser hat nun Trinkwasserqualität. Alle zwei bis sieben Tage ist eine Reinigung des Kiesfilters notwendig. Ist das Grundwasser stärker durch Schadstoffe belastet, wird Aktivkohle zur Reinigung des Wassers verwendet. Das aufbereitete Trinkwasser wird in großen Behältern gesammelt.

Abb. 2 Verschmutztes Wasser reinigen

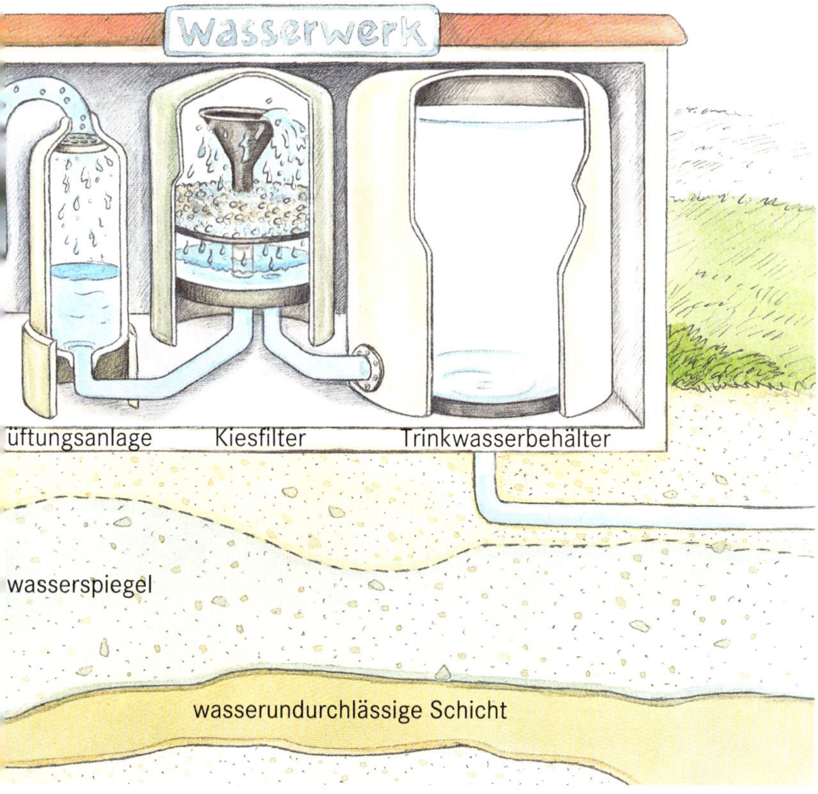

Wasser reinigen

Du brauchst:

- Becherglas (250 ml)
- 2 Trichter
- 2 Erlenmeyerkolben (250 ml)
- Filterpapier
- Aktivkohlepulver
- Tinte

Fülle in das Becherglas 100 ml Wasser und gib einige Tropfen Tinte dazu. Filtriere die gefärbte Flüssigkeit in den Erlenmeyerkolben. Fülle in das Becherglas nochmals 100 ml Wasser und gib wieder einige Tropfen Tinte dazu. Verrühre in der gefärbten Flüssigkeit einen Teelöffel Aktivkohlepulver. Filtriere das Gemisch aus Aktivkohle und gefärbtem Wasser. Was kannst du beobachten?
Welche Wirkung hat die Aktivkohle?
Wie ist die Wirkung der Aktivkohle zu erklären?
Du kannst diesen Versuch auch mit anderen Verunreinigungen durchführen. Ersetze die Tinte z. B. durch Rasierwasser, abgestandenes Blumenwasser oder Speiseöl.

2 Projekt: Vom Trinkwasser zum Abwasser

2.4 Das Wasser kommt aus dem Wasserhahn

Abb. 1 Unterirdischer Trinkwasserspeicher

Projektanregungen

- Fragt bei einem Wasserversorgungsunternehmen nach einer gebrauchten Wasseruhr. Beschreibt, wie mit ihr der Wasserverbrauch gemessen wird. In vielen Mehrfamilienhäusern wird der Wasserverbrauch aller Bewohner nur mit einer Wasseruhr gemessen. Der Verbrauch wird dann auf alle Verbraucher aufgeteilt. Ist diese Art der Berechnung sinnvoll? Erkundigt euch zu Hause, wo die Wasseruhr montiert ist.
- Ermittelt den Wasserverbrauch eurer Familie für eine Woche.
- Informiert euch über die Trinkwasserversorgung in eurem Wohnort. Stellt ein Informationsplakat über den Weg des Wassers vom Wasserwerk zu den Haushalten her.
- Fotografiert einen Wasserturm und baut ein einfaches Modell, das den Weg des Wassers vom Wasserturm über die Versorgungsleitung zu den Haushalten zeigt.

Die Wasseruhr

Eine Wasseruhr zeigt die verbrauchte Wassermenge in Kubikmetern an (Abb. 2). Ein Kubikmeter entspricht 1000 Liter Wasser. Möchtest du den Wasserverbrauch für einen bestimmten Zeitraum, zum Beispiel für eine Woche, ermitteln, so musst du zu Beginn der Woche und am Ende der Woche die Werte ablesen und den niedrigeren Wert vom höheren Wert abziehen.

Trinkwasserspeicher

Trinkwasser wird heute häufig in Trinkwasserbehältern gespeichert, die auf Bergkuppen angelegt und mit Erde überdeckt werden (Abb. 1). Sie haben eine große Speicherkapazität, sodass auch bei hohem Bedarf kurzfristig große Mengen abgegeben werden können.

Abb. 2 So liest man eine Wasseruhr ab:

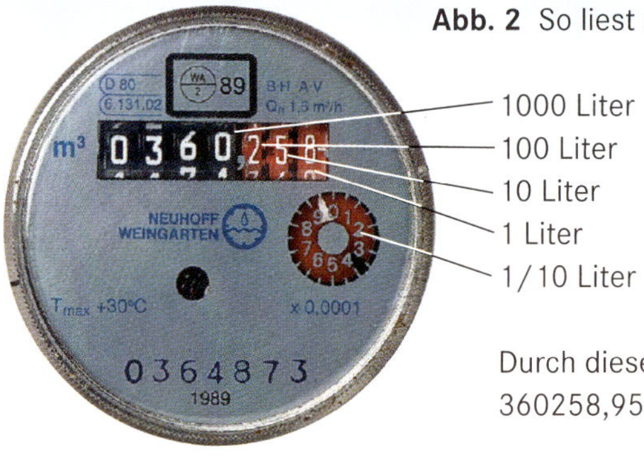

Durch diese Wasseruhr sind 360258,95 Liter Wasser geflossen

Der Wasserturm
Das Trinkwasser wird vom Wasserwerk in einen Wasserturm gepumpt (Abb. 3). Von dort kann das Wasser ohne zusätzliche Pumpenanlagen die Haushalte erreichen. Wassertürme wurden häufig auf Bergkuppen errichtet. Der Druck in den Wasserleitungen ist dann so groß, dass auch die oberen Wohnungen von mehrgeschossigen Wohnhäusern mit Trinkwasser versorgt werden können.

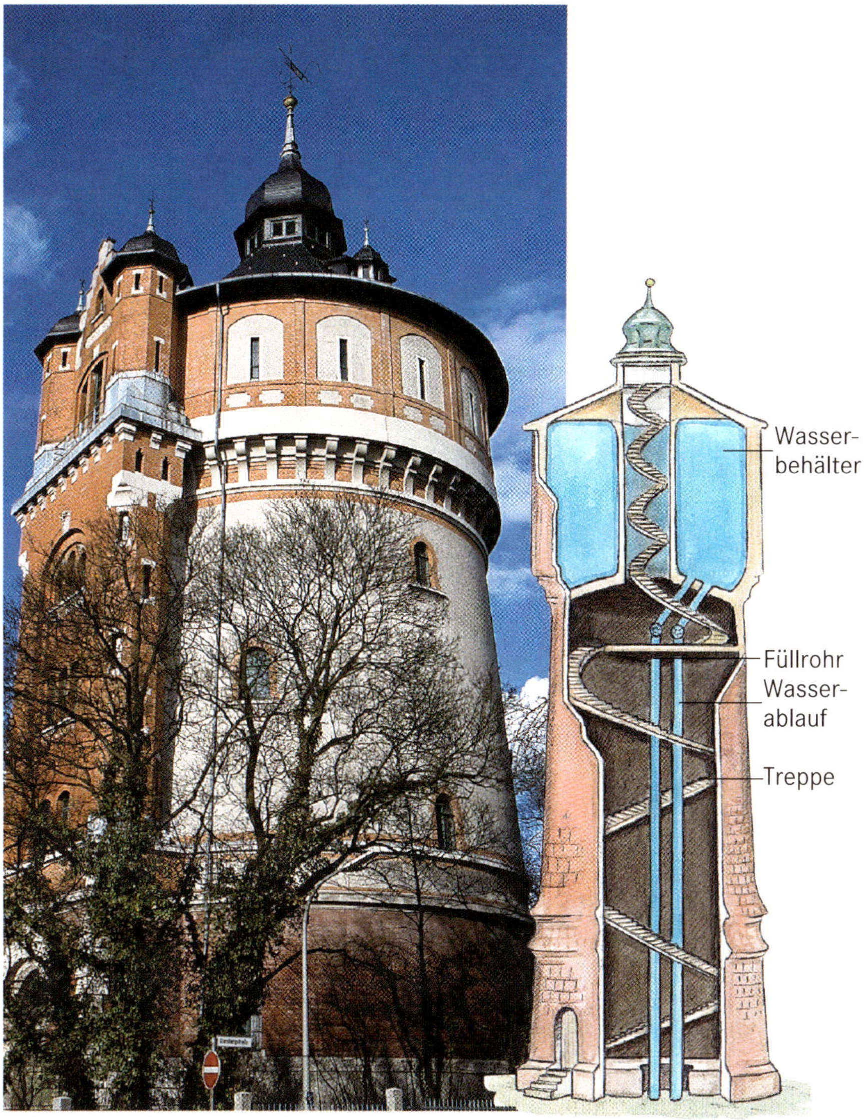

Abb. 3 Wasserturm

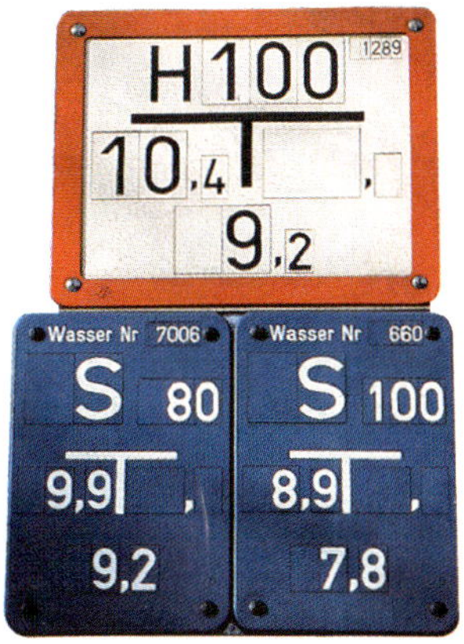

Abb. 4 Hinweisschilder für Hydranten und Absperrhähne in Trinkwasserleitungen

Abb. 5 An einem Hydranten wird Wasser entnommen

Hinweisschild für verlegte Wasserleitungen
Um die verlegten Leitungen und Armaturen des Rohrnetzes für Trinkwasser wieder zu finden, hat man die Stellen markiert (Abb. 4). Das rot umrandete Schild bedeutet: Von dieser Stelle aus 9,20 Meter nach vorn und 10,40 Meter nach rechts steht ein Hydrant, der an eine Wasserleitung von 100 Millimetern Rohrdurchmesser angeschlossen ist. An einen solchen Hydranten kann zum Beispiel die Feuerwehr einen Wasserschlauch anschließen. Die blauen Schilder kennzeichnen die Lage der Absperrhähne (Schieber) in den Rohrleitungen.

2.5 Abwasser muss gereinigt werden

Projektanregungen
- Erkundigt euch beim Bauamt über die Abwasserentsorgung in eurem Ort und beschreibt den Weg des Abwassers von den Haushalten zur Kläranlage.
- Entwerft einen Fragebogen und führt ein Interview in einer Kläranlage durch. Verwendet hierbei einen Kassettenrekorder. Schreibt anhand der Aufnahmen einen Bericht über den Besuch der Kläranlage.
- Zeigt in Versuchen die Arbeitsweise einer Kläranlage.
- Informiert euch, welche Schadstoffe in einer Kläranlage entfernt werden können und welche Schadstoffe nicht entfernt werden können.

Modellversuch zur mechanischen Reinigung
Du brauchst:
- 3 Bechergläser (300 ml)
- Schmutzteilchen (Gartenerde mit Pflanzenresten, Sand, Papierschnipsel)
- Kondensmilch
- Teesieb

Gib in ein Becherglas 200 ml Wasser, etwas Kondensmilch und etwa einen Esslöffel Schmutzteilchen. Lege das Sieb auf das zweite Becherglas und gieße das Schmutzwasser hindurch. Lass die gesiebte Flüssigkeit einen Tag lang stehen und gieße das überstehende Wasser vorsichtig in das dritte Becherglas. Lass die Flüssigkeit einen weiteren Tag stehen.

Modellversuch zur biologischen Reinigung
Du brauchst:
- 4 Bechergläser (300 ml)
- Kondensmilch
- Teichwasser
- Aquarienpumpe
- Schlauch
- 2 Sprudelsteine

Gib in die Bechergläser 1 und 2 je 200 ml Teichwasser und in die Bechergläser 3 und 4 je 200 ml abgekochtes Wasser. In jedes der Bechergläser tropfst du 5 Tropfen Kondensmilch. Schließe an die Aquarienpumpe zwei Sprudelsteine an und lege sie in die Bechergläser 1 und 3. Lass die Versuchsanordnung 4-5 Tage stehen. Beschreibe die Veränderungen in den Bechergläsern und versuche die Ergebnisse zu erklären.

Modellversuch zur chemischen Reinigung
Du brauchst:
- 2 Bechergläser (300 ml)
- Natrium-III-phosphat
- Eisen-III-chlorid

Gib in beide Bechergläser je 100 ml Wasser. Löse im ersten Becherglas 2-3 g Natrium-III-phosphat, im zweiten Becherglas 2-3 g Eisen-III-chlorid. Schütte den Inhalt des zweiten Becherglases in das erste. Lass das Becherglas 2-3 Tage stehen. Beschreibe die Veränderungen in dem Becherglas und versuche das Ergebnis zu erklären.

Abwasserreinigung in der Kläranlage
Mechanische Reinigung:
Durch gitterförmige Schmutzrechen wird das Abwasser von groben Bestandteilen wie zum Beispiel Papier, Holz, Kunststoff, Glas- und Metallbestandteilen gereinigt (Abb. 1). Im Sandfang bzw. im Absetzbecken setzen sich die feinen, unlöslichen Bestandteile des Abwassers ab und im Öl- und Fettabscheider werden Öl- und Fettreste zurückgehalten und abgesaugt. Das vorgereinigte Abwasser fließt dann in die Becken der nächsten Reinigungsstufe.
Biologische Reinigung:
Im Belüftungsbecken wird Luft eingeblasen. Hier bauen Bakterien mithilfe von Sauerstoff organische Stoffe ab, zum Beispiel Fäkalien und Lebensmittelreste. Im Nachklärbecken werden die entstandenen flockenförmigen Rückstände entfernt. Der abgesetzte Schlamm aus dem Absetzbecken und dem Nachklärbecken gelangt in ein Eindickbecken und wird von dort in einen Faulturm verbracht und weiterbehandelt.
Chemische Reinigung:
Bei der chemischen Reinigung werden die chemischen Substanzen, die im Abwasser gelöst sind, entfernt, z. B. Phosphate und Nitrate. Zu den wichtigsten Verfahren zählt die Fällung. Hierbei werden gelöste Substanzen in unlösliche Stoffe umgewandelt, die sich dann im chemischen Nachklärbecken absetzen.

P

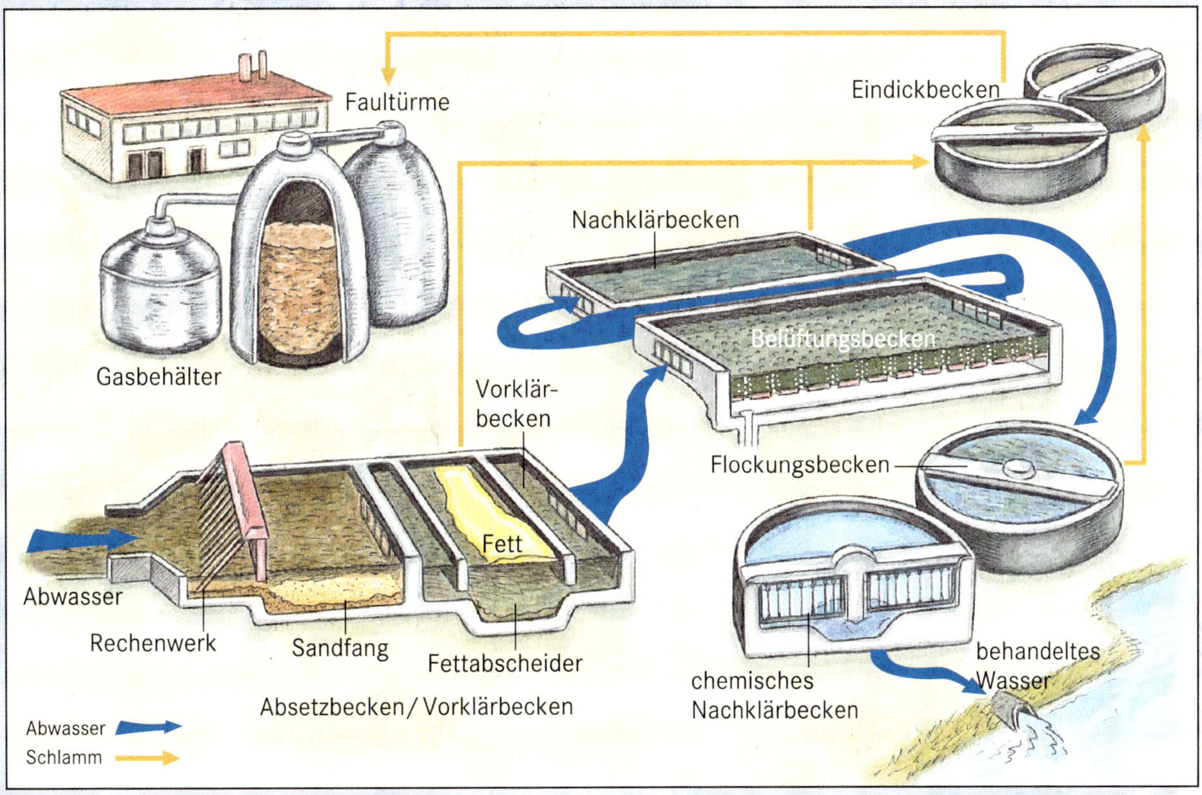

Abb. 1 Kläranlage

2.6 Trinkwasser ist kostbar

Projektanregungen

- Gestaltet einen Fragebogen und befragt verschiedene Personen, wozu sie Wasser benötigen und wie hoch sie ihren Wasserverbrauch für die einzelnen Tätigkeiten einschätzen. Vergleicht diese Angaben mit Abb. 3.
- Entwerft einen persönlichen Plan zum Wassersparen. Beachtet hierbei folgende Fragen: Wo verwende ich Wasser? Wie kann ich Wasser sparen?
- Sammelt Informationen und Fotos über die verschiedenen technischen Möglichkeiten zum Wassersparen im Haushalt und gestaltet hierzu ein Faltbatt.
- Fragt bei einer Umweltorganisation nach, welche Stoffe nicht in das Abwasser gehören und welche schädlichen Auswirkungen von diesen Stoffen ausgehen. Führt hierzu den Versuch durch „Wächst die Kresse im Abwasser?"
- Erkundigt euch bei einem Wasserversorgungsunternehmen, welche Wasserhärte euer Trinkwasser hat und welche Auswirkungen die Wasserhärte auf die Dosierung von Waschmitteln hat.

Wasserverbrauch

Du brauchst:

- Messzylinder (500 ml)

Öffne einen Wasserhahn so weit, dass in einer Minute 8 bis 12 Wassertropfen heraustropfen. Unter den tropfenden Wasserhahn stellst du den Messzylinder. Kontrolliere den Wasserstand nach 4 Stunden.

20 Messbecher = 20 Wäschen

Packungsinhalt reicht für 20 Meßbecher. Dies entspricht 20 Wäschen bei normal verschmutzter Wäsche und Wasserhärtebereich 2.

So dosieren Sie richtig:*

Dosierung bei Wasserhärtebereich 2 (mittel)

leicht verschmutzt	normal verschmutzt	stärker verschmutzt
3/4 Messbecher	1 Messbecher	1 + 1/2 Messbecher
175 ml	230 ml	345 ml

Wasserhärtebereich	leicht verschmutzt	normal verschmutzt	stärker verschmutzt	Ergiebigkeit**
1 weich	165 ml	175 ml	330 ml	44 kg
2 mittel	175 ml	230 ml	345 ml	33 kg
3 / 4 hart / sehr hart	185 ml	255 ml	390 ml	30 kg

(1 Messbecher = 230 ml = 135 g)

*Waschmaschinenbeladung 4,5 kg. Bei halber Waschmaschinenbeladung dosieren Sie 150 ml (Wasserhärtebereich 2).

Abb. 1 Bei weichem Wasser braucht man weniger Waschmittel

Wasserverbrauch ohne Sparmaßnahme	**Wasserverbrauch mit Sparmaßnahme**
Toilette normaler Spülkasten ohne Spartaste: 53 m^3	Toilette mit 6-l-Spülkasten mit Stopptaste: 26 m^3
Dusche ohne Durchflussbegrenzer: 70 m^3	Dusche mit Durchflussbegrenzer: 38 m^3
Waschtisch mit normalem Wasserhahn: 44 m^3	Waschtisch mit Spar-Strahlregler: 22 m^3

Abb. 2 So viel Wasser kann eine Familie pro Jahr sparen

Essen und Kochen	
Tee kochen, 8 Tassen	1,2 Liter
Kartoffeln kochen für 4 Personen	1 Liter
Gemüse waschen	3-5 Liter
Obst waschen	2-4 Liter
Baden - Duschen - Körperpflege	
Vollbad	140-180 Liter
Duschbad	60-90 Liter
Waschen am Waschbecken	3-5 Liter
Händewaschen	2-3 Liter
Zähneputzen mit Becher	0,25 Liter
Toilette	
Spülgang bei altmodischer Toilette	9-14 Liter
Spülgang bei Druckspüler	6-14 Liter
Spülgang bei moderner Toilette	6 Liter
Spülgang mit Stopptaste	1-3 Liter
Wäschewaschen	
Normalprogramm mit Vorwäsche	60 Liter
Sparprogramm ohne Vorwäsche	50 Liter
Geschirrspülen	
Spülmaschine, 12 Gedecke	20 Liter
Handwäsche, 12 Gedecke	25 Liter

Abb. 3 Trinkwasserverbrauch im Haushalt

Wächst die Kresse im Abwasser?

Du brauchst:
- 4 Petrischalen
- 4 Bechergläser (200 ml)
- 8 Klebeetiketten
- Kressesamen
- Spülmittel
- Kochsalz
- Speiseöl
- Watte

Kennzeichne die Bechergläser mithilfe der Etiketten mit 1 bis 4. Fülle in jedes Becherglas 150 ml Wasser. Gib in das zweite Becherglas einige Tropfen Spülmittel, in das dritte Becherglas etwas Speiseöl. In das vierte Becherglas 2 - 3 g Kochsalz. Kennzeichne nun auch die Petrischalen. Lege in jede Petrischale eine dünne Schicht Watte und gib Kressesamen darauf. Befeuchte die Watte mit der dazugehörigen Wasserprobe. Kontrolliere die Petrischalen jeden Tag. Wenn die Watte trocken ist, musst du sie mit der entsprechenden Wasserprobe anfeuchten. Führe den Versuch eine Woche lang durch.

Abb. 4 Wächst die Kresse?

3 Laufen - Schwimmen - Fliegen

3.1 Auf vier Beinen

Abb. 1 Schritt und Trab beim Pferd

1 Wie Pferde laufen
Wähle einen Bewegungsablauf aus Abb. 1 oder 2 und beschreibe ihn genau mit deinen Worten.

2 Alles auf Trab
Betrachte die Pferdezeichnungen zum Trab (Abb. 1). Überlege dir, welche Beinstellung als nächstes folgt. Zeichne diese in dein Heft und beschreibe sie.

3 Schrittlängen
Die Geschwindigkeit eines Pferdes hängt nicht nur davon ab, wie schnell es seine Beine bewegt. Entscheidend ist auch die Schrittlänge: Das ist der Abstand von zwei in der Bewegung aufeinander folgenden Beinen (Abb. 1, 2). Miss die Schrittlängen aus. Vergleiche die Werte miteinander. Formuliere dein Ergebnis.

4 Aufgabe
Welche Phasen des Galopps kannst du bei den Pferden in Abb. 5 auf S. 46 erkennen? Bestimme und beschreibe diese mithilfe der Bewegungsphasen in Abb. 2.

5 Aufgabe
Welche Gangarten erkennst du in Abb. 3? Aufgepasst! Eine Gangart ist besonders schwer zu erkennen.

Abb. 2 Galopp beim Pferd

A

Abb. 3 Welche Gangarten erkennst du?

Abb. 4

6 **Der schnellste Läufer**
Ein Gepard kann in einem kurzen Spurt eine Geschwindigkeit von 120 km/h erreichen. In Abb. 4 sind einige seiner Bewegungsphasen dargestellt. Beschreibe sie und bestimme die Gangart. Beschreibe im Vergleich mit Abb. 2 die Bewegungsabläufe und die Körperhaltungen von Pferd und Gepard.

Abb. 5 Eine Pferdeherde im Galopp

Gemächlich im Schritt. Ein Pferd schreitet gemächlich über das Weideland und frisst dabei saftiges Gras. Es geht im ruhigen *Schritt*. Bei dieser Gangart hebt ein Pferd bei jedem Schritt ein Bein vom Boden ab, bewegt es nach vorne und erst, wenn dieses Bein wieder den Boden berührt, wird das nächste Bein angehoben. Bei einem Pferd, das im ruhigen Schritt geht, haben immer drei Füße Kontakt mit dem Boden (Abb. 1).

Der Trab. Der *Trab* ist eine schnellere Gangart. Hierbei sind die einzelnen Schritte länger und folgen schneller aufeinander als beim Schritt. Ein trabendes Pferd hebt gleichzeitig zwei Beine an, z. B. sein rechtes Vorderbein und sein linkes Hinterbein. Kurz danach stößt es sich mit den beiden anderen Beinen vom Boden ab. Für kurze Zeit berührt dann kein Fuß den Boden (Abb. 1). Im Trab können Pferde eine Geschwindigkeit von 18 km/h erzielen.

Im Galopp. Ein weit höheres Tempo erreicht ein Pferd im *Galopp* (Abb. 2). In dieser Gangart bewegt es sich beispielsweise, wenn es vor einer Gefahr flüchtet. Dann kann es eine Geschwindigkeit von 77 km/h erreichen. Die einzelnen Schritte sind noch länger und folgen noch schneller aufeinander als beim Trab. Außerdem stößt sich ein galoppierendes Pferd in jeder Schrittfolge mit seinen Hinterbeinen zu einem Sprung vom Boden ab. Dadurch bekommt es großen Schwung, sodass es mehrere Meter durch die Luft fliegt. Die Vorderbeine werden nacheinander wieder auf den Boden gesetzt. Während sich ein Pferd zum Sprung abstößt oder nach diesem wieder landet, hat meistens nur ein Bein Kontakt zum Boden.

Merksatz

Pferde bewegen sich gemächlich im Schritt vorwärts. Der Trab ist eine schnellere Gangart. Am schnellsten sind Pferde im Galopp.

3.2 Der aufrechte Gang

Auf zwei Beinen. Unser aufrechter Gang macht es möglich, dass wir uns fortbewegen und gleichzeitig Hände und Arme für andere Tätigkeiten benutzen können. Solange wir stehen, wirkt die gesamte *Gewichtskraft* unseres Körpers auf die relativ kleinen Auflageflächen unserer Füße. Wenn wir gehen, wird die Auflagefläche noch erheblich verringert (Abb. 2). Setzt bei einem Schritt z. B. die Ferse des rechten Fußes auf, ist der linke Fuß schon weitgehend abgehoben. Nur seine Zehen berühren noch den Boden. Diese stoßen sich dann ab und während nun der linke Fuß nach vorne schwingt, hat nur der rechte Fuß Kontakt zum Boden. Dass wir bei diesem Bewegungsablauf nicht umfallen, liegt mit daran, dass unser Oberkörper eine Gegenbewegung ausführt. Der rechte Arm schlenkert nach vorne, wenn der linke Fuß vorgesetzt wird und umgekehrt. Wenn wir rennen, verändert sich die Gewichtsverteilung nochmals (Abb. 1). Ballen und Zehen z. B. des rechten Fußes stoßen sich zum Sprung ab. Danach hat kein Fuß Kontakt zum Boden. Dann wird der linke Fuß mit der Ferse aufgesetzt, abgerollt und nun seinerseits zum Sprung abgestoßen.

Abb. 1 Bewegungsablauf beim Laufen

Abb. 2 Bewegungsablauf beim Gehen

Reibungskräfte wirken. Ob man geht oder rennt, die Füße werden bei jedem Schritt vom Boden abgestoßen. Auf einem glatten Untergrund z. B. einer Eisfläche kann man seine Schritte nur schwer kontrollieren und gerät schnell ins Rutschen. Auf rauem Straßenbelag hat man damit keine Probleme. Dort, wo sich Schuhsohle und Unterlage berühren, entstehen beim Abstoßen vom Boden *Reibungskräfte*. Diese Kräfte bewirken z. B., dass die Schuhsohle auf ihrer Unterlage nicht wegrutscht. Eine dieser Kräfte ist die *Haftreibungskraft*. Ihre Größe hängt von zwei Dingen ab: Zum einen ist die Gewichtskraft wichtig, mit der die Schuhsohle auf die Unterlage gedrückt wird. Zum anderen ist wichtig, wie die Berührungsfläche zwischen Schuhsohle und Unterlage beschaffen ist. Keine Bedeutung hat die Größe der Berührungsfläche. Ob eine Person auf einer Eisfläche oder auf rauem Straßenbelag geht - die Kraft, mit der die Schuhsohle auf die Unterlage gedrückt wird, ist gleich groß. Die Person rutscht auf dem glatten Eis weg, weil hier eine geringere Haftreibungskraft zwischen Schuh und Eisfläche besteht. Je größer die Haftftreibungskraft ist, umso besser kann man sich beim Gehen abstoßen.

Merksatz

Jeder Schritt wird von einer Gegenbewegung unseres Oberkörpers begleitet. Unsere Füße können sich nur bei relativ großer Haftreibungskraft vom Boden abstoßen.

1 Schuhsohlen im Test

Du brauchst:
- Schuhe mit verschiedenartigen Sohlen (z. B. Gummisohle ohne, mit schwachem und mit starkem Profil)
- Kraftmesser (10 N)

Setze einen Schuh auf den Boden. Hake den Kraftmesser in die Schnürung. Halte den Kraftmesser parallel zum Boden (Abb. 3). Ziehe nun so stark am Kraftmesser, dass sich der Schuh gerade noch nicht bewegt. Wie viel Newton zeigt der Kraftmesser an? Dieser Wert entspricht der Haftreibungskraft.
Wiederhole den Versuch auf unterschiedlich glatten Böden. Schreibe das Ergebnis auf. Erkläre die unterschiedlichen Ergebnisse.

2 Ein schwerer Schuh

Du brauchst:
- einen Schuh
- Kraftmesser
- verschiedene Gewichte

Setze den Schuh auf den Boden. Hake den Kraftmesser in die Schnürung. Halte den Kraftmesser parallel zum Boden. Lege nacheinander verschiedene Gewichtsstücke in den Schuh. Ziehe nun so stark am Kraftmesser, dass sich der Schuh gerade noch nicht bewegt. Trage alle gemessenen Werte in eine Tabelle ein. Beschreibe anhand deiner Werte, wie sich die Gewichte im Schuh auf die Reibungskräfte auswirken.

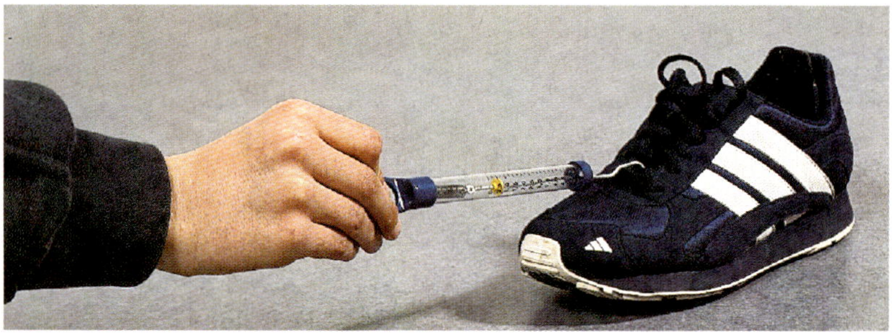

Abb. 3 Wie groß ist die Haftreibungskraft?

3 Auf großem Fuß

Du brauchst:
- Kraftmesser (10 N)
- Gewicht
- Pappe (DIN A4)
- Schere

Schneide aus der Pappe zwei Flächen beliebiger Form, aber deutlich unterschiedlicher Größe aus. Bohre in die Flächen mit der Schere ein Loch, in das du im Versuch den Kraftmesser einhaken kannst. Lege die Pappflächen auf einen rauen Untergrund. Stelle das Gewicht auf eine Pappfläche und ziehe den Kraftmesser nun so stark, dass sich die Pappe gerade noch nicht bewegt. Wiederhole den Versuch mit der anderen Pappfläche. Schreibe das Ergebnis aus dem Vergleich auf. Überlege, wofür das Gewichtstück auf der Pappe und die Pappe selbst als Modell dienen können.

4 Nicos Behauptung - stimmt sie?

Schreibe auf, was du Nico in Abb. 4 antworten würdest. Nimm für deine Argumente den Text auf Seite 47 zu Hilfe.

5 Schrittlänge ermitteln

Du brauchst:
- Maßband
- Sandfläche
- Kreide

Mache einige normale Schritte auf einer Sandfläche und miss anhand der Ferseneindrücke deine Schrittlänge aus.
Markiere eine Strecke von 10 Meter Länge. Laufe diese Strecke einmal im langsamen Joggingtempo, ein anderes Mal im schnellen Sprinttempo. Lass jedes Mal deine Schrittanzahl zählen und berechne jeweils deine durchschnittliche Schrittlänge. Welches Verhältnis zwischen Schrittlänge und Laufgeschwindigkeit kannst du feststellen?

Abb. 4

3.3 Mit dem Fahrrad unterwegs

Abb. 1

1 Radfahren im Vergleich

Vergleiche und schreibe auf, wie sich Rad, Kleidung und Körperhaltung des Rennradfahrers von Abb. 1 von dir beim Radfahren unterscheiden. Überlege dir, zu welchem Zweck Rennfahrer diese Veränderungen vornehmen.

2 Widerstandskraft der Luft

Du brauchst:

- Spielzeugauto
- Knetmasse
- Pappe (Postkartengröße)
- schräge Rollbahn (ca. 1 m)
- Stoppuhr

Setze das Spielzeugauto an die obere Kante der Rollbahn. Lass es hinunterfahren und miss die dafür benötigte Zeit.
Setze etwas Knetmasse auf das Dach des Spielzeugautos. Klemme die Pappe so in die Knetmasse, dass die Fläche der Pappe einmal in Fahrtrichtung, das andere Mal quer zur Fahrtrichtung steht. Lass beide Male das Auto die Rollbahn hinunterfahren. Vergleiche deine Messergebnisse und erkläre sie.

3 Felgenbremse

Schau dir an deinem Fahrrad genau an, was passiert, wenn du mit der Felgenbremse bremst (Abb. 2). Beschreibe diesen Vorgang. Verwende dabei die Begriffe Bremshebel, Bremskabel, Bremsbacken und Felge. Erkläre, wie dein Rad durch Bremsen zum Stehen kommt.

4 Kräfte orten

Wo überall beim Radfahren tritt die Widerstandskraft der Luft auf? Wo wirken Reibungskräfte? Wo wird Vortriebskraft erzeugt? In welche Richtung wirken die einzelnen Kräfte? Nimm zur Beantwortung der Fragen Abb. 3 zu Hilfe.

Abb. 2 Was passiert beim Bremsen?

5 Kräfte verändern

Überlege, wie du beim Radfahren die Widerstandskraft der Luft, die Reibungskräfte und die Vortriebskraft verändern kannst. Welche Wirkung wirst du jeweils damit erreichen? Notiere deine Ergebnisse.
Ein Hindernis tritt auf und du bremst und kommst zum Stehen. Wie hast du während des Bremsens die einzelnen Kräfte verändert?

6 Vorsicht geboten!

Sieh dir Abb. 4 auf Seite 50 an. Überlege, warum man besonders aufpassen muss, wenn man mit dem Rad auf solchen Straßen unterwegs ist.
Welche Situationen sind unter diesen Umständen besonders gefährlich? Begründe.
Beschreibe eine Erfahrung, die du selbst auf einer solchen Straße gemacht hast.

Das Kräfteverhältnis ist wichtig. Nicht nur an einer Steigung, auch auf einer ebenen Strecke muss man als Radfahrer in die Pedale treten. Sonst wird man immer langsamer. Grund dafür sind die Kräfte, die entgegengesetzt zur Fahrtrichtung wirken. Da sind zum einen die Reibungskräfte, die beim Fahren zwischen den Reifen und dem Straßenbelag entstehen. Zum anderen wirkt die *Widerstandskraft* der Luft. Sie setzt besonders stark an der großen Fläche unseres Oberkörpers an. Beugt man sich allerdings möglichst flach in Richtung des Lenkers oder trägt eng anliegende Kleidung, die nicht im Fahrtwind weht, kann man die Widerstandskraft der Luft kleiner halten. Und dennoch - will man vorwärtskommen, muss man diesen verschiedenen Kräften eine größere Kraft entgegensetzen. Diese in Fahrtrichtung wirkende Kraft heißt *Vortriebskraft*. Ein Radfahrer erzeugt diese Kraft mit seinen Beinmuskeln und überträgt sie über die Pedale und die Kette auf das Hinterrad (Abb. 3).

Abb. 3 Kräfte beim Fahrradfahren

Bremsen ist angesagt. An roten Ampeln oder Hindernissen ist es besonders wichtig, das Rad rechtzeitig zum Stehen zu bringen. Benutzt man eine Felgenbremse, werden die Bremsbacken auf die Felge des Vorderrads gedrückt (Abb. 2). Dabei reiben Felge und Bremsbacken gegeneinander. Die hier wirksame Reibungskraft unterstützt die Reibungskräfte zwischen Fahrradreifen und Straßenbelag. Das Rad kommt zum Stehen. Eine große Gefahr bedeutet für Radfahrer eine vereiste Straße (Abb. 4). Der Untergrund ist dann sehr glatt. Die Reibungskraft zwischen Untergrund und Fahrradreifen ist jetzt recht gering. Muss man dann plötzlich bremsen, rutschen die Reifen weg.

Merksatz

Die Widerstandskraft der Luft und die Reibungskraft zwischen Fahrradreifen und Straßenbelag wirken entgegen der Fahrtrichtung. Die Vortriebskraft wirkt in Fahrtrichtung. Sie hält das Fahrrad in Bewegung.

Abb. 4 Gefährliche Straßenverhältnisse

3.4 Fische in ihrem Element

Abb. 1 Bachforelle

Widerstandskraft des Wassers. Wer kennt das nicht? Man steht bis zur Brust im Wasser und will vorwärts gehen. Dabei merkt man, dass man viel mehr Kraft aufbringen muss als beim Gehen an Land. Diese Kraft ist nötig, um die *Widerstandskraft* zu überwinden, die im Wasser wesentlich größer als in der Luft ist.

Strömungsgünstig. Fische und im Wasser lebende Vögel und Säugetiere sind mit ihrem Körperbau an das Leben im Wasser angepasst. Der Körper hat eine Form, deren größte Breite dicht vor der Körpermitte liegt. Ein Beispiel dafür sind Bachforellen (Abb.1). Mit einer solchen Körperform verringern sie die Widerstandskraft des Wassers, die entgegen der Schwimmrichtung wirkt. Der Körper ist strömungsgünstig. Schwimmt eine Bachforelle vorwärts, erzeugt sie durch Körperbewegungen eine Vortriebskraft, die größer ist als die Widerstandskraft des Wassers. Diese Vortriebskraft wird beim gemächlichen Schwimmen durch die Schwanzflosse erzeugt. Sie bewegt sich von einer Seite zur anderen hin und her. Wenn eine Bachforelle schneller schwimmt, wird der ganze hintere Körperteil Für eine große Vortriebskraft eingesetzt (Abb. 2).

Mit den beiden Brustflossen steuert eine Bachforelle die Schwimmrichtung nach rechts oder links. Spreizt sie ihre rechte Flosse ab, bewegt sie sich nach rechts. Mit abgespreizter linker Brustflosse bewegt sie sich nach links. Die anderen Flossen tragen dazu bei, dass eine Bachforelle nicht zur Seite kippt, sondern ihre normale Lage im Wasser beibehält.

Merksatz

Bei der Fortbewegung im Wasser muss die Widerstandskraft des Wassers überwunden werden. Bachforellen haben eine strömungsgünstige Körperform. Für die Fortbewegung und die Richtungsänderung sind vor allem die Schwanzflosse und die Brustflossen zuständig.

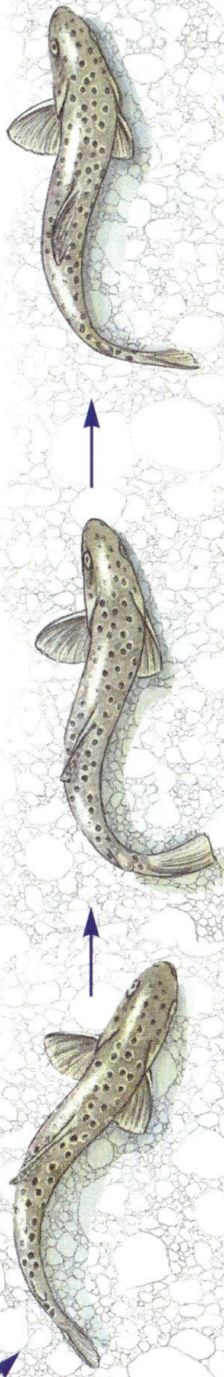

Abb. 2 Vorwärtsbewegung bei der Bachforelle

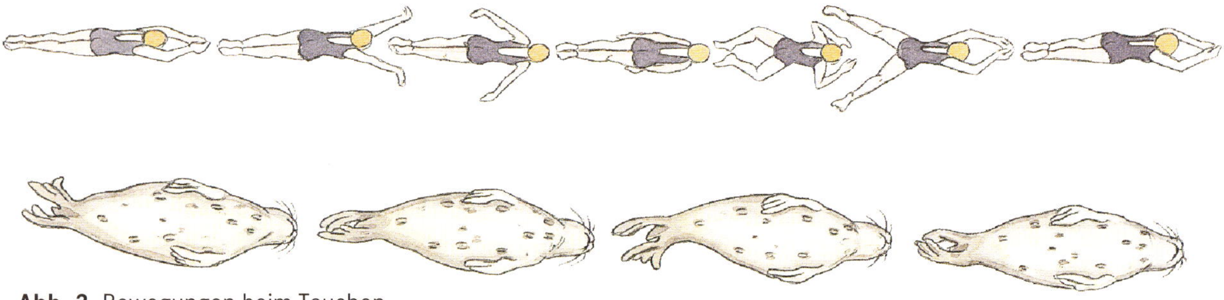

Abb. 3 Bewegungen beim Tauchen

1 Zwei Taucher

Beschreibe die Bewegungen eines tauchenden Menschen und eines Seehundes (Abb. 3). Womit erzeugen sie ihre Vortriebskraft? Ein Seehund kann im Wasser eine Geschwindigkeit von 35 km/h erreichen. Versuche zu erklären, warum ein Mensch nicht so schnell tauchen kann. Wie könnte ein Taucher seine Geschwindigkeit erhöhen?

2 Strömungsgünstige Formen

Du brauchst:

- Waage
- Knetmasse (30 g)
- Metallhaken
- Kunststofffaden
- 2 Gewichte (z. B. je 5 g)
- flachen, größeren Behälter
- Glasstab
- Klebeband
- Stoppuhr

Abb. 4

Forme aus der Knetmasse einen Fisch und einen Würfel von jeweils 5 g. Drücke in jede Form einen Metallhaken (Abb. 4). Befestige denFaden am Metallhaken und binde an das Ende ein Gewicht. Markiere auf deinem Behälter mit Klebeband gut sichtbar Start- und Ziellinie. Befestige mit Klebeband einen Glasstab auf dem Rand des Behälters, um die Reibung des Fadens an der Kante zu verringern. Fülle den Behälter mit Wasser. Lege eine Form so in den Kasten, dass sich die Drahtöse direkt hinter der Startlinie befindet. Halte die Form fest, bis das Gewicht an der anderen Seite des Kastens herunterhängt (Abb. 4). Lass die Form los und miss mit der Stoppuhr die Zeit, die für die Strecke benötigt wird. Wiederhole den Versuch mit der anderen Form. Überlege dir weitere strömungsgünstige und strömungsungünstige Formen. Wiederhole den Versuch mit diesen Formen und vergleiche die Ergebnisse miteinander.

3.5 Eine Sache der Kräfteverhältnisse

Gewichtskraft kontra Auftriebskraft. Steht man bis zu den Schultern im Wasser, kommt man sich leicht wie eine Feder vor. Man kann Sprünge machen, zu denen man sich nur mit der großen Zehe abstoßen muss. Offensichtlich wirkt im Wasser auf unseren eingetauchten Körper eine Kraft, die uns scheinbar leichter macht. Es ist die *Auftriebskraft*. Sie ist der *Gewichtskraft* unseres Körpers entgegengerichtet.

Wie funktioniert das mit dem Auftrieb? Wirft man einen Flaschenkorken in ein Glas mit Wasser, so schwimmt dieser an der Wasseroberfläche. Hier wirkt die Auftriebskraft des Wassers. Wirft man statt des Korkens ein gleich schweres Geldstück in das Wasser, so sinkt dieses sofort auf den Boden. Wirkt hier denn keine Auftriebskraft? Die Antwort heißt: Doch! Es wirkt auf beide Körper eine Auftriebskraft. Sie ist jedoch unterschiedlich groß. Vom Korken und vom Geldstück wird unterschiedlich viel Wasser verdrängt. Der schwimmende Korken verdrängt mehr Wasser als das untergetauchte Geldstück. Die Auftriebskraft des Wassers ist von diesem verdrängten Wasservolumen abhängig. Sie ist immer so groß wie die Gewichtskraft des verdrängten Wasservolumens.

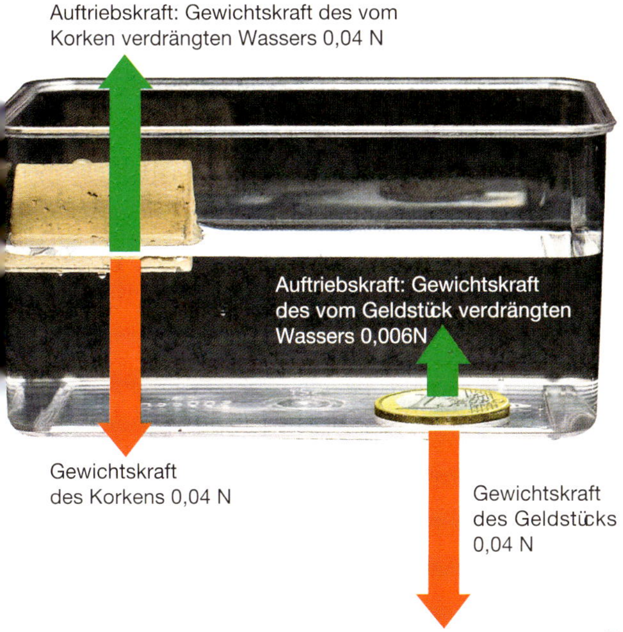

Ein Beispiel zeigt die Abb.1: Ein vier Gramm schweres Geldstück hat eine Gewichtskraft von etwa 0,04 N. Es verdrängt ein Volumen von 0,6 Kubikzentimeter Wasser, wenn es im Wasser liegt. Die Gewichtskraft dieses Wasservolumens beträgt 0,006 N. Die Auftriebskraft des Wassers beträgt also auch 0,006 N (Abb. 1). Sie ist wesentlich kleiner als die Gewichtskraft des Geldstücks von 0,04 N. Die Folge ist, dass das Geldstück im Wasser zu Boden sinkt.
Der große, ebenfalls vier Gramm schwere Korken mit seiner Gewichtskraft von 0,04 N verdrängt ein Volumen von vier Kubikzentimetern Wasser, wenn er auf dem Wasser schwimmt. Die Gewichtskraft dieses Wasservolumens beträgt 0,04 N. Die Auftriebskraft beträgt ebenfalls 0,04 N. Sie ist also genauso groß wie die Gewichtskraft des Korkens. Die Folge ist, dass der Korken an der Wasseroberfläche schwimmt (Abb. 1).
Entscheidend dafür, ob ein Körper auf dem Wasser schwimmt oder zu Boden sinkt, ist immer das Verhältnis zwischen Gewichtskraft und Auftriebskraft. Wenn beide Kräfte gleich groß sind, schwimmt der Körper auf dem Wasser. Wenn die Auftriebskraft kleiner als die Gewichtskraft ist, dann sinkt der Körper im Wasser zu Boden.

Merksatz

Die Auftriebskraft entspricht der Gewichtskraft des Wasservolumens, das vom eintauchenden Körper verdrängt wird. Die Auftriebskraft wirkt der Gewichtskraft des eintauchenden Körpers entgegen.

Abb. 1 Gewichtskraft und Auftriebskraft

Abb. 2 Wie lange schwimmt das Schälchen?

1 Scheinbar leichter

Du brauchst:
- Knetmassekugel (20 g)
- Draht für einen Metallhaken
- Kraftmesser (5 N)
- Becherglas

Fülle das Becherglas zu zwei Dritteln mit Wasser. Drücke den Metallhaken in die Knetmasse hinein. Befestige den Kraftmesser am Metallhaken. Lies am Kraftmesser die angezeigte Gewichtskraft ab. Lass anschließend die Knetmasse vollständig in das Wasser eintauchen. Welche Gewichtskraft zeigt der Kraftmesser an? Erkläre deine Messergebnisse. Fertige eine Schemazeichnung ähnlich der Abb. 1, S. 53, an und beschrifte sie.

2 Schwimmen und versinken

Du brauchst:
- Aluminiumfolie (10 cm x 10 cm)
- Schale mit Wasser
- kleine Steinchen

Forme aus der Aluminiumfolie ein Schälchen mit Rand (Abb. 2). Setze es aufs Wasser. Was passiert? Ist die Gewichtskraft des Schälchens gleich der Gewichtskraft des von ihm verdrängten Wassers oder größer? Beschwere das Schälchen mit zwei kleinen Steinchen. Beschreibe, was du beobachtest. Verdrängt das Schälchen jetzt mehr oder weniger Wasser als zuvor? Was folgt daraus für die Auftriebskraft? Welches Kräfteverhältnis besteht jetzt zwischen Gewichtskraft des Schälchens und Auftriebskraft? Beschwere das Schälchen Stein für Stein weiter. Beschreibe jeweils, was passiert, und beantworte jedesmal die Frage nach dem Kräfteverhältnis zwischen Gewichtskraft des Schälchens und Auftriebskraft.

3 Tauchen im Unterseeboot

Jedes U-Boot hat einen Tauchtank (Abb. 3). Während das U-Boot auf dem Wasser schwimmt, ist der Tauchtank mit Luft gefüllt. Zum Tauchen wird der Tauchtank gerade mit so viel Wasser gefüllt, dass das U-Boot nicht auf den Meeresboden absinkt, sondern im Wasser schwebt. Zum Aufsteigen wird das Wasser mit Pressluft wieder aus dem Tauchtank hinausbefördert.
Beschreibe das Verhältnis von Gewichtskraft des Bootes zur Auftriebskraft, wenn das U-Boot
a) an der Wasseroberfläche schwimmt,
b) wenn das U-Boot vollständig untergetaucht im Wasser schwebt,
c) wenn das U-Boot zu Boden sinkt,
d) wenn das U-Boot wieder aufsteigt?

Abb. 3 U-Boot

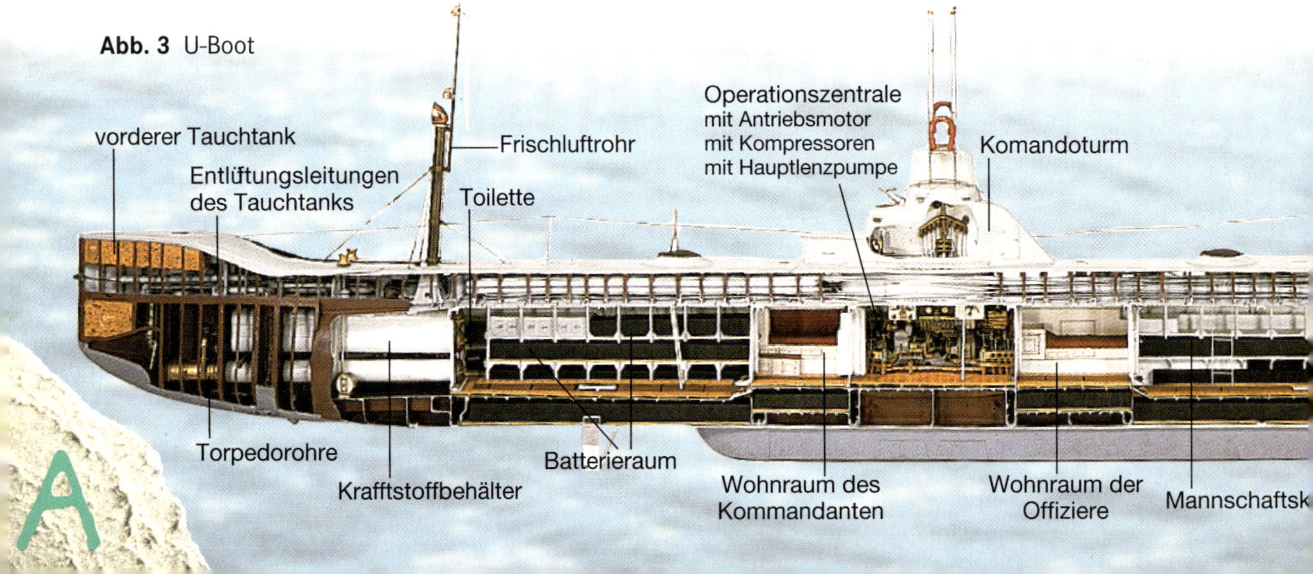

3.6 Starke Auftriebskraft macht's

Abb. 1 Tragflügelboot in langsamer Fahrt

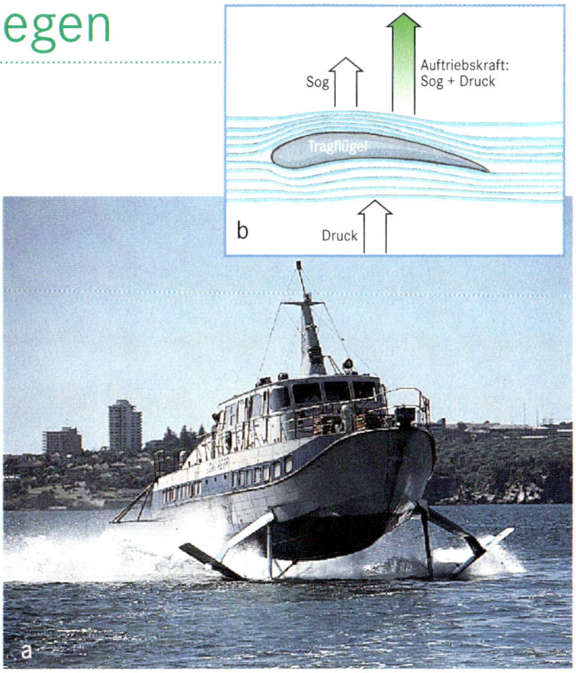

Abb. 2a Tragflügelboot in voller Fahrt, **b** Bewegung des Wassers am Tragflügel

Sie kommen hoch hinaus. Ein langsam fahrendes Tragflügelboot ist von einem „normalen“ Motorboot nicht zu unterscheiden (Abb. 1). Erst wenn es „Fahrt“ gewinnt, wird der Unterschied sichtbar. Dann hebt sich ein Tragflügelboot so weit aus dem Wasser, dass der gesamte Bootskörper über der Wasseroberfläche fährt (Abb. 2). Unter der Wasseroberfläche bleiben nur der Propeller und die Tragflügel. Dadurch muss eine erheblich geringere *Vortriebskraft* aufgewendet werden, um das Tragflügelboot gegen die *Widerstandskraft* des Wassers vorwärts zu bewegen. Die notwendige Vortriebskraft wird vom Propeller erzeugt. Er sitzt am Heck des Tragflügelbootes und wird von einem starken Motor angetrieben.

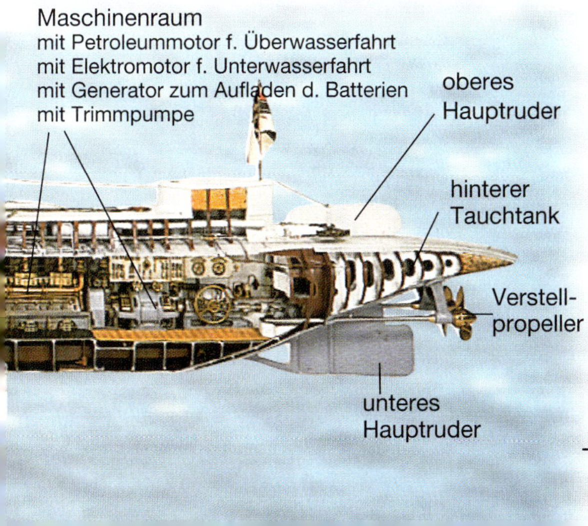

Wichtig ist das Profil. Während der Fahrt durchschneiden die Tragflügel das Wasser. Ein Teil des Wassers fließt oberhalb der Tragflügel vorbei, ein Teil unterhalb. Die Oberseite des Tragflügels ist im Profil gewölbt. Das Wasser, das entlang der Oberseite fließt, muss einen längeren Weg zurücklegen als das Wasser, das unterhalb des Tragflügels fließt (Abb. 2b). Das Wasser über dem Tragflügel muss schneller fließen als das unter dem Tragflügel, damit beide Wasserströme gleichzeitig wieder am Ende des Tragflügels ankommen. Die unterschiedliche Strömungsgeschwindigkeit führt dazu, dass über dem Tragflügel der Druck geringer ist als darunter. Dieser *Unterdruck* oder *Sog* zieht den Tragflügel nach oben. Unter dem Tragflügel entsteht ein *Überdruck*. Dadurch wird der Tragflügel nach oben gedrückt. Sog und Druck zusammen ergeben eine nach oben gerichtete *Auftriebskraft,* die bei schneller Fahrt das Boot aus dem Wasser hebt.

Merksatz

Bei einem Tragflügelboot wird mit einem Propeller die Vortriebskraft erzeugt. An den Tragflügeln wird eine Auftriebskraft erzeugt, die das Boot aus dem Wasser hebt.

1 Auftriebskraft
Erkläre, wo und auf welche Weise bei einem Tragflügelboot die Auftriebskraft erzeugt wird, mit der das Boot aus dem Wasser gehoben wird.

2 Welche Kräfte wirken?
Übertrage die Skizze des Tragflügelbootes und die Pfeile in dein Heft (Abb. 3). Beschrifte die Pfeile und erkläre die Beschriftung. Beschreibe das Verhältnis der verschiedenen Kräfte zueinander, das bei der Fahrt des Tragflügelbootes besteht.

3 So funktioniert ein Tragflügel
Du brauchst:
- Blatt Papier (DIN A4)
- Klebestreifen
- Lineal
- Föhn

Falte das Blatt Papier längs und halbiere es. Klebe nun die beiden kurzen Seiten eines Blattes mit Klebstreifen aufeinander. Führe das Lineal in die entstandene Papierschlaufe. Knicke das Papier an der unteren Linealkante so, dass die Papierschlaufe das Profil eines Tragflügels annimmt - untere Seite gerade, obere Seite gewölbt (Abb. 4). Blase dein Modell mit dem Föhn an. Beschreibe, was passiert, und gib dafür eine Erklärung.

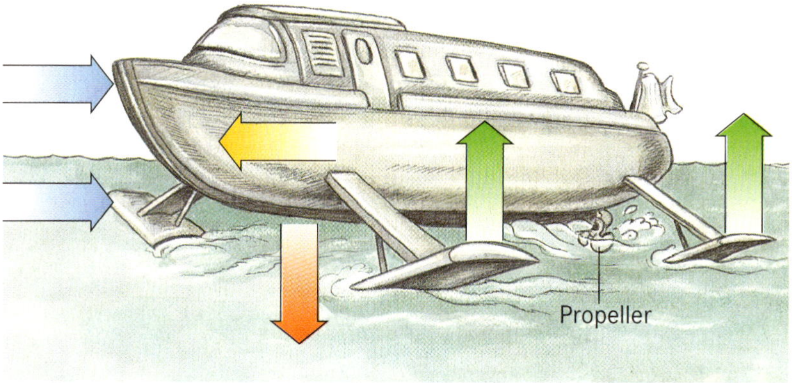

Abb. 3 Kräfteverhältnis beim Tragflügelboot

4 Mehr zu Tragflügelbooten
Tragflügelboote werden als Personenfähren auf Seen und Flüssen genutzt. Da sie relativ schnell Geschwindigkeiten zwischen 80 und 120 km/h erreichen, können die Fahrgäste - etwa 100 Personen - binnen kurzer Zeit von einem Ufer zum anderen transportiert werden. Tragflügelboote erzeugen keine hohen Wellen. So werden die Ufer der Seen und Flüsse nicht gefährdet. Tragflügelboote können allerdings nur in ruhigen Gewässern eingesetzt werden. Bei starkem Wellengang ist das Risiko zu groß, dass die Tragflügel beschädigt werden. Gegenstände, die auf dem Wasser schwimmen, sind aus dem gleichen Grund eine große Gefahr. Bei Geschwindigkeiten über 90 km/h steigt das Risiko eines Tragflügelbruchs. Entnimm dem Text Gründe für und gegen den Einsatz von Tragflügelbooten. Trage diese Informationen in eine entsprechende Tabelle ein.

Abb. 4 Modellversuch zum Tragflügel

3.7 Was man über Luft wissen sollte

Unsichtbare Luft. Man sagt von einer ausgetrunkenen Limonadenflasche: Die ist leer. Hält man aber diese Flasche mit der Öffnung nach unten in einen mit Wasser gefüllten Behälter, so dringt kein Wasser in die Flasche ein (Abb. 1). Die Flasche ist nämlich nicht leer - sie ist mit Luft gefüllt. Luft nimmt einen bestimmten Raum ein. Und wo Luft ist, da kann nicht gleichzeitig auch Wasser sein.

Abb. 1 Warum dringt kein Wasser in die Flasche ?

Luft - leicht oder schwer? Ein Fussball ist mit Luft gefüllt. Wenn man einen schwach aufgeblasenen und einen stark aufgeblasenen Fussball wiegt, stellt man fest, dass der stark aufgeblasene Ball schwerer ist als der andere (Abb. 2). Er enthält eine größere Menge Luft. Bei einer Temperatur von 20 °C wiegt ein Liter Luft 1,292 g. Erhitzt man Luft, wird sie leichter. Bei 180 °C wiegt ein Liter Luft nur noch 0,767 g.

Luft - ein Gasgemisch. Luft besteht aus verschiedenen Gasen. 1000 ml Luft enthalten etwa 780 ml Stickstoff, 210 ml Sauerstoff sowie 10 ml Edelgase und Kohlenstoffdioxid. Stickstoff und Sauerstoff sind geruchlose Gase. Sie sind geschmacklos und farblos.

Atome und Moleküle. Alle Stoffe bestehen aus winzigen Teilchen. Sie sind mit bloßem Auge nicht zu sehen. Sie werden *Atome* genannt (Abb. 3). Bei den meisten Gasen, so auch beim Sauerstoff und beim Stickstoff, sind mehrere Atome zu einer Einheit zusammengefügt. Eine solche Einheit nennt man *Molekül*: Ein Sauerstoffmolekül besteht aus zwei Atomen Sauerstoff, ein Stickstoffmolekül aus zwei Atomen Stickstoff. Die Moleküle der Gase bewegen sich. Sie stoßen wie Billardkugeln zusammen, prallen voneinander ab und stoßen wieder zusammen. Wird Luft erwärmt, bewegen sich die Moleküle schneller. Die Zusammenstöße werden heftiger, die Moleküle prallen stärker voneinander ab. Dadurch vergrößert sich der Abstand zwischen ihnen. Man sagt auch, warme Luft dehnt sich aus. Nun sind weniger Moleküle in dem gleichen Raum enthalten als vorher (Abb. 3). Weniger Moleküle im gleichen Raum bedeutet: Die Luft ist leichter geworden. Warme Luft ist also leichter als kalte Luft.

Abb. 2 Auch Luft hat ein Gewicht

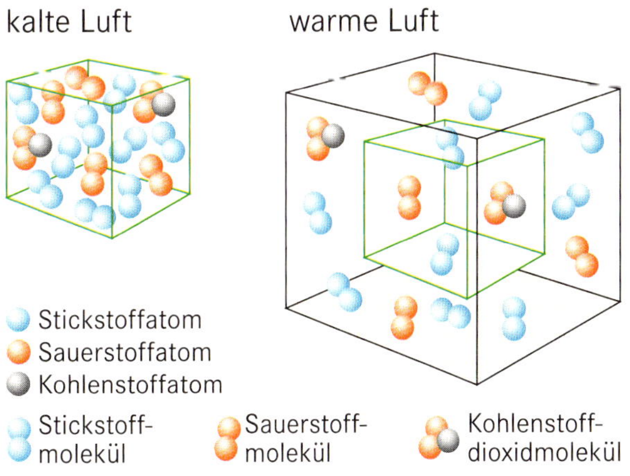

Abb. 3 Stoffe bestehen aus Teilchen, die sich bewegen

Merksatz

Luft besteht aus verschiedenen Gasen. Jedes Gas besteht aus kleinen Teilchen, den Atomen und Molekülen. Warme Luft ist leichter als kalte Luft.

3.8 Am Anfang war der Heißluftballon

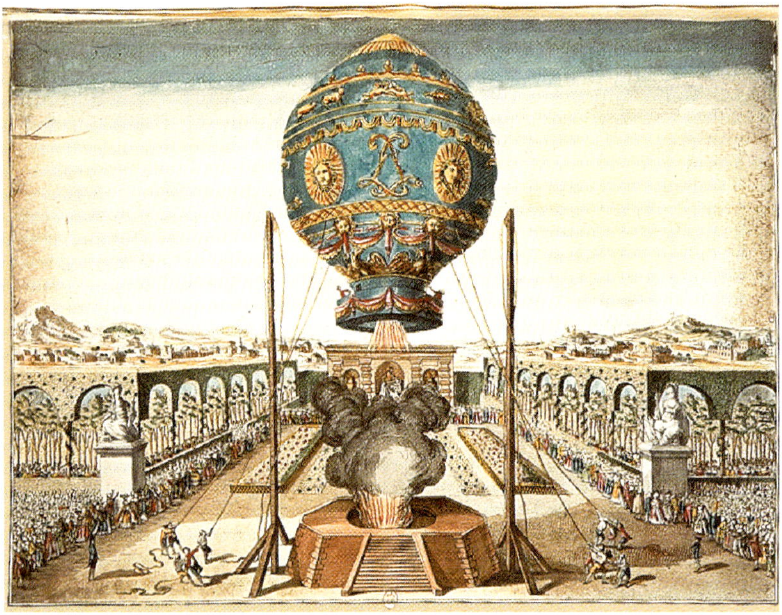

Abb. 1 Der erste Heißluftbalon 1783

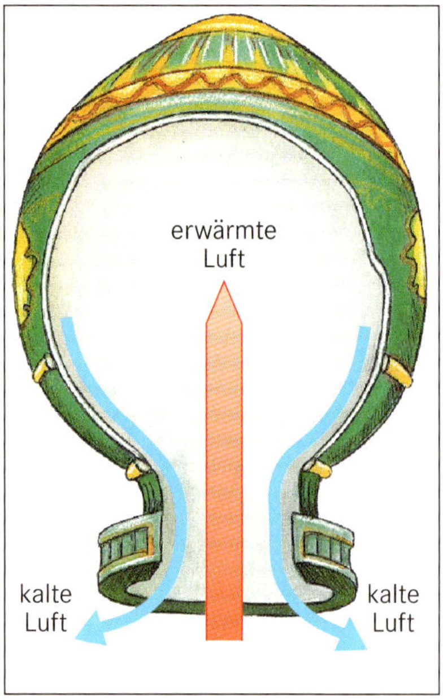

Abb. 2 Warme Luft lässt den Ballon leichter werden

Hoch hinaus. Sich einfach treiben lassen und dazu noch die Welt von oben besehen - genau das kann man im Heißluftballon. Ballonfahren hat sich in den letzten Jahren zu einem neuen Freizeitsport entwickelt. Nur wenige Menschen wissen, dass Heißluftballons die ersten erfolgreichen Flugmaschinen der Welt waren!

Der Ballon der Montgolfiers. Im September 1783 stieg in Frankreich der erste Heißluftballon auf (Abb. 1). Gebaut wurde er von den Brüdern MONTGOLFIER. Sie waren Papierfabrikanten. Was lag also näher, als den Ballon aus Papier und Stoff herzustellen? Sie ließen unten im Ballon eine große Öffnung. Unter dem Ballon entzündeten sie ein Feuer. Die erwärmte Luft strömte in den Ballon, kalte Luft strömte heraus. Schließlich war der gesamte Ballon mit 180 °C heißer Luft gefüllt. Die heiße Luft im Ballon war wesentlich leichter als die von ihr verdrängte kalte Luft. Sie war sogar so leicht, dass die Gewichtskraft der heißen Luft und des Ballonmaterials zusammengenommen kleiner war als die Gewichtskraft der verdrängten kalten Luft (Abb. 2). So konnte sich der Ballon erheben.

Der Heißluftballon der Brüder MONTGOLFIER stieg auf über 500 m Höhe. Als erste Passagiere hatte man ein Schaf, einen Hahn und eine Ente gewählt. Nach acht Minuten und vier Kilometern Fahrt landeten die Tiere wohlbehalten wieder auf der Erde.

Ballonfahren heute. Ein Ballonfahrer ist in seinem Vorwärtskommen immer abhängig von der Windrichtung und der Windstärke. Die modernen Heißluftballons bestehen aus sehr leichtem synthetischen Material. Zwischen Ballon und Korb befindet sich ein Gasbrenner. Mit ihm haben Ballonfahrer die Möglichkeit, die langsam kälter werdende Luft im Ballon bei Bedarf wieder zu erwärmen. So können sie die Lufthöhe aufsuchen, in der eine von ihnen gewünschte Windrichtung herrscht.

Merksatz

Heißluftballons gehörten zu den ersten erfolgreichen Flugmaschinen. Ihre Fortbewegung ist abhängig von Windrichtung und Windstärke.

1 Alles warme Luft

Du brauchst:

- großen Plastiksack
- Kraftmesser (5 N)
- Gasbrenner
- Schnur
- Klebeband

Kremple zur Stabilisierung den Rand des Plastiksacks an der Öffnung um. Der Sack muss weit geöffnet sein. Klebe die Schnur mit dem Klebeband an den Boden des Sacks. Befestige die Schnur am Kraftmesser. Lasse den Sack mit der Öffnung nach unten frei im Raum hängen. Halte die Öffnung des Plastiksacks in einem Abstand von etwa 30 cm über den Gasbrenner (Abb. 3). Lies die Anzeige des Kraftmessers ab, notiere den Wert.
Zünde den Brenner an. Vorsicht, dass der Sack nicht zu nah an die Flamme kommt! Beschreibe, was mit dem Plastiksack geschieht. Notiere im Abstand von fünf Minuten die Werte auf der Anzeige des Kraftmessers. Erkläre deine Beobachtungen.

Abb. 3 Einen Heißluftballon selbst bauen - Vorsicht mit dem Brenner!

2 Gut 200 Jahre später

Der Artikel „Himmelsstürmer am Start" zeigt eine Ballonfahrt heute. Vergleiche sie mit einer Fahrt zur Zeit der Brüder MONTGOLFIER.

21. März 1999

Himmelsstürmer am Start

Der Schweizer Ballonfahrer Bertrand Piccard und sein Ko-Pilot Brian Jones, die am 1. März in den Schweizer Alpen zu einem neuen Rekordversuch gestartet sind, haben es geschafft – sie haben den Globus im Ballon ohne Zwischenlandung umrundet, 42 810 Kilometer in 19 Tagen, 21 Stunden und 55 Minuten. Gestern landeten sie unversehrt in der ägyptischen Wüste, gut 600 Kilometer südwestlich von Kairo. Ihr „Breitling Orbiter 3" hat eine 55 m hohe Hülle mit getrennten Kammern für Heißluft und für Helium. Die Ballonfahrer lebten in einer Druckkapsel mit konstanter Raumtemperatur. Die Kapsel ist mit allen technischen Raffinessen zur Ausarbeitung der Flugroute und Berechnung der Windverhältnisse ausgestattet. Kontakt zur Bodencrew in der Genfer Leitzentrale bestand über das Satellitentelefon. Von dort bezogen Piccard und Jones Wetterprognosen und Anweisungen. Jetzt winkt ihnen und ihrem Team eine Belohnung von 500 000 Dollar, die von einer amerikanischen Firma für die erste Erdumrundung im Ballon ausgesetzt wurde.

3.9 Vögel - hervorragende Flugkünstler

Abb. 1a Ruderflug bei der Bartmeise

Abb. 1b Ruderflug

Was macht Vögel zu perfekten Fliegern? Ein Mauersegler verfolgt in großer Höhe kleine Insekten in rasantem Flug. Ein Mäusebussard kreist gemächlich in der Luft. Plötzlich stößt er auf eine am Boden erspähte Beute hinab. Eine Kohlmeise fliegt geschickt um Häuserecken herum und auf kürzestem Weg zwischen Hindernissen hindurch. Perfekte Flieger sind alle drei. Sie sind dementsprechend gebaut. Vögel haben leichte, mit Luft gefüllte Knochen. Ihre Lungen haben viele Ausstülpungen. Diese werden Luftsäcke genannt. Sie durchziehen den ganzen Rumpf und reichen bis in die Flügel hinein. Auch die Federn sind leicht. Der Federschaft ist hohl und mit Luft gefüllt. Die große Menge Luft im Körper eines Vogels bewirkt, dass er sehr leicht ist. Ein Vogel ist erheblich leichter als ein gleich großes Säugetier. Dennoch sind auch die leichtesten Vögel schwerer als Luft. Trotzdem erheben sie sich anscheinend spielend leicht vom Boden und können sich stundenlang in der Luft halten. Dies lässt sich durch den Bau und die Bewegung der Flügel erklären.

Verschiedene Flugarten. Beim *Ruderflug* werden die Flügel abwärts und aufwärts bewegt. Wenn ein Vogel seine Flügel abwärts führt, bilden die Flügel eine geschlossene Fläche (Abb. 1). Bei dieser Abwärtsbewegung der Flügel gewinnt ein Vogel an Höhe. Werden die Flügel aufwärts bewegt, sind sie stärker zusammengelegt.
Im Ruderflug steigt ein Vogel mit eigener Kraft in die gewünschte Flughöhe auf.
Beim *Gleitflug* werden die Flügel nicht bewegt, dafür aber weit ausgebreitet. So werden sie zu großen Tragflächen. Mit ihnen kann ein Vogel durch die Luft gleiten (Abb. 2). Betrachtet man die Flugbahn, sieht man, dass ein Vogel im Gleitflug allmählich an Höhe verliert.

Abb. 2a Gleitflug beim Baßtölpel

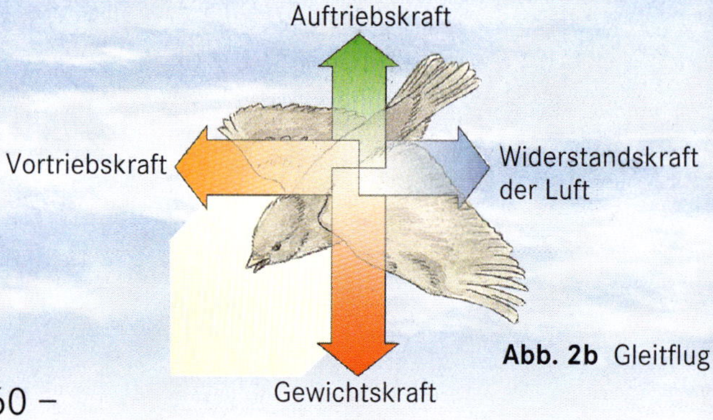

Abb. 2b Gleitflug

Auch beim *Segelflug* werden die Flügel nicht bewegt, sondern weit ausgebreitet. Im Segelflug kann ein Vogel bis in große Höhen aufsteigen (Abb. 3). Das geschieht nicht ohne fremde Hilfe. Diese Hilfe kommt von aufsteigenden, warmen Luftströmungen, den Aufwinden. Ein Vogel fliegt in einen solchen Aufwind hinein und lässt sich von ihm mit ausgebreiteten Flügeln in die Höhe tragen.

Auftriebskraft am Vogelflügel. Ein Vogelflügel hat im Profil eine gewölbte Oberseite und eine weniger gewölbte Unterseite. Trifft ein Luftstrom auf die Vorderkante des Flügels, teilt sich der Luftstrom: Ein Teil strömt über dem Flügel entlang, der andere Teil unter dem Flügel (Abb. 8, S. 62). Der Luftstrom über der Wölbung legt einen längeren Weg zurück als die Luft, die unter dem Flügel entlangströmt. Da beide Luftströme gleichzeitig an der Hinterkante des Flügels ankommen, muss die Luft über dem Flügel schneller strömen als die Luft unter dem Flügel. Das ist der Grund dafür, dass an der Flügeloberseite ein Unterdruck und an der Flügelunterseite ein Überdruck entsteht. Der Unterdruck wirkt wie ein Sog. Er zieht den Flügel nach oben. Der Überdruck drückt den Flügel von der Unterseite her zusätzlich nach oben. So wird am Flügel eine nach oben gerichtete *Auftriebskraft* erzeugt.

Verschiedene Kräfte. Auf einen Vogel, der im Gleitflug durch die Luft gleitet, wirken verschiedene Kräfte (Abb. 2b). Die am Flügel erzeugte *Auftriebskraft* wirkt auf den Vogelkörper als eine nach oben gerichtete Kraft. Die *Gewichtskraft* des Vogelkörpers wirkt der Auftriebskraft entgegen, also nach unten. Da die Gewichtskraft größer ist als die Auftriebskraft, sinkt der Vogel allmählich schräg nach unten. Dabei entsteht die *Vortriebskraft*, die nach vorn gerichtet ist und in Flugrichtung gerichtet ist. Die Widerstandskraft der Luft ist nach hinten gerichtet. Sie wirkt der Vortriebskraft entgegen.

Abb. 3a Segelflug beim Habicht

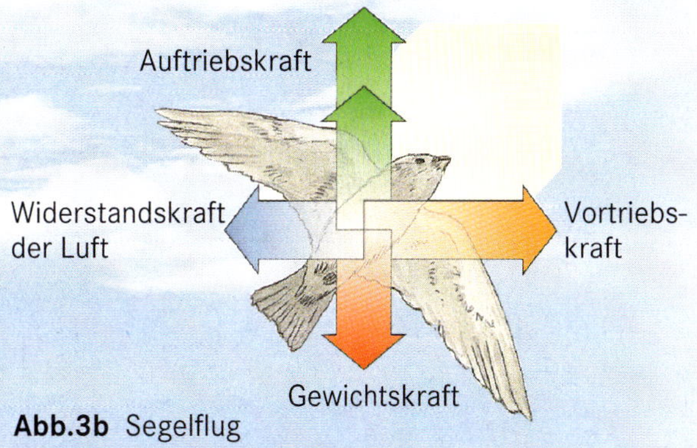

Abb.3b Segelflug

Beim Ruderflug erzeugt der Vogel mit seinen kräftigen Flugmuskeln die Vortriebskraft. Da die Vortriebskraft größer ist als die Widerstandskraft der Luft, kommt der Vogel vorwärts. Ruderflug, Gleitflug und Segelflug unterscheiden sich durch das Kräfteverhältnis von Auftriebskraft zu Gewichtskraft. Beim Ruderflug ist die Auftriebskraft größer als die Gewichtskraft oder genauso groß. So steigt ein Vogel oder bleibt auf gleicher Höhe (Abb. 1b). Beim Gleitflug ist die Gewichtskraft größer als die Auftriebskraft und der Vogel verliert allmälich an Höhe (Abb. 2b). Beim Segelflug ist die Auftriebskraft größer als die Gewichtskraft und setzt sich aus dem am Flügel entstehenden Auftrieb und der Auftriebskraft des Aufwinds zusammen (Abb. 3b). Der Vogel steigt im Aufwind nach oben.

Merksatz

Vögel sind leicht gebaut. Man unterscheidet Ruderflug, Gleitflug und Segelflug. An einem Vogelkörper wirken Auftriebs-, Vortriebs-, Widerstands- und Gewichtskraft.

3 Laufen - Schwimmen - Fliegen

1 Was macht Vögel leicht?

In Abb. 5 sind am Beispiel Vogel und Mensch Organe gekennzeichnet, die Luft enthalten. Vergleiche die Ausdehnung dieser Organe im Körper. Vergleiche den Knochenaufbau einer Gans mit dem eines Hasen (Abb. 4). Schreibe dein Ergebnis auf.

Abb. 4 Aufgeschnittener Oberschenkelknochen von Gans und Hase

Abb. 5 Luftgefüllte Organe bei Vogel und Mensch

2 Vergleich: Vogel - Säugetier

Suche aus Abb. 6 jeweils einen Vogel und ein Säugetier heraus, die eine ähnliche Körperlänge haben. Was fällt dir auf, wenn du die Massen miteinander vergleichst? Erkläre deine Beobachtung.

3 Eine Feder untersuchen

Du brauchst:
- große Feder
- Waage
- Papier
- Schere

Wiege die Feder. Lege sie auf ein Blatt Papier, zeichne den Umriss nach und schneide diesen aus. Wiege die Papierfeder. Vergleiche die beiden Messergebnisse.
Schneide den Federschaft an mehreren Stellen quer durch (Abb. 7). Was stellst du fest?

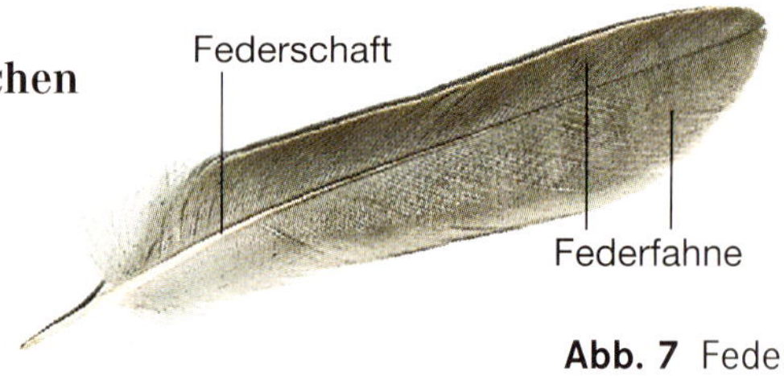

Abb. 7 Feder

Art	Körperlänge (Kopf-Schwanz)	Masse
Wildkaninchen	46 cm	1800 g
Igel	28 cm	700 g
Kohlmeise	14 cm	18 g
Stockente	60 cm	1200 g
Gartengrasmücke	15 cm	13 g
Feldhase	67 cm	4000 g
Amsel	25 cm	100 g
Mäusebussard	50 cm	950 g
Feldmaus	15 cm	30 g
Maulwurf	16 cm	90 g

Abb. 6 Vergleich Vogel - Säugetier

4 Über- und Unterdruck

In Abb. 8 sind Strömungslinien der Luft gezeichnet, wie sie an einem Vogelflügel beim Fliegen entstehen.
Wie verlaufen die Strömungslinien oberhalb und unterhalb des Flügels?
Wo strömt die Luft schneller? Begründe.
Wo entsteht ein Unterdruck?
Wo entsteht ein Überdruck?
Wie wirken sich Unter- bzw. Überdruck auf den Flügel aus?

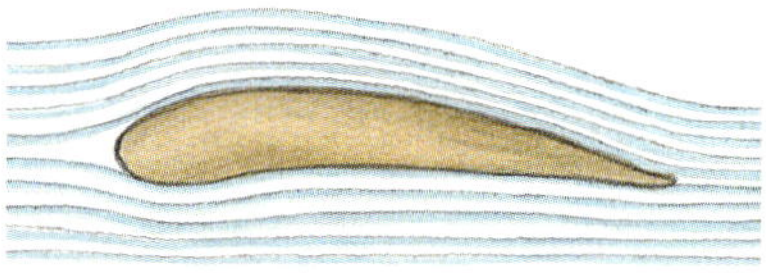

Abb. 8 Strömungslinien der Luft am Profil eines Vogelflügel

3.10 Technischer Fortschritt in der Luft

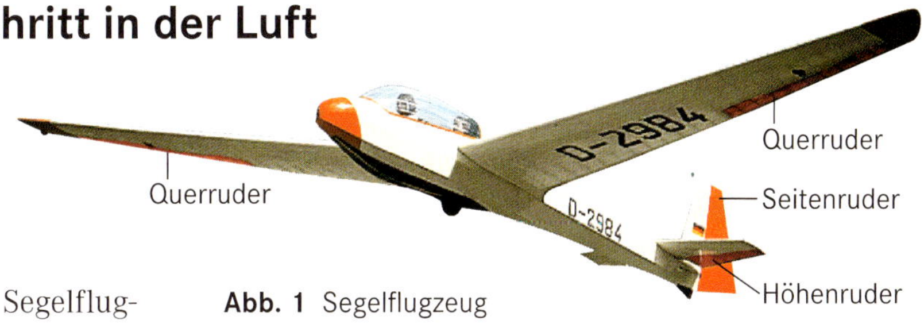

Abb. 1 Segelflugzeug

Fliegen ohne Motorkraft. Moderne Segelflugzeuge sind aus glasfaserverstärktem Kunststoff hergestellt. Das macht sie leicht und trotzdem stabil. Ein Segelflugzeug kann nur mit fremder Hilfe aufsteigen. Es wird entweder mit einem Motorflugzeug in eine Höhe geschleppt werden, von der aus es in den *Gleitflug* übergehen kann, oder es wird am Boden von einer Motorwinde oder einem Auto gezogen. Wenn das Segelflugzeug dabei eine Geschwindigkeit von etwa 70 km/h erreicht, wird die Auftriebskraft größer als die Gewichtskraft des Segelflugzeugs und es hebt vom Boden ab. Es kann bis zu einer Höhe von 450 m am Schleppseil steigen. Dann wird das Seil ausgeklinkt. Der Pilot muss möglichst bald einen Aufwind finden, um sich im Segelflug höher tragen zu lassen.

Die Bedeutung der verschiedenen Ruder. Mithilfe verschiedener Ruder können die Bewegungsrichtungen eines Flugzeugs verändert werden (Abb. 1). Lässt ein Pilot das *Höhenruder* nach unten ausschlagen, strömt die Luft oberhalb des Höhenruders schneller als unterhalb. Es entsteht eine Auftriebskraft, die das Heck des Flugzeugs nach oben zieht. Die „Nase“ des Flugzeugs senkt sich. Das Segelflugzeug geht damit vom Geradeausflug in den Sinkflug über. Wird das Höhenruder nach oben bewegt, steigt das Flugzeug. Das bewegliche *Seitenruder* wird eingesetzt, wenn die Richtung von rechts nach links und umgekehrt verändert werden soll. Beim Kurvenfliegen muss sich ein Flugzeug, ebenso wie ein Radfahrer etwas schräg legen. Diese Schräglage wird mithilfe der *Querruder* erreicht.

Zeitalter der Düsenflugzeuge. Das erste Düsenflugzeug stieg 1939 auf. Angetrieben werden Düsenflugzeuge durch Düsentriebwerke. Diese erzeugen Verbrennungsgase, die mit großer Geschwindigkeit nach hinten ausgestoßen werden. Das gibt dem Flugzeug die Vortriebskraft. Es bekommt einen Schub nach vorn. Dieses Prinzip nennt man Rückstoßprinzip. Das schnellste Düsenflugzeug für den Passagierverkehr ist die Concorde (Abb. 2). Sie wurde 1976 erstmals eingesetzt. Sie erreicht in einer Flughöhe von etwa 15,5 km eine Geschwindigkeit von 2180 km/h.

Merksatz

Segelflugzeuge brauchen zum Starten Hilfe. Mit verschiedenen Rudern wird das Segelflugzeug gesteuert. Düsenflugzeuge erzeugen ihre Vortriebskraft nach dem Rückstoßprinzip.

Abb. 2 Concorde

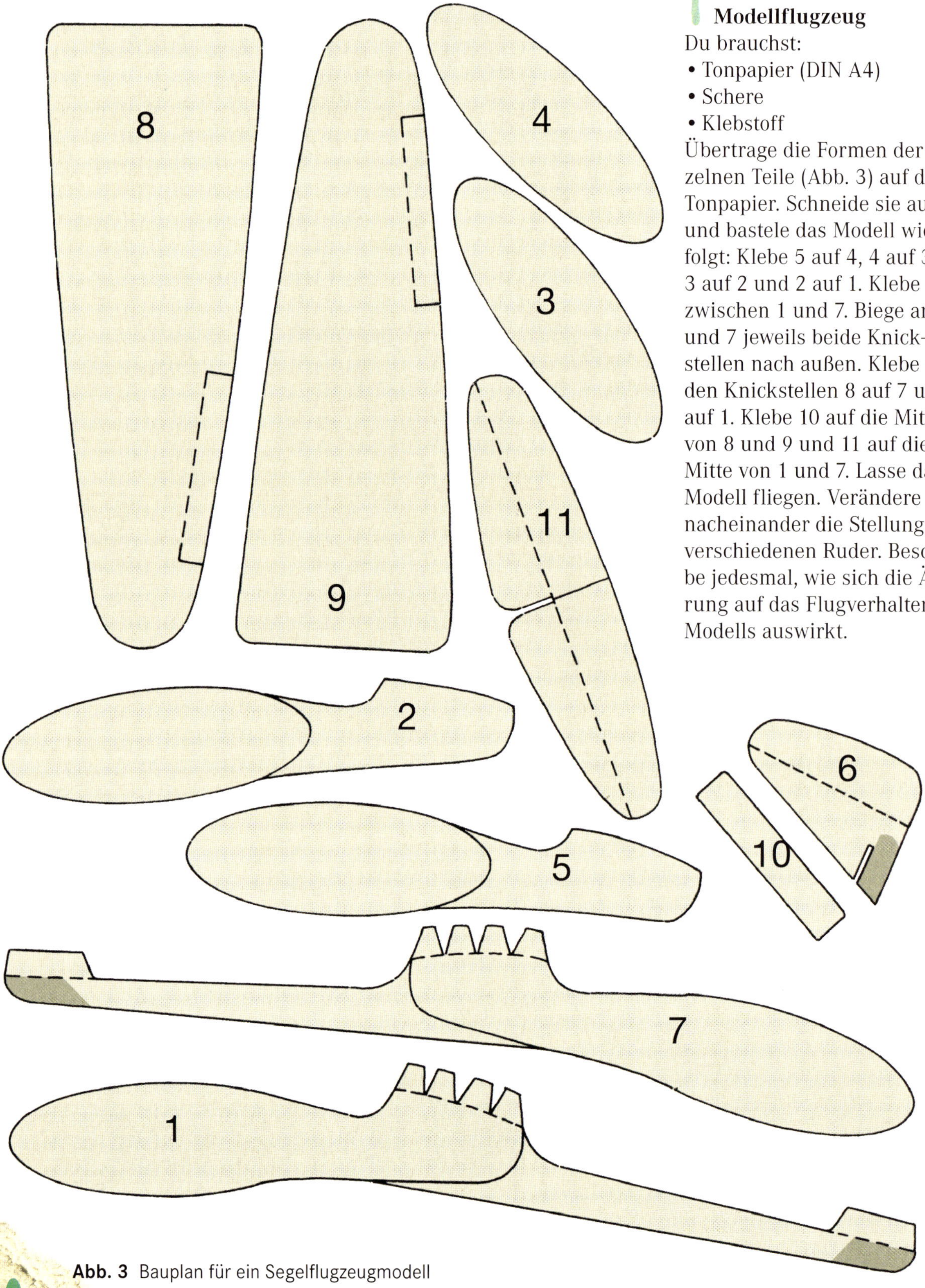

7 Modellflugzeug

Du brauchst:

- Tonpapier (DIN A4)
- Schere
- Klebstoff

Übertrage die Formen der einzelnen Teile (Abb. 3) auf das Tonpapier. Schneide sie aus und bastele das Modell wie folgt: Klebe 5 auf 4, 4 auf 3, 3 auf 2 und 2 auf 1. Klebe 6 zwischen 1 und 7. Biege an 1 und 7 jeweils beide Knickstellen nach außen. Klebe an den Knickstellen 8 auf 7 und 9 auf 1. Klebe 10 auf die Mitte von 8 und 9 und 11 auf die Mitte von 1 und 7. Lasse das Modell fliegen. Verändere nacheinander die Stellung der verschiedenen Ruder. Beschreibe jedesmal, wie sich die Änderung auf das Flugverhalten des Modells auswirkt.

Abb. 3 Bauplan für ein Segelflugzeugmodell

2 Bewegung eines Segelflugzeugs

Beschreibe die Luftströmung am linken Querruder (Abb.4). In welche Richtung wirkt die Kraft, die an diesem Querruder erzeugt wird? Begründe.
Was geschieht aufgrund dieser Kraft mit dem entsprechenden Flügel des Segelflugzeugs?
Gleichzeitig ist das rechte Querruder nach oben geklappt. Beschreibe die Luftströmung an diesem Ruder. Beantworte die drei obigen Fragen auch für dieses Ruder.
Welche Bewegung führt das Flugzeug bei dieser Stellung der Querruder aus?

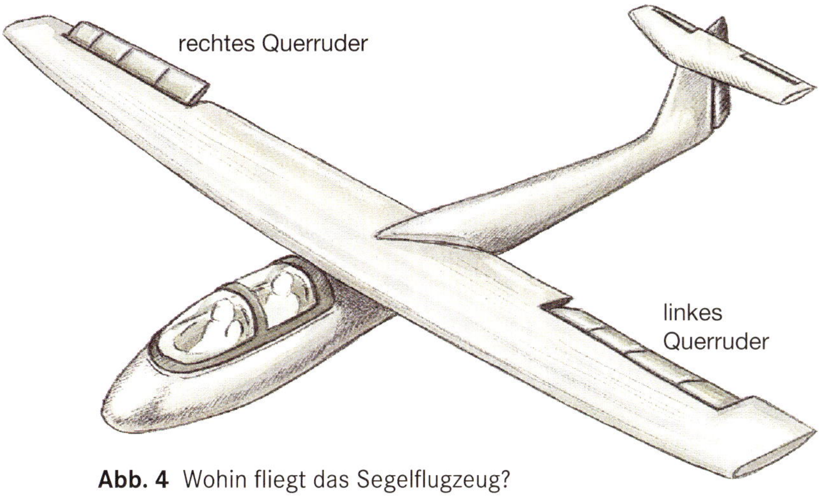

Abb. 4 Wohin fliegt das Segelflugzeug?

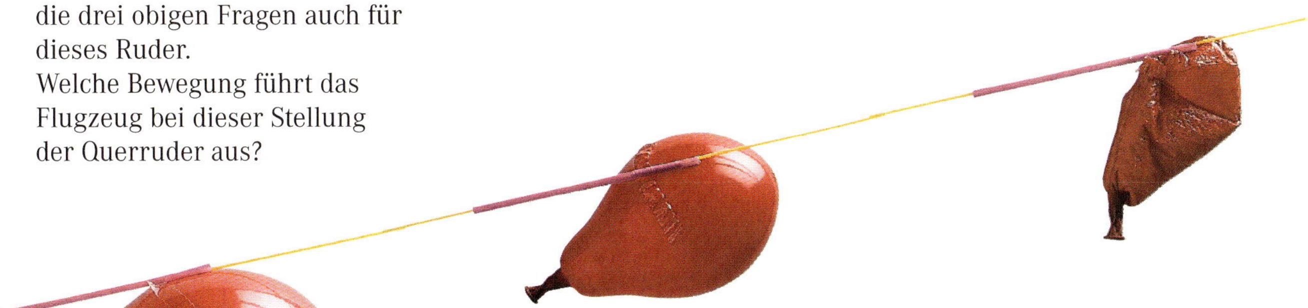

3 „Raketenballon“

Du brauchst:
- Luftballon
- Wäscheklammer
- Strohhalm
- Klebeband
- Angelschnur

Blase den Luftballon auf und verschließe ihn mit der Wäscheklammer. Befestige den Strohhalm mit Klebeband am Ballon. Ziehe die Angelschnur durch den Strohhalm und spanne sie durchs Klassenzimmer. Entferne die Wäscheklammer. Beschreibe, was passiert und erkläre. Worin gleichen sich „Raketenballon“ und Düsenflugzeug? Erkläre.

4 Ein Flug Frankfurt-Madrid

Dies bedeutet eine Flugstrecke von 1400 km. Den größten Teil dieser Strecke fliegt ein Jumbo-Jet in 11500 m Höhe. Er hat dann eine Geschwindigkeit von 900 km/h. Es dauert aber eine Weile, bis er diese Höhe erreicht hat. Auch fliegt er bis dahin „nur“ 600 km/h, da er steigen muss. Abb. 5 zeigt, wie er innerhalb der ersten 150 km an Höhe und Entfernung gewinnt.

Zeichne ein Koordinatensystem. Trage an der x-Achse den Abstand vom Startplatz, an der y-Achse die Höhe über der Erde auf. Zeichne die Werte aus Abb. 5 ein und verbinde die Punkte. Wann fliegt der Jumbo-Jet besonders steil?
Die Landung in Madrid beginnt 150 km vor dem Flugplatz. In dieser Zeit fliegt der Jumbo-Jet 600 km/h. Wie lange dauert der gesamte Flug der 1400 km langen Strecke?
Dauert der Flug für eine 2800 km lange Strecke doppelt so lange wie der Flug Frankfurt-Madrid? Begründe.

Entfernung vom Start (km):								
0	1,5	10	19	30	55	100	130	150 km
0	0	100	2 200	4 000	6 000	8 700	10 000	11 500 m
Höhe über der Erde (m)								

Abb. 5

4 Auto - mobil?

4.1 Tierwanderungen

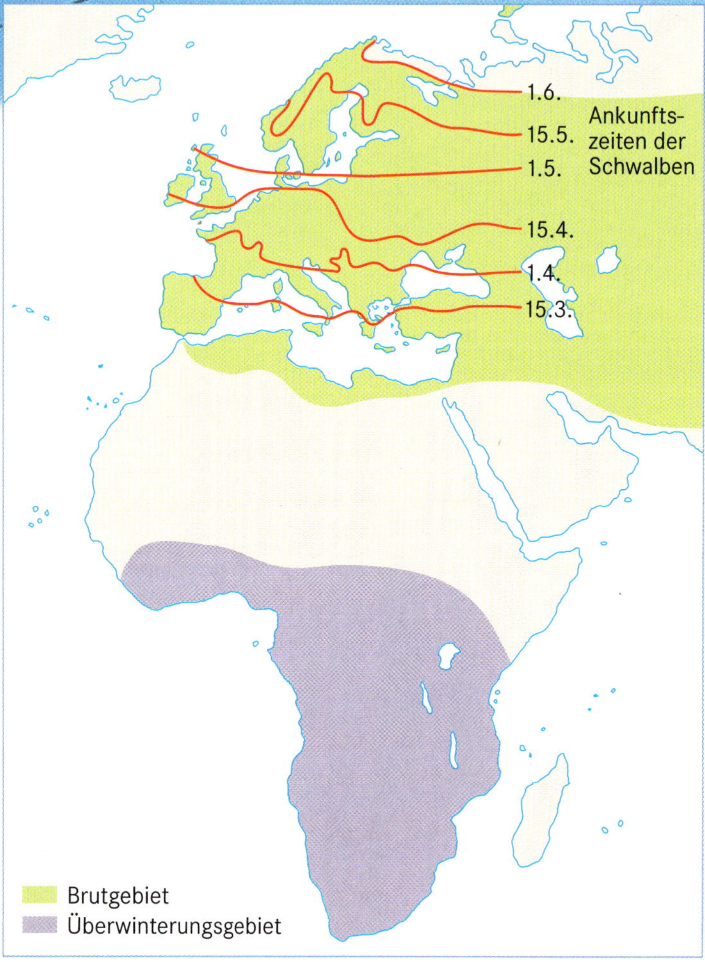

Abb. 1 Rauchschwalben und ihre Wanderwege

1 Wanderwege der Rauchschwalben
Betrachte die Karte mit den Wanderwegen von Rauchschwalben (Abb. 1). Beschreibe, zu welcher Zeit sich die Vögel an welchem Ort aufhalten. Was könnte der Grund für die Wanderungen sein?

2 Karibus und Wölfe
Beschreibe die Wanderwege von Karibu und Wolf (Abb. 2).Warum ziehen die Wölfe mit den Karibuherden?

3 Nur erwachsene Aale?
In unseren Seen und Flüssen findet man nur erwachsene Aale. Erkläre mithilfe der Karte, warum das so ist (Abb. 3). Beachte bei deiner Erklärung die Größe der Aal-Larven.

A

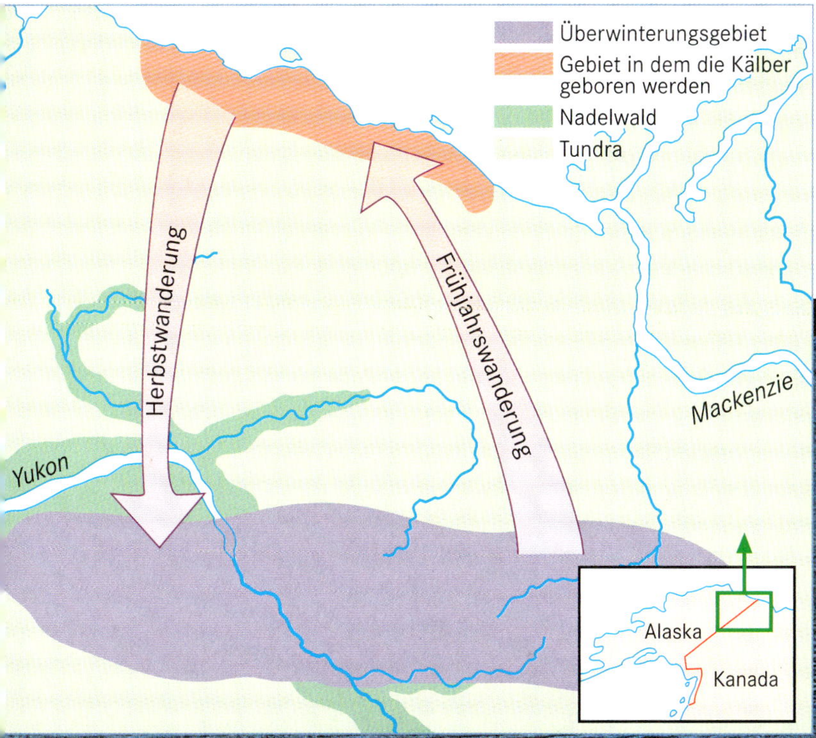

Abb. 2 Wanderwege von Karibus und Wölfen

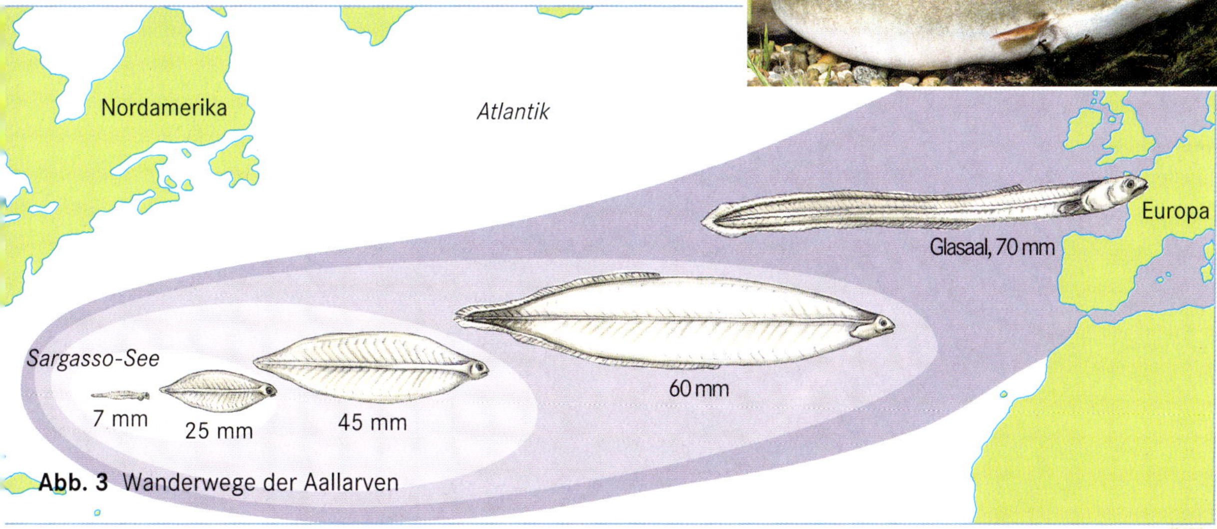

Abb. 3 Wanderwege der Aallarven

Wo sind die Tiere im Winter? Schon früher haben die Menschen beobachtet, dass manche Tiere im Winter bei uns nicht zu sehen sind. Diese Beobachtung erklärte man sich im Mittelalter damit, dass diese Tiere in irgendeinem Versteck Winterschlaf halten. Bis ins 18. Jahrhundert hinein glaubte man zum Beispiel, dass sich die Schwalben im Herbst zu einer Kugel zusammenrollen und ins Wasser fallen lassen. Auf dem Grund von Seen und Teichen würden sie die kalte Jahreszeit überstehen. Heute wissen wir, dass viele Tiere auf der Suche nach Nahrung und Brutplätzen wandern. Viele Vögel ziehen zum Winter in den Süden.

Vogelzug. Unsere heimischen Rauchschwalben legen weite Wege zwischen ihren Brutgebieten in Europa und den Winterquartieren im zentralen bis südlichen Afrika zurück (Abb. 1, S. 66). Rauchschwalben ernähren sich hauptsächlich von fliegenden Insekten. Im Winter würden die Vögel bei uns keine Nahrung mehr finden. Nach der Brutzeit versammeln sie sich und fliegen im August und September bis zu 10 000 km weit über das Mittelmeer und die Sahara hinweg ins Winterquartier. In Afrika finden sie günstige Temperaturen und ausreichend Nahrung vor. Im April kehren die Rauchschwalben auf dem gleichen Weg nach Europa zurück. Hier können sie ihre Jungen bei günstigen Lebensbedingungen aufziehen.

Küstenseeschwalben. Die Küstenseeschwalben bewältigen von allen Vögeln die längste Flugstrecke. Im Sommer leben sie in den nördlichen Gebieten Europas und Nordamerikas. Hier brüten sie auch (Abb. 4). Am Ende des Sommers ziehen die Küstenseeschwalben in die südlichsten Teile Südamerikas und Afrikas. Manche ziehen sogar bis in die Eiszonen der Antarktis. Dabei überqueren die Vögel regelmäßig auch den Atlantik und legen auf einem Weg von Norden nach Süden über 20 000 km zurück. Auf dem weiten Weg benötigen sie viel Energie. Die Tiere folgen auf der Wanderung fischreichen Wasserströmungen. So können sie ihren hohen Nahrungsbedarf decken.

Tierwanderungen an Land. Auch Landtiere unternehmen Wanderungen, die von der Jahreszeit abhängig sind. Ein Beispiel dafür sind die Karibus (Abb. 2, S. 67). Diese großen Hirsche leben im Norden Kanadas und Alaskas. Im Winter finden die Karibus der kanadischen Arktis ausreichend Nahrung im Nadelwald. Sie fressen in dieser Zeit vor allem Flechten, die sie unter dem lockeren Schnee hervorscharren. Flechten sind anspruchslose Pflanzen, die auch dort noch wachsen können, wo es sehr kalt ist. Zwischen Februar und April verlassen die Karibus den Nadelwald. Sie wandern in die Tundra im Norden Kanadas. Die Tundra ist ein baumloses Gebiet. Auf dem kargen Boden wachsen nur wenige Gräser, Flechten und Heidekraut. Auf ihrer Wanderung nutzen die Karibus Wege mit geringer Schneehöhe oder fest gefrorener Schneedecke. In der Tundra bringen die Weibchen - meist im Juni - ihre Kälber zur Welt. Wenn die Kälber nach einigen Wochen selbst Nahrung aufnehmen können, geht die Wanderung weiter nach Norden. Im frühen Sommer werden die Karibus von Mückenschwärmen und Fliegen stark belästigt.

Abb. 4 Auch an der Nordseeküste ziehen Küstenseeschwalben ihre Jungen auf

Abb. 5 Wolfsrudel mit erlegter Beute

Sie ziehen sich dann in kühlere Küsten- oder Gebirgsregionen zurück, wo es keine Mücken gibt. Im Herbst ziehen die Karibus wieder nach Süden in die Nadelwälder. Dort ist die Schneedecke im Winter zwar höher, friert aber nicht fest. So können die Karibus die Flechten freischarren.

Wölfe folgen den Karibus. Manche Beutegreifer wie der Wolf sind von den Wanderungen ihrer Beutetiere abhängig. Die Tundrawölfe ernähren sich vor allem von Lemmingen und Schneehasen. Da sich diese Tiere im arktischen Winter in ihre Erdbauten zurückziehen, folgen die Wölfe den wandernden Karibuherden. Dabei legen sie auf ihren jährlichen Wanderungen etwa 850 Kilometer zurück. Es gelingt den Wölfen nur bei gemeinsamer Jagd im Rudel ein Karibu zu erlegen (Abb. 5). Meist handelt es sich dabei um ein krankes oder geschwächtes Tier, das nicht mehr flüchten kann. Man schätzt, dass im gleichgroßen Lebensraum 1000 Karibus, aber nur etwa zehn Wölfe leben können.

Tierwanderungen im Wasser. Auch Tiere, die im Wasser leben, unternehmen Wanderungen. Der Europäische Aal schwimmt, wenn er geschlechtsreif geworden ist, im Herbst in großer Zahl flussabwärts ins Meer (Abb. 3, S. 67). In einem Teil des Atlantiks zwischen Nord- und Südamerika, der Sargasso-See, laichen die Aale in tiefem Wasser. Danach sterben sie. Aus den befruchteten Eiern entwickeln sich kleine Fischlarven, die in ihrer Form einem Weidenblatt ähnlich sind. Diese Larven gelangen durch Meeresströmungen und eigenes Schwimmen nach zweieinhalb bis drei Jahren an die europäische Küste. Hier verändern sie ihre Körperform und werden zu durchscheinenden Glasaalen. In großen Gruppen schwimmen die Glasaale vom Herbst bis zum späten Frühjahr flussaufwärts. Die Männchen bleiben oft im Brackwasser der Flussmündungen oder im Unterlauf der Flüsse. Die Weibchen wandern viel weiter in die Flussoberläufe und darüber hinaus auch über kurze Landstrecken in Teiche und Seen. Dort leben sie je nach Nahrungsbedingungen 9 bis 15 Jahre, bis sie geschlechtsreif werden. Dann treten sie die 3000 Kilometer lange Wanderung zu den Laichplätzen in der Sargasso-See im Atlantik an.

Merksatz

Wanderungen haben für Tiere eine lebenswichtige Bedeutung. Tiere unternehmen Wanderungen um ausreichend Nahrung, bessere Lebensbedingungen oder geeignete Fortpflanzungsplätze zu finden.

4.2 Der Mensch - ein Wanderer?

Abb. 1 So stellt man sich heute die Vormenschen in Afrika vor

Abb. 2 Fußabdrücke aus dem östlichen Afrika, 3,7 Millionen Jahre alt

Der aufrechte Gang. Bereits vor 3,7 Millionen Jahren lebten in Afrika *Vormenschen*. Ihr Lebensraum war eine Graslandschaft, die mit Büschen und lichten Wäldern durchzogen war (Abb. 1). Wie man aus zahlreichen Knochenfunden weiß, gingen die Vormenschen aufrecht. So konnten sie Gefahren bereits von weitem sehen und im Notfall flüchten. Der aufrechte Gang gab die Hände für viele neue Tätigkeiten frei, z. B. für die Suche nach Pflanzen, die sie sammelten oder mit Steinen und Stöcken ausgruben. Die Hände waren auch behilflich, wenn die Vormenschen mit scharfkantigen Steinen das Fell verendeter Tiere aufschneiden wollten, ebenso beim Zerschlagen von Knochen. Die Vormenschen durchstreiften ihren Lebensraum auf der Suche nach Wasser, Nahrung und Rastplätzen.

Auswanderung aus Afrika. Vor etwa zwei Millionen Jahren lebten in Afrika Menschen, die wir *Frühmenschen* nennen. Diese unterschieden sich von den Vormenschen außer in körperlichen Merkmalen vor allem im Gebrauch von bearbeiteten Steinwerkzeugen. Da die ältesten Funde in Ostafrika gemacht wurden, nimmt man an, dass ursprünglich nur dort Frühmenschen lebten. Vor etwa einer Million Jahren besiedelten die Frühmenschen auch Europa und Asien. Gründe dafür können veränderte Klimaverhältnisse oder die zunehmende Anzahl der Frühmenschen gewesen sein, aber auch die menschliche Neugier.

Samen wandern mit ihren Rentierherden. Seit etwa 30 000 Jahren besiedelt der moderne Mensch alle Erdteile. Dazu waren weite Wanderungen erforderlich. Die meisten Menschen sind dazu übergegangen dauernd am gleichen Ort zu wohnen. Das wurde durch den Anbau von Pflanzen und die Haltung von Haustieren erleichtert. Doch auch heute gibt es Menschen, die als umherziehende Hirten leben. Solche Menschen nennen wir *Nomaden*. Sie haben sich auf die Haltung von wandernden Tieren eingerichtet. In Nordeuropa, vor allem in Norwegen, leben Menschen, die von der Rentierzucht leben. Sie nennen sich Samen. Die geläufige Bezeichnung „Lappen“ wird von ihnen nur ungern gehört. Etwa 5 000 Samen wandern jährlich mit ihren Rentierherden von den Sommerweiden im Norden Skandinaviens zu den Winterquartieren im Süden (Abb. 3). Diese Wanderungen von jeweils ungefähr 400 km sind erforderlich, um genügend Weidegründe für die großen Herden zu finden. Die Lebensweise der Tiere bestimmt

das Leben ihrer Hirten. Doch auch hier hat die Technik Einzug gehalten. Hirten auf Snowscootern statt auf Rentierschlitten sind keine Seltenheit mehr. Die Rentiere der Samen sind halbzahme Tiere. Sie werden sogar manchmal mit Trockenfutter versorgt. Für den Lebensunterhalt benötigt eine Samenfamilie ca. 300 Tiere.

Die Industrialisierung führt zu neuen „Wanderungen“. Wir wandern heute nicht mehr zu Fuß wie unsere Vorfahren. Aber auch wir legen große Entfernungen zurück. Dazu haben wir Transportmittel wie Schiffe, Eisenbahnen, Autos und Flugzeuge entwickelt. Durch die Industrialisierung seit dem 18. Jahrhundert kam es zur Trennung der Wohn-, Arbeits- und Freizeitbereiche der Menschen. Viele müssen jeden Morgen weite Strecken zurücklegen, um

Abb. 3 Viele Samen leben als Nomaden und wandern mit ihren Tieren

von ihrer Wohnung zum Arbeitsplatz zu kommen. Weil sie sich täglich zwischen Wohnung und Arbeitsplatz hin- und herbewegen, werden sie „Pendler“ genannt. Du selbst gehst jeden Morgen deinen Schulweg, fährst mit dem Schulbus oder mit dem Rad. Auch für Einkäufe werden oft weite Wege zurückgelegt. Kinos, Fußballstadien und andere Freizeitstätten sind für die meisten nur mit Verkehrsmitteln zu erreichen. In den Ferien legen viele Menschen große Entfernungen zurück, um ihre Urlaubsziele zu erreichen.

Merksatz

Die ersten Menschen wanderten in ihrem Lebensraum umher um Nahrung, Wasser oder Schutz zu finden. Später besiedelten sie von Afrika aus durch Wanderungen alle Erdteile. Mit der Erfindung von Ackerbau und Viehzucht konnten die Menschen sesshaft werden. Heute legen wir mit Verkehrsmitteln große Entfernungen zwischen Wohnung und Arbeitsplatz oder Schule und zum Urlaubsort zurück.

4.3 Autos haben sich verändert

Abb. 1 Wie sich Autos verändert haben

1 Autos - früher und heute

Betrachte die Fotos vom Horch und vom Audi in Abbildung 1. Vergleiche beide miteinander. Beschreibe Unterschiede in der Formgestaltung. Welche Ansprüche wurden an die beiden Automodelle von ihren Erbauern gestellt?

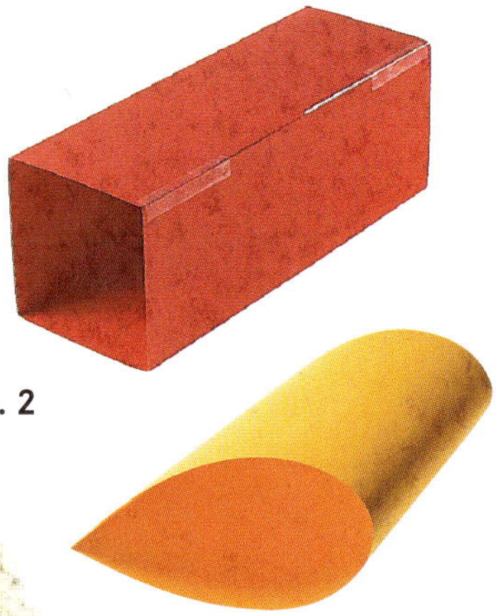

Abb. 2

2 Luftwiderstand

Du brauchst:
- 2 DIN A4 Blätter
- Klebestreifen
- kleine Gewichte
- Föhn
- Lineal

Falte aus einem Blatt Papier einen Quader. Verbinde die Seiten mit Klebestreifen (Abb. 2). Lege beim zweiten Blatt die beiden kürzeren Seiten aufeinander. Es entsteht ein spindelförmiger Körper, den du zusammenklebst (Abb. 2). Ermittele mithilfe des oben angegebenen Materials, welcher Körper dem Wind am wenigsten Widerstand bietet. Beschreibe und erkläre deine Beobachtungen.

3 Reibungskraft messen

Du brauchst:
- Pappkarton (z. B. Schuhkarton)
- Kraftmesser
- Sand
- Spülmittel
- Stück Draht (als Öse)
- Papprollen oder Rundhölzer

Die Reibungskraft des Kartons kann man mit dem Kraftmesser messen. Entwickle aus dem genannten Material zwei Versuche mit möglichst hoher Reibungskraft. Überlege anschließend zwei Versuche mit möglichst geringer Reibungskraft. Führe die Versuche durch. Fasse deine Ergebnisse in einer Tabelle zusammen.

Möglichst wenig Luftwiderstand. Je weniger Luftwiderstand ein Auto hat, desto geringer ist die Kraft, die es zum Fahren benötigt. Als Form mit geringem Luftwiderstand hat sich die Spindelform erwiesen. Moderne Autos werden im Windkanal getestet und ihre Form so verändert, dass sie der Luft möglichst wenig Widerstand bieten (Abb. 3). Auch durch kleinere gestalterische Änderungen, z. B. bei der Form der Außenspiegel, durch Verdecken der Scheibenwischer und bei der Gestaltung der Türgriffe, lässt sich der Luftwiderstand deutlich vermindern. Die Spindelform haben sich Techniker von Tieren „abgeguckt". Besonders auffällig ist sie bei Fischen und Vögeln, die sich schnell fortbewegen können. Durch ihre Spindelform benötigen diese Tiere weniger Energie, wenn sie sich im Wasser oder in der Luft fortbewegen. Überträgt man diese Erkenntnis auf die technische Anwendung im Automobilbau, so wird verständlich, dass durch eine Karosserie, mit weniger Luftwiderstand, Energie und damit Kraftstoff eingespart werden kann.

Leichtbauweise. Die ersten Autos hatten Rahmen aus Holz. Das wäre heute undenkbar. Die Automobilindustrie versucht durch die Verwendung leichter Materialien wie dünnem Stahlblech, Aluminium und Kunststoff Gewicht einzusparen. Das darf allerdings nicht auf Kosten der Stabilität des Autos geschehen. Durch solch eine Leichtbauweise kann man ebenfalls Energie sparen.

Reibung - so wenig wie möglich, aber so viel wie nötig. Auch die Reibung der Autoreifen spielt eine wichtige Rolle dabei, das Autofahren so energiesparend wie möglich zu machen. Einerseits ist ohne Reibung kein Fahren möglich, weil die Räder sonst auf der Stelle durchdrehen würden, wie dies bei Glatteis geschieht. Andererseits verursacht eine zu hohe Reibung unnötigen Kraftstoffverbrauch. Die Reifenhersteller versuchen durch neue Reifenprofile und besondere Gummimischungen die Reibung von Autoreifen zu optimieren: so gering wie möglich, so groß wie nötig. Jeder Autofahrer kann dazu beitragen, den Kraftstoffverbrauch zu verringern, wenn er den Reifendruck regelmäßig kontrolliert und die Werte des Herstellers beachtet. Bei zu niedrigem Reifendruck erhöht sich der Kraftstoffverbrauch merklich. Schienenfahrzeuge haben in Bezug auf die Reibung große Vorteile gegenüber dem Straßenverkehr. Die Räder rollen über die glatten Schienen mit einer geringeren Reibung, als dies auf einer Straße möglich wäre.

Merksatz

Geringer Luftwiderstand, Leichtbauweise und optimale Reibung der Reifen senken den Kraftstoffverbrauch von Autos.

Abb. 3 Auto im Windkanal: Der aus feinen Düsen austretende Rauch macht die Luft sichtbar; wenn keine Verwirbelungen auftreten, besitzt das Auto einen geringen Luftwiderstand

4.4 Immer schneller in den Stau

1 Stau auf der Autobahn
Höre eine Woche lang täglich einmal zur gleichen Zeit beim gleichen Radiosender die Verkehrsnachrichten. Schreibe die genannten Staukilometer auf und addiere. Berechne die Staukilometer einer Woche. Überlege dir Möglichkeiten die täglichen Kilometerzahlen anschaulich zu machen und werte die Daten aus.

2 Bus oder Auto?
Erkunde, wie viele Personen an deinem Wohnort durchschnittlich während der Fahrt in einem PKW sitzen. Zähle dazu in mindestens 20 Autos, wie viele Personen jeweils im Auto sind. Berechne dann den Durchschnitt. Finde außerdem heraus, wie viele Sitzplätze in einem Bus oder einer Straßenbahn vorhanden sind.

Abb. 1 So oder so?

3 Flächenbedarf von Autos und Bussen
Betrachte die Abbildung 1. Schätze erst, dann zähle auf der Abbildung nach, wie viele Autos auf der Straße stehen. Erstelle eine Tabelle nach folgendem Muster und trage die Ergebnisse von Aktion 2 und 3 ein:

Anzahl der Autos auf der Abbildung:	...
Durchschnittliche Personenzahl in einem Auto:	...
Sitzplätze in einem Auto:	...
Sitzplätze im Bus:	...
In den Autos auf der Abbildung könnten so viele Personen mitfahren:	...
Für die gleiche Personenzahl benötigt man so viele Busse:	...
Ein Bus ist etwa so lang wie 3 Autos.	
Wie lang ist die Autoschlange?	...

A

4 Nicht nötig?

Betrachte das Foto des Armaturenbrettes eines Autos (Abb. 2). Welche Teile werden nicht zum Fahren benötigt? Welchen Zweck erfüllen sie dann?

5 Wofür wird das Auto genutzt?

Stelle die Daten aus Abb. 3 als Säulendiagramm dar. Wofür wird das Auto überwiegend genutzt? Wieso wird das Auto so häufig genutzt? Schreibe Gründe dafür auf.

Abb. 2 Armaturenbrett eines Autos

Zweck	gefahrene Kilometer pro Jahr
Einkauf, Freizeit, Urlaub	9 350
Fahrten zum Arbeitsplatz	5 950
sonstige berufliche Fahrten	1 700
gesamte Fahrleitstung	17 000

Abb. 3 Daten zur PKW-Nutzung in Deutschland

6 Der Autoverkehr ist gefährlich

Die Abbildung 4 zeigt, wodurch Kinder im Straßenverkehr verunglücken. Schreibe jeweils fünf Verhaltensweisen auf, wie du im Auto, auf dem Fahrrad und als Fußgänger helfen kannst Verkehrsunfälle zu verhindern.

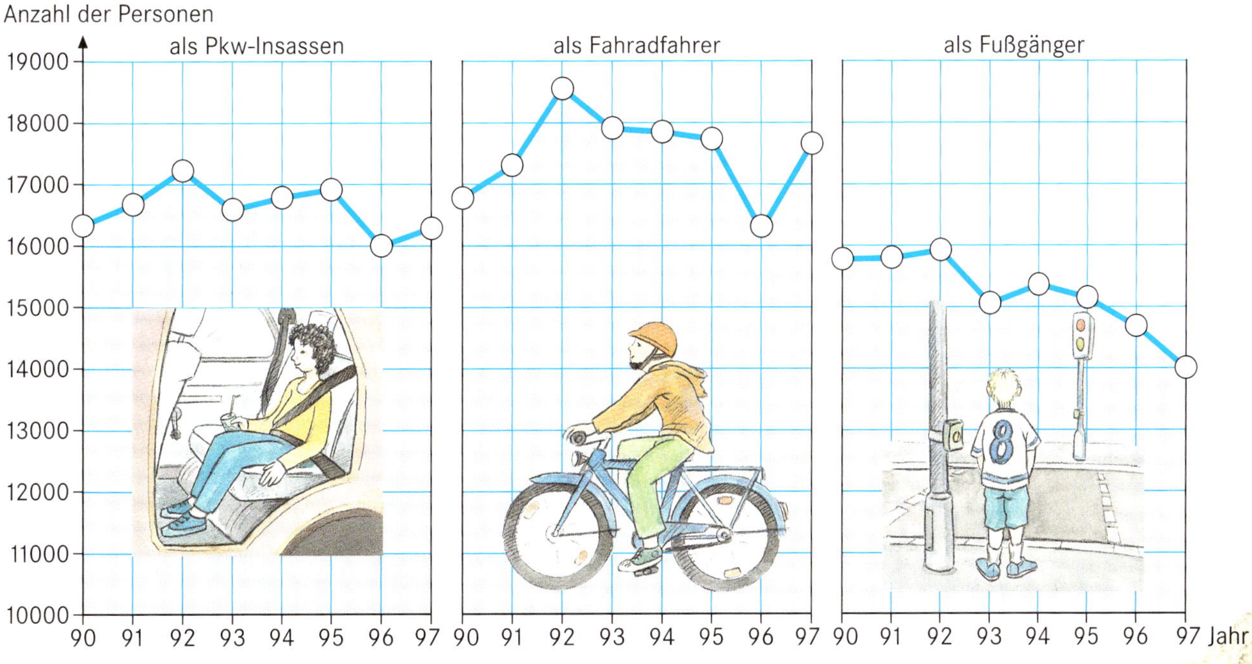

Abb. 4 Anzahl der im Straßenverkehr verunglückten Kinder unter 15 Jahren

In Deutschland fahren zu viele Autos. In Deutschland wurden 1997 etwa 80 Millionen Einwohner und 41 Millionen Autos gezählt. Das bedeutet, dass sich ungefähr zwei Bundesbürger ein Auto teilen können. Ein Drittel aller Autofahrer hat großen Spaß am Autofahren. Das Fahren selbst wird zum Freizeitvergnügen (Abb. 5). Die Fahrt mit Bus, Straßen- oder Eisenbahn wird dagegen als einfacher Transport empfunden. Die Autofahrer haben das Gefühl ihr Fahrzeug zu beherrschen. Darüber hinaus steigert der Besitz eines besonderen Autos auch das Ansehen. „Seht her, das kann ich mir leisten!“, scheint ein teures und gepflegtes Auto zu rufen. Im Vergleich zu den europäischen Nachbarn fahren in Deutschland die wenigsten Kleinwagen und die meisten Luxusautos. Besonders schnelle Autos sind gefragt (Abb. 6).

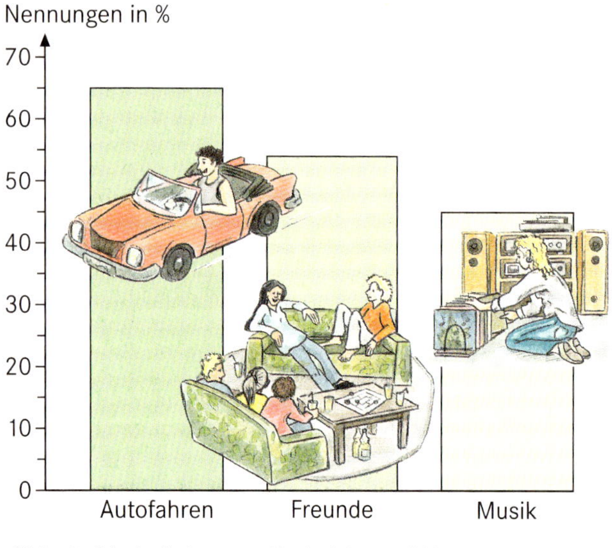

Abb. 5 Die beliebtesten Freizeitbeschäftigungen der 20- bis 30-Jährigen (Mehrfachnennungen möglich)

Immer mehr schnelle Autos!

Frankfurt/Main (dpa). Auf Deutschlands Straßen sind immer mehr schnelle Autos unterwegs. 17,5 Prozent aller im vergangenen Jahr neu zugelassenen Personenwagen erreichten nach Mitteilung der Deutschen Automobil Treuhand (DAT) eine Höchstgeschwindigkeit von mehr als 200 Kilometern in der Stunde.

Abb. 6 Zeitungsartikel 1998

Bahn- und Busfahrten sind bequem. Eine Fahrt mit dem Bus oder der Eisenbahn ist oft viel erholsamer und mit weniger Stress verbunden als das Autofahren. Beim Fahren kann man die Landschaft betrachten, ein Buch lesen, miteinander spielen oder auch essen. In den großen Abteilen hat der Fahrgast viel mehr Möglichkeiten sich zu bewegen und den Platz zu wechseln.

Stau auf der Autobahn. Es wundert bei der großen Autozahl nicht, dass es auf den viel befahrenen Autobahnen häufig zu Staus kommt. Jeden Tag gibt der Verkehrsfunk Staumeldungen durch. Aber auch in den Städten staut sich der Autoverkehr. Der Ausbau des Straßennetzes bietet keine Lösung der Stauprobleme. Neue Straßen erzeugen auch wieder mehr Verkehr. Ein einziges Autobahnkreuz benötigt so viel Fläche, wie eine Kleinstadt mit mehreren Tausend Einwohnern (Abb. 7). Schon parkende Autos erfordern sehr viel Platz. Die Autoindustrie hat sich längst darauf eingestellt, dass das Auto nicht nur zum Fahren, sondern auch zum Stehen geeignet sein muss. So findet man in modernen Autos eine Reihe von Dingen, die zum bloßen Autofahren eigentlich gar nicht notwendig sind. Dazu zählen aufwendige Radio- und Musikanlagen, gekühlte Handschuhfächer, Klimaanlagen, Ablagen für Getränkedosen oder Kaffeetassen, Funkgeräte und Autotelefone. Immer neue und bessere Ideen werden verwirklicht, um das Stehen im Stau so angenehm wie möglich zu machen.

Abb. 7 So viel Platz braucht ein Autobahnkreuz

Schleichen statt Leichen! Mit dieser Aussage versuchen Autokritiker auf die Gefahren des Straßenverkehres aufmerksam zu machen. Während die Zahl von Toten und Verletzten durch Eisenbahn-, Schiffs- und Flugzeugunfälle im Fernsehen und in Zeitungen ausführlich erörtert wird, hört und liest man weit weniger über die insgesamt viel größere Zahl der Toten im Straßenverkehr. In Deutschland starben im Jahr 1995 fast 10 000 Menschen durch Verkehrsunfälle. Weit über 100 000 Personen wurden schwer verletzt. Darunter befinden sich viele Kinder, die als Fahrgäste im Auto, als Fahrradfahrer oder Fußgänger verunglücken.

Tempo 30 hilft Unfälle vermeiden. Viele Unfälle geschehen innerhalb von Ortschaften. Hier kann eine Geschwindigkeitsbegrenzung auf Tempo 30 km/h die Unfallgefahr mindern, da bei dieser Geschwindigkeit oft noch rechtzeitig gebremst werden kann. Gerade in den Städten ist der Zeitgewinn durch eine höhere Geschwindigkeit sehr gering. Ampelanlagen, Vorfahrtsregelungen oder viel Verkehr machen den Zeitgewinn schnell zunichte. Auch über eine Tempoverringerung auf den Autobahnen wird in Deutschland diskutiert. Deutschland ist das einzige Land Europas, das auf über der Hälfte seiner Autobahnen keine Geschwindigkeitsbegrenzung festgelegt hat. Im „Autoland" USA dagegen gilt auf allen Autobahnen eine Höchstgeschwindigkeit von 90 km/h.

Merksatz

Das Auto wird von vielen Menschen nicht nur als Transportmittel, sondern auch als Freizeitbeschäftigung betrachtet. Durch die vielen Autos auf den Straßen entstehen Verkehrsprobleme: Verkehrsstaus, Verletzte und Unfalltote.

4.5 Mobilität um jeden Preis?

1 Bequem oder spannend?

Jeden Tag bewegst du dich auf unterschiedliche Weise fort. Schreibe deine Fortbewegungen an einem Tag als Liste auf (z. B. zu Fuß, Skateboard, Fahrrad, Bus). Ordne deinen Fortbewegungen mehrere Adjektive zu:

bequem – anstrengend
sicher – gefährlich
gezwungen – freiwillig
langweilig – spannend
...

2 Fahrpläne erkunden

Du brauchst:

- Fahrpläne von Eisenbahn, Bus und Straßenbahn
- Stadtplan oder Kreiskarte

Hinter der Abkürzung ÖPNV verbirgt sich der **Ö**ffentliche **P**ersonen**n**ah**v**erkehr, also die Verkehrsunternehmen deiner Stadt oder deines Kreises. Markiere auf der Karte fünf Orte, die du regelmäßig oder manchmal aufsuchst. Schreibe mithilfe der Fahrpläne auf, wie du dorthin kommen kannst. Ermittele die Entfernung. Berechne die Fahrzeit und die Kosten. Vergleiche die Fahrtkosten mit einem öffentlichen Verkehrsmittel und dem Auto. Für die Autokosten kannst du 0,26 Cent/km einsetzen. Wenn du die negativen Auswirkungen des Autoverkehrs für die Umwelt mit berücksichtigen möchtest, musst du noch einmal 0,10 Cent/km aufschlagen.

3 Ampelphasen

Du brauchst:

- Stoppuhr
- Protokollblatt

Miss mit einer Stoppuhr, wie lange eine Ampel für Fußgänger und für Autos auf Grün geschaltet ist. Beachte die verschiedenen Fahrtrichtungen. Fertige eine passende Tabelle als Protokollblatt für deine Aufzeichnungen an. Vergleiche die „Grünzeiten" für Autoverkehr und Fußgänger. Welche Auswirkungen haben die festgestellten Unterschiede für Autofahrer und Fußgänger?

4 Es geht auch anders

Fertige eine Tabelle an mit drei Spalten (Ziele, Verkehrsmittel, Alternative). Trage in die erste Spalte die Ziele ein, die du täglich, wöchentlich oder auch seltener besuchst. In die zweite Spalte kommen dann die Verkehrsmittel, die du benutzt, um zu diesen Zielen zu gelangen. Überlege in der dritten Spalte, ob es eine umweltschonende Alternative zu dem gewählten Verkehrsmittel gibt.

5 Wie wünschst du dir deine Stadt?

Was gehört deiner Meinung nach dazu, dass eine Stadt „menschenfreundlich" ist? Überlege zuerst allein und tausche dich dann mit einer Gruppe aus. Entwerft gemeinsam einen Plan für solch eine Stadt. Vielleicht könnt ihr sogar ein Modell davon bauen. Vergleicht eure Vorstellungen mit der Ortschaft, in der ihr wohnt. Was ist anders?

6 Noch einmal Glück gehabt!

Ganz in Gedanken betrittst du die Fahrbahn. Du hörst den Motor. Du siehst das Auto schnell auf dich zukommen. Du rennst so schnell du kannst vorwärts. Mit einem Sprung erreichst du noch den rettenden Bürgersteig.
So ähnlich ist es dir vielleicht schon einmal ergangen. Noch einmal Glück gehabt! Aber, was wäre passiert, wenn du es nicht mehr geschafft hättest? Schreibe es auf.

7 Auswirkungen des Autoverkehrs

Betrachte Abb. 1. Welche Auswirkungen kann der Autoverkehr für dich haben?
Stelle diese Auswirkungen als Informationstext zusammen.

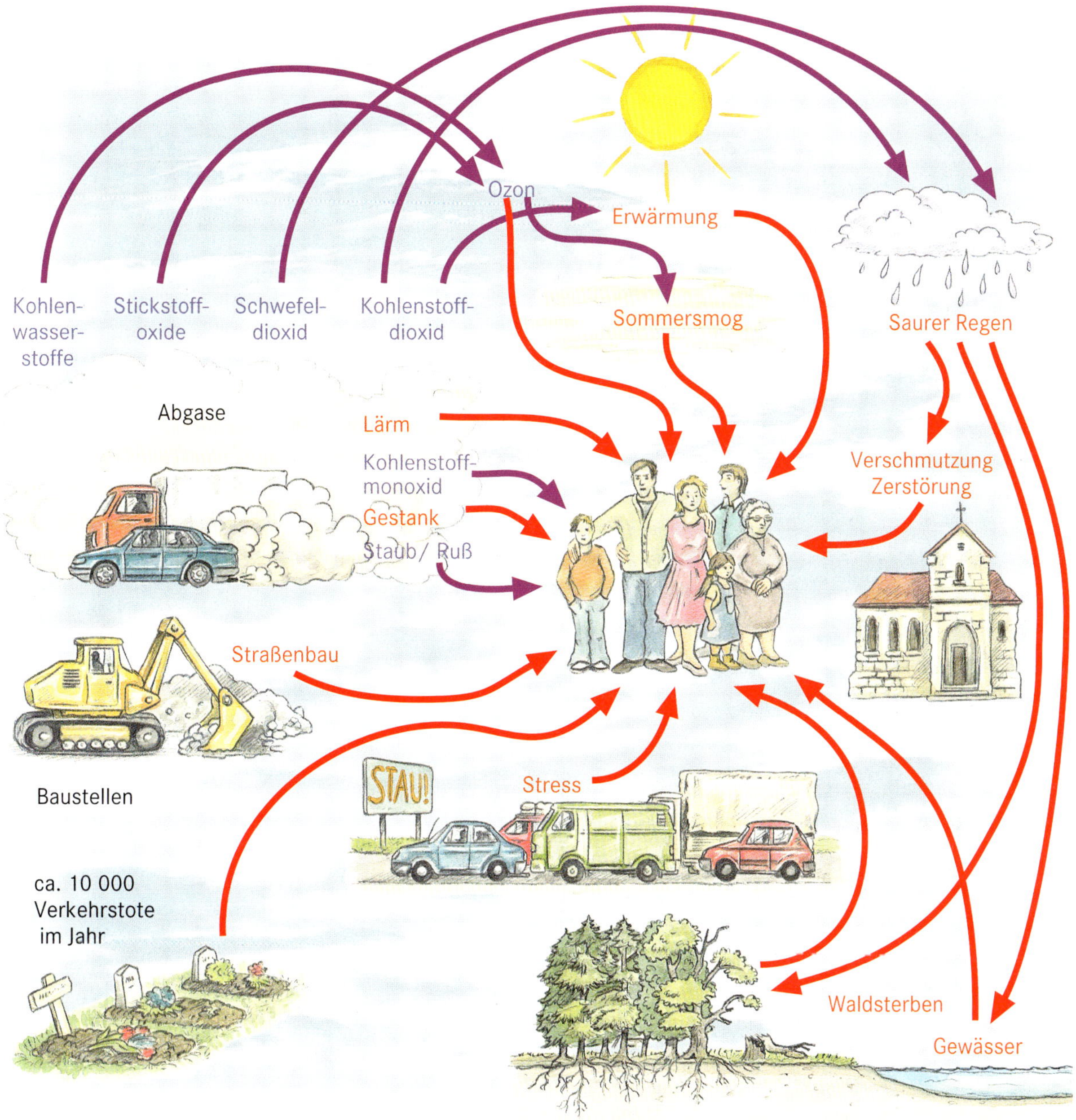

Abb. 1 Negative Auswirkungen des Autoverkehrs

Wir möchten mobil sein. Für uns ist es heute eine Selbstverständlichkeit an die entferntesten Orte gelangen zu können. Noch vor 50 Jahren war der Gedanke an eine Urlaubsreise ins Ausland unvorstellbar. Im Urlaub blieb man zu Hause. Allenfalls fuhr man mit dem Zug, um Verwandte zu besuchen. Eingekauft wurde zu Fuß im Laden um die Ecke. Ein Auto besaß so gut wie niemand. Man nennt die Möglichkeit überall hin gelangen zu können *Mobilität*.

Mobilität bringt Probleme mit sich. Die vielen kilometerlangen Verkehrsstaus, das Gedränge auf Bahnhöfen und Flughäfen in der Reisezeit zeigen deutlich, wie abhängig unsere Mobilität davon ist, dass nicht alle Menschen sie gleichzeitig wahrnehmen. Wenn viele Menschen gleichzeitig den Wunsch haben sich fortzubewegen, kommt es zu großen Einschränkungen ihrer Beweglichkeit.

Der Autoverkehr erzeugt schädliche Abgase. Autoabgase stinken, der Gestank ist eine belästigende Auswirkung des Autoverkehrs. Schlimmer ist, dass die Abgase für Menschen gesundheitsgefährdend sind (Abb. 1, S. 79). Das *Kohlenstoffmonoxid* ist ein gefährliches Gas, das tödlich wirken kann. Deswegen dürfen Automotoren niemals in geschlossenen Räumen laufen, z. B. in Garagen. Obwohl viele Fahrzeuge mit einem Abgaskatalysator ausgestattet sind, werden jährlich in Deutschland aus den Autoabgasen große Mengen Kohlenwasserstoffe, Stickstoffoxide, Schwefeldioxid, Kohlenstoffmonoxid und Kohlenstoffdioxid in die Luft geblasen! Diese Umweltbelastung hat Folgen für uns und unsere Umwelt.

Sommersmog. Endlich heißes Sommerwetter! Alle freuen sich auf einen Tag im Schwimmbad. Doch im Radio wird eine Warnmeldung gegeben: Sommersmog! Die Ozonwerte sind sehr hoch. Körperliche Anstrengungen im Freien sollen vermieden werden. Wie entsteht *Sommersmog*? Die Kohlenwasserstoffe und die Stickstoffoxide aus Abgasen bilden in der Atmosphäre unter der Einwirkung des Sonnenlichtes Ozon (Abb. 1, S. 79). Das *Ozon* ist ein Gas, das Menschen, Tiere und Pflanzen schädigen kann. Sommersmog entsteht, wenn aufgrund der Wetterlage das Ozon nicht in höhere Luftschichten entweichen kann. Es kann bei Sommersmog zu Gesundheitsschäden kommen, wenn man sich im Freien bewegt. Anstrengende Tätigkeiten und Sport sollte man vermeiden.

Klimaveränderungen. Bei der Verbrennung des Kraftstoffes in den Automotoren entsteht viel Kohlenstoffdioxid. Das *Kohlenstoffdioxid* wirkt zusammen mit einigen anderen Gasen wie das Glasdach eines Gewächshauses: Es lässt die Sonnenstrahlen ungehindert auf die Erde kommen, doch die von der Erde abgegebenen Wärmestrahlen werden zurückgehalten. Man nennt diese Erscheinung den *Treibhauseffekt* (Abb. 1, S. 79). Durch diesen Treibhauseffekt steigen die durchschnittlichen Temperaturen auf der Erde an. Weit reichende Klimaveränderungen können langfristig die Folge sein.

Saurer Regen. Schwefeldioxid und Stickstoffoxide verändern das herabregnende Wasser (Abb. 1, S. 79). Es entsteht der saure Regen, der Gebäude und Denkmäler schädigt und am Waldsterben beteiligt ist. Allein die Kosten für die Instandsetzung der Schäden am Kölner Dom, die durch die Luftverschmutzung entstanden sind, betragen mehrere Millionen Euro im Jahr. Auch Bäche, Flüsse und Seen werden durch den sauren Regen geschädigt.

Stadt und Land für Autos oder für Menschen? In den nächsten Jahren sollen in Deutschland viele Kilometer Autobahnen und Bundesstraßen neu gebaut werden. Die geplanten und bereits verwirklichten Straßenbauten zeigen, dass Straßen viel Platz benötigen. Sie versiegeln die Erdoberfläche, durchschneiden natürliche Lebensräume und bilden erhebliche Lärmquellen (Abb. 2). Besonders in den Städten ist entscheidend für die Lebensqualität der Menschen, wie Straßen gestaltet werden. Gibt es breite Bürgersteige, Radwege, sichere Überquerungsmöglichkeiten und Grünflächen? Haben Busse und Taxis eine eigene Fahrspur? Wer erhält den Vorzug, der Mensch oder das Auto (Abb. 2)? Eine gute Verkehrswegeplanung stellt den Menschen in den Mittelpunkt. Haben Kinder genügend Platz, um gefahrlos spielen zu können? Sind viele Läden zu Fuß, mit Rad, Bus oder Bahn zu erreichen? Kann die Straße vom Verkehrsraum wieder zum Lebensraum umgestaltet werden?

Merksatz

Der Autoverkehr verursacht Luftverschmutzungen in erheblichen Maße. Menschen und Umwelt werden dadurch nachhaltig geschädigt. Lärm, Flächenverbrauch und die große Zahl der Unfallopfer sind weitere negative Auswirkungen des Autoverkehrs.

Abb. 2 Eine Stadt für Autos oder eine Stadt für Menschen?

4.6 Nur neue Ideen können unsere Mobilität erhalten

1 Notwendige Veränderungen

Betrachte die Abb. 1 und 2. Welche Veränderungen des heutigen Verkehrs sind in Zukunft wichtig? Schreibe sie als Text auf.

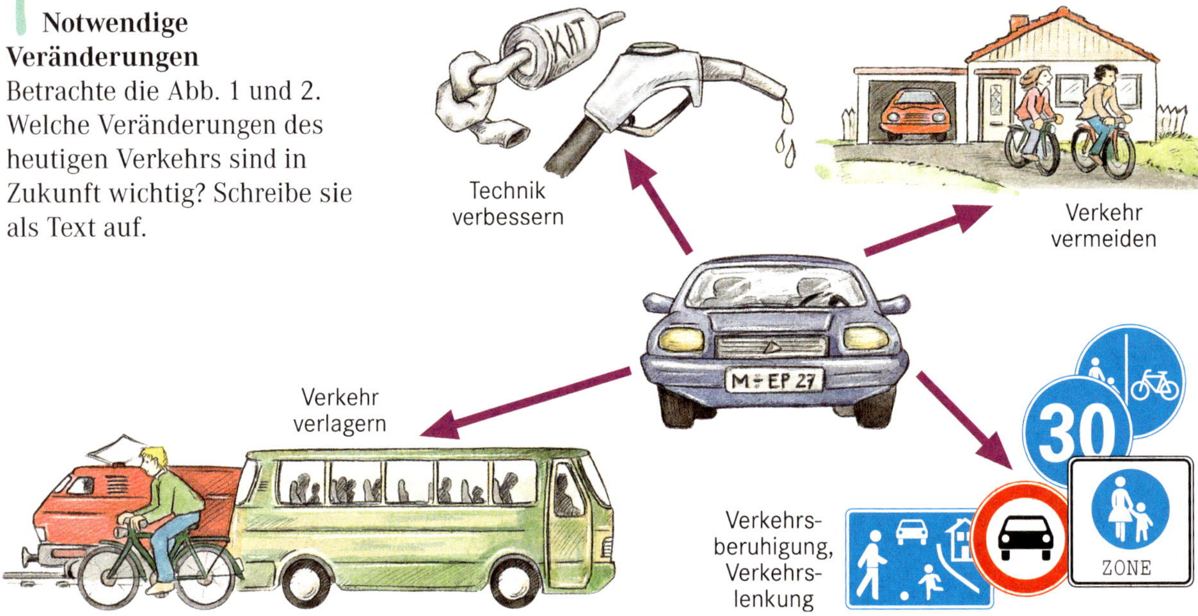

Abb. 1 Notwendige Veränderungen für den Autoverkehr der Zukunft

Für die Verkehrsplanung in der Zukunft könnten Autos erbaut werden, die sowohl den Zug als auch die Straße benutzen können. Das Auto könnte auf kurzen Strecken mit einem Elektromotor betrieben werden. Weil es nur eine Geschwindigkeit bis ca. 50 km/h erreicht, wird die Sicherheit der Insassen durch eine Leichtbauweise mit viel Kunststoff nicht gefährdet. Für weitere Strecken fährt das Auto in Querrichtung auf einem Bahnhof in den Zug hinein. Das kann sehr rasch erfolgen. Auf diese Weise werden die großen Strecken zurückgelegt.

Abb. 2 Kombiverkehr- eine Alternative für die Zukunft?

2 Carsharing

In vielen Städten gibt es Carsharing. Carsharing funktioniert folgendermaßen: Die Autos werden zusammen mit anderen Menschen genutzt. Die Nutzer buchen ein Auto telefonisch und holen es von einem Parkplatz nahe ihrer Wohnung ab. Bezahlt wird nach gefahrener Kilometerzahl und benötigter Zeit. Außerdem ist eine monatliche Grundgebühr zu entrichten.
Welche Vorzüge besitzt das Carsharing gegenüber dem Besitz eines eigenen Autos? Warum machen nur wenige Menschen von dem Angebot Gebrauch?

3 Güterverkehr

Begründe, warum viele Güter mit dem LKW transportiert werden (Abb. 3).

4 Kombiverkehr

Liste auf, welche Vorteile der abgebildete Kombiverkehr für den Personentransport haben kann. Kannst du dir auch Möglichkeiten für einen Kombiverkehr von Gütern vorstellen? Zeichne oder schreibe deine Vorstellungen auf.

5 Radwege untersuchen

Ein Grund dafür, dass auch kurze Wege lieber mit dem Auto als mit dem Fahrrad zurückgelegt werden, kann der schlechte Zustand oder das Fehlen von Radwegen sein. Überprüfe das für deinen Wohnort.
Tipps zum Vorgehen:
- Überlege dir Merkmale eines guten Radweges.
- Trage auf einem Stadtplan häufig genutzte Wege ein.
- Überprüfe, ob es dafür Radwege gibt.
- Überprüfe mithilfe deines Merkmalkataloges die Qualität der Radwege.
- Überlege Verbesserungen und Möglichkeiten für neue Radwege.

6 Ein Fahrrad entwerfen

Zeichne ein Fahrrad, das deinen Ansprüchen an Bequemlichkeit, Sicherheit, Gepäcktransport, Wetterschutz, gutem Aussehen usw. entspricht. Besprecht eure Zeichnungen miteinander. Schickt die besten Zeichnungen einem Fahrradhändler oder einer Fahrradfirma und bittet um Stellungnahme, ob eine Verwirklichung technisch möglich wäre.

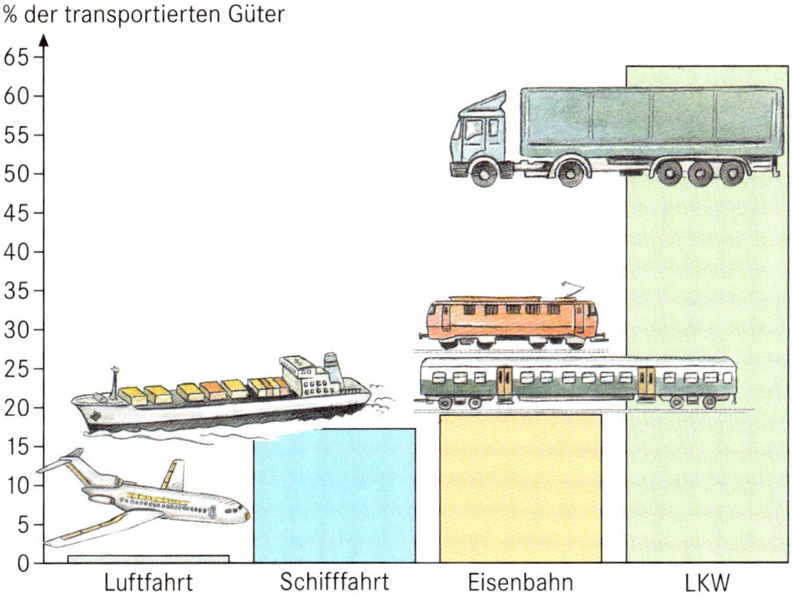

Abb. 3 Die meisten Güter werden bei uns mit dem LKW transportiert

Das gefährliche Feuer. Blicken wir in die Vergangenheit vor 600 000 Jahren in Afrika. Ein Blitz hat in einen Baum eingeschlagen. Sofort lodern die Flammen auf. Gräser und Sträucher brennen. Beißender Rauch steigt in die Luft. Eine Gruppe unserer Vorfahren bemerkt die Gefahr. Schnell werden die Kinder auf den Arm genommen. In Panik flieht die Gruppe vor dem vernichtenden Feuer, das vom Wind angefacht wird. Gazellen galoppieren an ihnen vorbei. Laut kreischend fliegen Vögel auf. Endlich erreicht die Gruppe eine Höhle. Erschöpft sinken alle auf den Boden. Es wird Nacht. Mit der Dunkelheit kommt die Kälte. Zitternd kauern sich unsere Vorfahren aneinander. Sie hoffen, dass sie nicht von einem Raubtier gewittert werden. Dies würde einen erbitterten Kampf auf Leben und Tod bedeuten.

Das genutzte Feuer. 300 000 Jahre später in Europa: Eine Gruppe unserer Vorfahren ist auf der Jagd. Währenddessen streift eine Frau durch den Wald. Endlich findet sie, was sie sucht: trockene Äste, verdorrtes Gras und einen Zunderschwamm. Zufrieden begibt sie sich zurück in die Höhle. Dort schlägt sie einen Feuerstein und einen Markasitstein über einem trockenen Stück des Zunderschwammes gegeneinander (Abb. 1). Die Steine schlagen Funken. Nach einiger Zeit verursacht ein Funke ein Glimmen im Zunderschwamm. Schnell legt die Frau trockenes Gras auf. Die Frau bläst vorsichtig darüber, sodass die Glut größer wird. Eine kleine Flamme ist zu sehen. Jetzt brennt das Feuer. Die Frau schichtet dickere Äste auf das Feuer, das nun die richtige Größe hat. Die Gruppe kommt von der erfolgreichen Jagd zurück. Das Wild wird zerlegt, die Fleischstücke am Feuer gegart. Alle Mitglieder der Gruppe scharen sich um das wärmende Feuer, denn es ist sehr kalt. Eine Raubkatze lauert vor der Höhle. Hungrig beobachtet sie das Treiben. Doch das Feuer hält sie davon ab, näher zu kommen.

Abb. 1 Feuermachen mit Zunderschwamm, Feuerstein und Markasitstein

Abb. 2
Dies ist Xinhtecutli: Die Azteken, mittelamerikanische Indianer, verehrten ihn vor 500 Jahren als Feuergott; in jedem Haus stand eine Statue von Xinhtecutli in der Nähe der Feuerstelle, um die Glut im Herd zu beschützen

Feuer war etwas Besonderes. Die Nutzung des Feuers war ein wichtiger Schritt in der Entwicklung des Menschen. Die Möglichkeit, jederzeit Feuer machen zu können, verschaffte dem Menschen Vorteile gegenüber Tieren. Licht und Wärme des Feuers machten den Menschen unabhängiger. Er konnte sich in dunklen Höhlen und nachts orientieren und Kälteperioden besser überstehen. Die erhitzte Nahrung war leichter verdaulich. Diejenigen, die das Feuer hüteten, waren wichtige und geachtete Mitglieder der Gruppe. Feuer hat eine besondere Wirkung auf den Menschen. Die Feuertänze mancher afrikanischer Stämme zeigen die Macht und Geschicklichkeit dessen, der damit umgehen kann. Indianer verehrten einen Feuergott (Abb. 2). Der moderne Mensch knüpft mit dem Silvesterfeuerwerk an alte Traditionen an: Mit den blitzenden und knallenden Raketen sollen böse Geister fern gehalten werden. In der katholischen Kirche steht das ewige Licht für die Gegenwart Gottes.
Die Flamme des olympischen Feuers setzt an den Austragungsorten ein Zeichen des Friedens und appelliert an den fairen Sportgeist bei den Wettkämpfen.

Merksatz

Die Nutzung des Feuers unterscheidet Mensch und Tier. Das Feuer gab den frühen Menschen Licht und Wärme. Bis heute haben sich einige Bräuche erhalten, in denen Feuer eine symbolische Bedeutung hat.

1 Eine Lampe bauen

Du brauchst:
- festen Draht (z. B. Kleiderbügel aus Draht)
- dünnen Draht (etwa 10 cm)
- ein kurzes Stück Kupferrohr (15 mm Durchmesser)
- Zange
- Reagenzglas
- kurzes Glasröhrchen (8 mm Durchmesser)
- Docht
- Lampenöl

Biege den festen Draht um das Kupferrohr. Überkreuze die Drähte und verdrille sie mit der Zange:

Ziehe das Kupferrohr heraus und biege die Öse rechtwinklig ab:

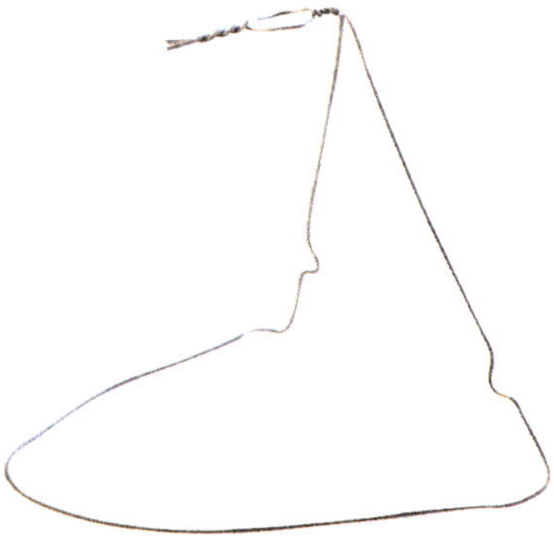

Das Reagenzglas soll in die Öse passen ohne durchzurutschen. Das kurze Glasröhrchen wird mit dem dünnen Draht fest verdrillt. Lege die Drahtenden seitlich über die Reagenzglasöffnung. Schiebe den Docht in das Glasröhrchen. Er soll bis unten in das Reagenzglas reichen und oben mit dem Röhrchen abschließen. Stelle das Reagenzglas in die Drahtkonstruktion:

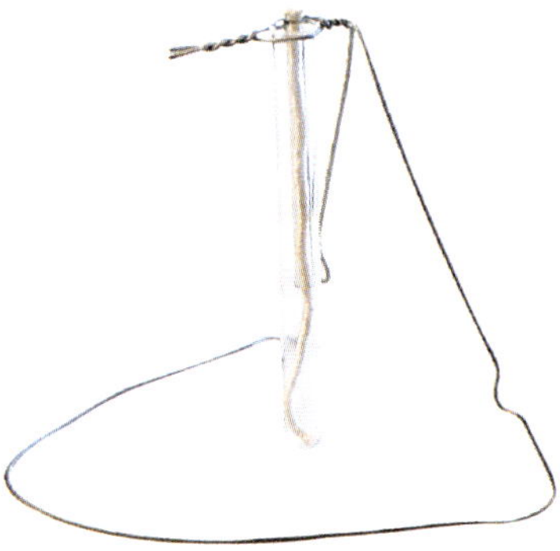

Fülle danach das Reagenzglas mit Lampenöl. Wenn der Docht sich vollgesaugt hat, kannst du ihn entzünden.
Beachte: Offene Flammen nie unbeaufsichtigt brennen lassen!

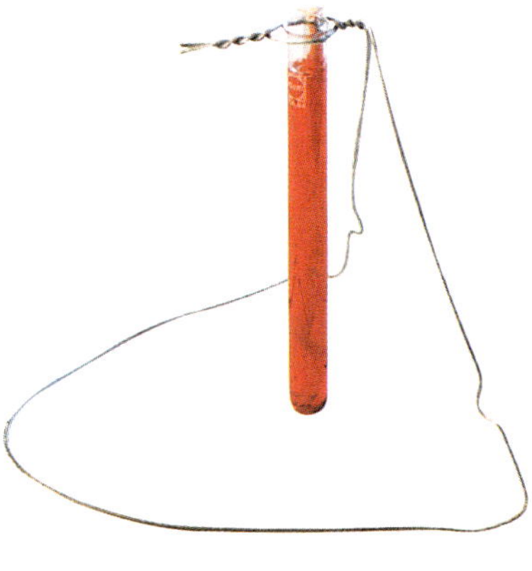

2 Schnelles Feuer

Vergleiche die im Text „Der Mensch nutzt das Feuer“ (S. 84) beschriebene Methode des Feuermachens mit den beiden folgenden Methoden.

Das Sicherheits-Streichholz. Im Jahre 1866 verbesserte der Schwede LUNDSTRÖM die von dem Deutschen BÖTTGER erfundenen Sicherheits-Streichhölzer. LUNDSTRÖM benutzte als Brennstoff unter anderem Antimonsulfid und als sauerstoffreiche Substanz Kaliumchlorat. Beide Substanzen trug er gemischt auf ein Ende eines Hölzchens auf. Die Hölzer wurden dadurch gezündet, dass man sie an einer Reibfläche rieb, die außen am Kästchen aufgebracht war. Zur Erhöhung der Reibungswärme enthielt die Reibfläche Glaspulver. Der Aufbau der Streichhölzer ist bis heute weitgehend erhalten geblieben. Die Sicherheits-Streichhölzer sind ungiftig und entzünden sich nur an der Reibfläche.

Das Feuerzeug. Heute übliche Feuerzeuge bestehen aus einem Behälter für ein brennbares Gas. Dies ist meist Butan, das unter Druck flüssig wird. Oben auf dem Feuerzeug befindet sich eine Zündvorrichtung: Ein raues Metallrad reibt bei der Drehung an einem Zündstein. Funken schlagen auf und entzünden das austretende Gas. Das entleerte Feuerzeug kommt in den Müll.

A

Wunderkerzen

Du brauchst:

- dicken Eisendraht
- Porzellanschale
- Spatel
- Waage
- 55 g Bariumnitrat
- 5 g Aluminiumpulver
- 25 g grobes Eisenpulver
- 15 g Dextrin oder Stärke
- Schutzbrille

Mische die Stoffe sorgfältig in der Porzellanschale und gib so viel heißes Wasser zu, dass ein zäher Teig entsteht. Bestreiche den Eisendraht mithilfe des Spatels mit dieser Masse und wiederhole dies, bis eine 1-2 mm dicke Schicht an der Wunderkerze haftet (Abb. 4). Trockne die Wunderkerze an der Luft. Diese Wunderkerze darf man nur im Freien mit Schutzbrille anzünden!

Abb. 3 Bengalisches Feuer

Abb. 4 Wunderkerzen, selbst gemacht

Bengalische Feuer

Du brauchst:

- Mörser mit Pistill
- Waage
- 2 Blatt Papier
- feuerfeste Unterlage
- Schutzbrille

Chemikalien für Gelbfeuer:

- 0,5 g Natriumnitrat
- 0,6 g Schwefel
- 0,3 g trockenes Natriumcarbonat

Chemikalien für Grünfeuer:

- 1,2 g Bariumnitrat
- 0,3 g Schwefel
- 0,04 g Holzkohle
- 0,02 g Schellack oder 5 ml Spiritus
- 0,5 g Borsäure

Chemikalien für Rotfeuer:

- 1,8 g Strontiumnitrat
- 0,6 g Schwefel
- 0,04 g Holzkohle

Chemikalien für Blaufeuer:

- 1 g Ammoniumchlorid
- 2 g Kupfersulfat

Chemikalien für Violettfeuer:

- 1,8 g Kaliumnitrat
- 0,3 g Schwefel
- 0,2 g geglühter Alaun
- 0,2 g trockenes Kaliumcarbonat

Alle Chemikalien müssen trocken sein. Grobe Substanzen müssen vor dem Mischen einzeln im trockenen Mörser zerkleinert werden. Die Feinheit sollte etwa wie bei Mehl sein.

Um Feuer einer bestimmten Farbe zu erzeugen, mischst du die jeweiligen Bestandteile sehr sorgfältig. Schütte sie dazu auf ein geknicktes Stück Papier. Nimm ein zweites Blatt Papier und schütte die Mischung so lange von einem Papier aufs andere, bis die Verteilung gleichmäßig erscheint. Die Mischung wird auf einer feuerfesten Unterlage draußen angezündet (Schutzbrille tragen!).

5.2 Verbrennung

1 Woraus besteht Luft?

Du brauchst:
- Papier
- Schere
- Lineal
- Farbstifte
- Klebestreifen

Finde mithilfe eines Lexikons heraus, welche Bestandteile Luft enthält. Schreibe die Bestandteile auf. Gib die Volumenanteile in Prozent an. Schneide dir mehrere Papierstreifen von 2 cm Breite. Male die Papierstreifen für jeden Bestandteil der Luft mit einer anderen Farbe an. Schneide die Länge der einzelnen Papierstreifen entsprechend dem jeweiligen Luftanteil, z. B. Sauerstoff 20 % - Papierstreifen 20 cm. Klebe die Papierstreifen dann längs hintereinander. Zur Erstellung eines Kreisdiagramms klebst du die beiden äußeren Enden des Papierstreifens zusammen, legst den Streifen kreisförmig und zeichnest auf einem Blatt Papier jeweils von den Klebestellen zur Kreismitte eine Gerade. Beschrifte die Abschnitte des Kreises.

2 Flammenzauber

Du brauchst:
- Teelicht
- Streichhölzer

Entzünde ein Teelicht und lasse es 3 Minuten brennen. Zünde dann ein Streichholz an, blase das Teelicht aus und halte das brennende Streichholz sofort 1 cm über den Docht (Abb. 1). Schreibe deine Beobachtungen auf. Was vermutest du?

Abb. 1 Was wird passieren?

3 Flammen verändern die Luft

Du brauchst:
- Teelicht
- Streichhölzer
- Einkochglas mit Deckel
- Druckflasche mit Sauerstoff
- Druckflasche mit Kohlenstoffdioxid
- Schlauch (etwa 1 m)

Zünde das Teelicht an, stelle es in das Einkochglas und lege den Deckel auf. Beobachte das Teelicht. Was geschieht? Wiederhole den Versuch. Leite aber diesmal mithilfe eines Schlauches langsam Sauerstoff unten in das Einkochglas neben das brennende Teelicht (Abb. 2). Welche Beobachtung machst du jetzt?
Wiederhole den Versuch. Leite dieses Mal Kohlenstoffdioxid neben das Teelicht. Was passiert jetzt?
Schreibe deine Beobachtungen auf. Welche Schlussfolgerungen lassen sich aus den drei Versuchen ziehen?

Abb. 2 Sauerstoff wird neben das Teelicht geleitet

Abb. 4 Was entsteht bei der Verbrennung?

4 Verbrennung zum Nichts?

Du brauchst:

- Teelicht
- Streichhölzer
- Einkochglas mit Deckel und Gummiring
- Digitalwaage

Stelle ein Teelicht auf die Waage und schreibe die Masse auf. Entzünde dann das Teelicht und protokolliere 10 Minuten lang nach jeweils einer Minute, wie viel das Teelicht wiegt.
Für die weitere Untersuchung stellst du das Einkochglas auf die Waage. Zünde das Teelicht an, stelle es in das Einkochglas und verschließe das Glas schnell mit Gummiring und Deckel (Abb. 3). Beobachte die Waagenanzeige bis zwei Minuten nach Erlöschen des Teelichtes. Vergleiche beide Versuche. Beschreibe deine Beobachtungen und versuche sie zu erklären.

Abb. 3 Verändert sich die Anzeige der Waage?

5 Was entsteht bei der Verbrennung?

Du brauchst:

- Teelicht
- Streichhölzer
- Glastrichter
- Waschflasche
- Wasserstrahlpumpe
- Gummischlauchstücke
- Kalkwasser, frisch hergestellt
- Stativmaterial
- Mineralwasserflasche
- Druckflasche mit Sauerstoff

Baue den Versuch wie in Abb. 4 auf. Fülle Kalkwasser in die Waschflasche. Nach dem Anzünden des Teelichtes stellst du die Wasserstrahlpumpe an und lässt sie einige Minuten lang laufen. Beschreibe, wie sich das Kalkwasser verändert. Leite in einem weiteren Versuch Kohlenstoffdioxid aus einer Mineralwasserflasche durch Kalkwasser. Beschreibe deine Beobachtungen. Wiederhole den Versuch mit Sauerstoff. Beobachte und beschreibe.

6 Die Entdeckung des Sauerstoffs

Am 1. November 1772 schrieb der französische Chemiker LAVOISIER an die Akademie der Wissenschaften:
„Vor ungefähr acht Tagen habe ich entdeckt, dass der Schwefel beim Verbrennen nicht etwa an Gewicht verliert, sondern vielmehr an Gewicht zunimmt. Ebenso ist es beim Phosphor. Diese Gewichtszunahme rührt von einer recht beträchtlichen Menge Luft her, die sich während der Verbrennung fixiert und mit den Dämpfen verbindet. Ich schloss aus diesen Tatsachen, dass ich durch mir entscheidend erscheinende Experimente festgestellt habe, dass das, was man bei der Verbrennung des Schwefels und Phosphors beobachtet, wohl bei allen Körpern statthaben könnte, die bei der Verbrennung an Gewicht zunehmen, und ich habe mich davon überzeugt, dass die Vermehrung des Gewichtes bei der Verkalkung der Metalle auf der gleichen Ursache beruht. Das Experiment hat meine Vermutungen vollkommen bestätigt. Dieses Gas, das die Herren PRIESTLEY, SCHEELE und ich fast gleichzeitig entdeckten, hat SCHEELE Feuerluft genannt, ich will ihm den Namen Sauerstoff geben, weil es eine seiner wichtigsten Eigenschaften ist, Säuren zu bilden, indem es sich mit den meisten Stoffen vereinigt."

Gib mit deinen eigenen Worten die Versuche und Ergebnisse LAVOISIERS wieder .

5 Menschen nutzen das Feuer

Feuer braucht Sauerstoff. Erdgas oder Heizöl verbrennen in einem Heizkessel nur, wenn Sauerstoff dazukommt. Luftöffnungen sorgen dafür, dass die Flammen gleichmäßig brennen und nicht rußen. Auch wenn eine Kerze brennt, benötigt sie *Sauerstoff.* Ein Teelicht in einem geschlossenen Gefäß erlischt nach kurzer Zeit. Es verbraucht den Sauerstoff aus der Luft. Sauerstoff lässt sich mit der Glimmspanprobe nachweisen: Ein glimmender Holzstab flammt wieder auf, wenn er in ein Gefäß gehalten wird, das viel Sauerstoff enthält.

Was brennt bei einer Kerze? Die Funken aus einem Gasanzünder reichen nicht aus, um den Docht einer Kerze zu entzünden. Erst wenn das Wachs im Docht durch die Hitze einer Streichholzflamme flüssig wird und verdampft, entzünden sich die aufsteigenden Gase und eine Flamme entsteht. Die Flamme bewirkt, dass weiteres Wachs flüssig wird, im Docht hochsteigt und in der Hitze verdampft.

Abb. 5 Was brennt hier?

Abb. 6 Viele Feuerlöscher enthalten Kohlenstoffdioxid

Nicht sichtbar - aber vorhanden. Das Wachs des Teelichtes scheint sich beim Brennen in Nichts aufzulösen. Dies scheint aber nur so. Tatsächlich entsteht beim Verbrennen des Wachses ein unsichtbares Gas. Es handelt sich um *Kohlenstoffdioxid.* Dieses Gas entsteht bei der Verbrennung vieler brennbarer Stoffe. Man kann es mit Kalkwasser nachweisen. Kalkwasser ist eine wasserklare Flüssigkeit. Wenn man Kohlenstoffdioxid in Kalkwasser einleitet, entsteht eine milchig trübe Flüssigkeit. Kohlenstoffdioxid erstickt ein Feuer. Es ist nicht brennbar. Deshalb wird es zum Feuerlöschen benutzt (Abb. 6).

Pflanzen - Ursprung des Feuers. Brennbare Stoffe wie Holz, Papier, Kohle und Erdöl stammen von Pflanzen. Ein wichtiger Bestandteil dieser *Brennstoffe* zeigt sich, wenn Feuer zu wenig Sauerstoff erhält: Die Flamme rußt. Ruß ist schwarz und enthält viel Kohlenstoff. Kohlenstoff ist ein Bestandteil vieler Brennstoffe. Wenn man für eine ausreichende Sauerstoffzufuhr sorgt, verläuft die Verbrennung des Kohlenstoffs vollständig zu Kohlenstoffdioxid und es entsteht kein Ruß.

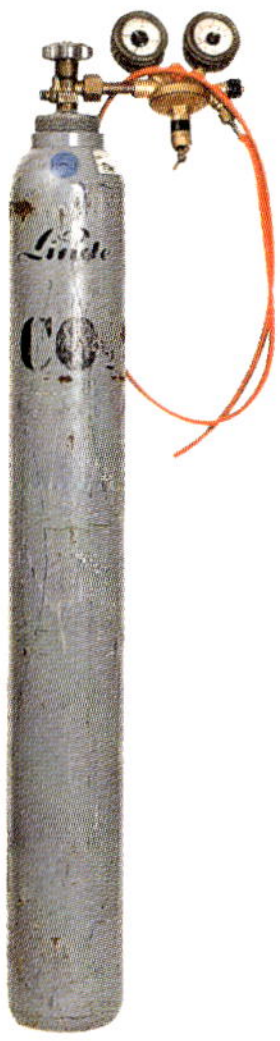

Sauerstoff		Kohlenstoffdioxid
20 %	Luftanteil	0,03 %
1,4 g/l	Dichte	2,0 g/l
-183 °C	Siedepunkt	-78,5 °C
Fördert die Verbrennung	Wirkung auf Feuer	Löscht Feuer

Abb. 7 Vergleich von Sauerstoff und Kohlenstoff

Die chemische Reaktion. Kohlenstoff verbrennt mit Sauerstoff zu Kohlenstoffdioxid. In der Sprache der Chemiker heißt das: Kohlenstoff reagiert mit Sauerstoff zu Kohlenstoffdioxid. Oder noch kürzer:

Kohlenstoff + Sauerstoff ⇨ Kohlenstoffdioxid

Diese verkürzte Schreibweise nennt man *Reaktionsschema*. Im Verlauf der Reaktion ändern sich die Stoffe. Es bilden sich neue Stoffe mit neuen Eigenschaften. Die Masse der Stoffe vor dem Versuch ist aber genauso groß wie die Masse nach dem Versuch. Aus dem Kohlenstoff und dem Sauerstoff entsteht ein neuer Stoff: Kohlenstoffdioxid. Man bezeichnet eine solche dauerhafte Stoffumwandlung als *chemische Reaktion*. Wenn bei einer Reaktion Sauerstoff mit einem anderen Stoff reagiert, spricht man von einer *Oxidation*. Das Produkt ist ein *Oxid*. Bei jeder Oxidation wird Wärme freigesetzt.

Auf die richtige Mischung kommt es an. Chemische Reaktionen laufen vollständig ab, wenn die Mengen der reagierenden Stoffe genau aufeinander abgestimmt sind. Beim Schweißen reagieren zwei Gase miteinander: Das Ethin wird durch den Sauerstoff oxidiert. Dabei entsteht Wärme. Um eine möglichst hohe Temperatur zu erzielen, müssen die beiden Gasmengen passend dosiert werden. Das sieht der Schweißer an der Farbe und Form der Flamme (Abb. 8). Bei einer Flammentemperatur von ca. 3000 °C schmilzt Eisen. Der Schweißer verflüssigt mithilfe der Flamme die Kanten zweier Eisenteile so, dass beide Teile miteinander verschmelzen. Es entsteht ein Eisenteil mit einer Schweißnaht.

Merksatz

Bei der Verbrennung von kohlenstoffhaltigem Material entsteht unter Zufuhr von Sauerstoff das Gas Kohlenstoffdioxid. Dabei wird Wärme freigesetzt. Die Reaktion mit Sauerstoff ist eine Oxidation.

Abb. 8 Beim Schweißen wird Eisen flüssig

5.3 Brandbekämpfung

Abb. 2 Warnhinweise an einer Tankstelle

1 Es brennt!

Was kannst du tun, um Feuer zu löschen?

2 Feuerlöscher

Du brauchst:
- Becherglas (250 ml)
- Becherglas (600 ml)
- Schlauch (etwa 1 m)
- Teelicht
- Streichhölzer
- Druckflasche mit Kohlenstoffdioxid
- Schutzbrille

Entzünde das Teelicht und stelle es in das kleine Becherglas. Fülle das große Becherglas über den Schlauch aus der Druckflasche mit Kohlenstoffdioxid. Gieße das Gas aus dem großen Becherglas wie eine Flüssigkeit langsam in das kleine Becherglas mit dem brennenden Teelicht. Beobachte, was passiert. Wie kannst du den Vorgang erklären? Schreibe die Beobachtungen und Erklärungen auf.

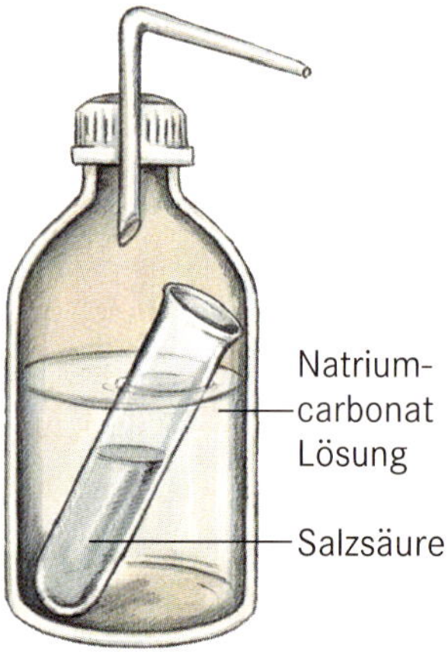

Abb. 1 Selbst gebauter Schaumlöscher

3 Schaumlöscher

Du brauchst:
- Spritzflasche
- kleines Reagenzglas
- Natriumcarbonat-Lösung (1 Teelöffel Natriumcarbonat auf 250 ml Wasser)
- Salzsäure, verdünnt
- Spülmittel
- Schutzbrille

Fülle die Spritzflasche zur Hälfte mit der Natriumcarbonat-Lösung. Gib dann 10-15 Tropfen eines Spülmittels dazu. Das Reagenzglas füllst du etwa zur Hälfte mit verdünnter Salzsäure. Stelle das Reagenzglas in die Flasche zur Natriumcarbonat-Lösung. Verschließe die Flasche und ziehe das Ableitungsrohr bis zum Stopfen hoch (Abb. 1). Dieser selbst gebaute Schaumlöscher wird durch kurzes Umdrehen in Betrieb gesetzt. Probiere ihn im Freien aus und setze dazu eine Schutzbrille auf.

4 Warnhinweise

Betrachte Abb. 2 mit den Hinweisen, wie man sie an Zapfsäulen von Tankstellen findet. Welche Bedeutung haben diese Hinweise?

5 Löschdecke

Du brauchst:
- Becherglas (50 ml)
- Spiritus
- Streichhölzer
- feuchtes Baumwolltuch
- Schutzbrille

Fülle etwa 5 ml Spiritus in das Becherglas und entzünde ihn durch Hineinwerfen eines brennenden Streichholzes. Lege dann das Tuch über die ganze Öffnung.
Was geschieht? Begründe deine Aussagen.

6 Verhalten bei einem Brand

Im Unterrichtsraum oder im Flur hängen Hinweise für das „Verhalten bei Bränden“. Lies sie durch und erkläre die einzelnen Hinweise und Hilfen.

Kein Sauerstoff - kein Feuer. Ein Tanklastzug ist verunglückt. Die Feuerwehr löscht das brennende Heizöl mit Schaum. Beim Löschen mit Wasser würde brennendes Heizöl auf dem Wasser schwimmen und der Brand würde sich weiter ausbreiten. Der Schaum auf dem Heizöl erstickt die Flammen. Auch bei Notlandungen von Flugzeugen werden häufig Schaumteppiche auf die Landebahnen gesprüht. Dem möglichen Feuer wird eine wesentliche Voraussetzung genommen: der Sauerstoff aus der Luft. Der Schaum verhindert, dass Funken, die beim Reiben von Metall auf der Landebahn entstehen, sich mit Sauerstoff entzünden. Auch wenn man kleine Brände mit einer Löschdecke bekämpft, versucht man die Sauerstoffzufuhr zu verhindern. Die Pulver-Feuerlöscher enthalten einen Stoff, der in der Hitze des Brandes Kohlenstoffdioxid entwickelt.

Temperatursenkung zum Löschen. Streichhölzer brennen nicht von allein. Durch die Bewegung auf der Reibfläche wird Wärme erzeugt. Erst diese Wärme erbringt die notwendige *Entzündungstemperatur* für den Brennstoff, aus dem der Streichholzkopf besteht. Der Streichholzkopf flammt auf und bringt schließlich auch das Holz zum Brennen. Bei einem Feuerzeug oder dem Gasbrenner reicht ein Funken zur Entzündung des Gases aus. Ein Brennstoff kann erst brennen, wenn die jeweilige Entzündungstemperatur erreicht ist. Während Benzin schon bei einer Temperatur von etwa 20 °C entzündet werden kann, benötigt Heizöl eine Temperatur von fast 100 °C. Beim Löschen mit Wasser kühlt man das brennbare Matcrial bis unter seine Entzündungstemperatur ab. Das noch vorhandene brennbare Material kann sich dann nicht mehr entzünden. An den heißen Stellen entsteht außerdem Wasserdampf. Er verdrängt die Luft mit dem brandfördernden Sauerstoff und trägt damit zum Erlöschen der Flamme bei.

Ohne Brennstoff kein Brand. Das hört sich einfach an. Bei der Brandbekämpfung erweist es sich aber häufig als Problem, denn aus einem brennenden Haus kann man die Möbel nicht mehr heraustragen oder das Heizöl im Keller nicht mehr abpumpen. Manche Lagerhallen und öffentliche Gebäude verfügen über große Feuertüren aus Stahl. Diese schließen sich bei einem Brand selbsttätig und verhindern damit das Ausbreiten des Feuers auf weitere Räume. Bei Waldbränden werden breite Streifen Wald abgeholzt, um so den Brand einzudämmen.

Merksatz

Ein Brand kann nur entstehen, wenn brennbare Stoffe und Sauerstoff vorhanden sind. Außerdem muss die Entzündungstemperatur erreicht sein. Man kann Feuer löschen, indem man Brennmaterial wegnimmt, die Temperatur senkt oder Sauerstoff fern hält.

5.4 Stille Verbrennung - der Motor des Menschen

Oxidation auch im Körper des Menschen. Wenn wir einatmen, wird die Luft mit dem Sauerstoff bis in die Lungenbläschen gesaugt. Hier wird der Sauerstoff an die roten Blutkörperchen weitergegeben. Diese transportieren ihn zu allen Zellen des Körpers. Die dort vorhandenenen Brennstoffe werden durch den Sauerstoff oxidiert. Einer dieser Brennstoffe ist Glukose. Die Oxidation der Glukose nennt man auch *stille Verbrennung,* da sie ohne Flamme oder Feuer erfolgt. Aus der kohlenstoffhaltigen Glukose entsteht dabei unter anderem Kohlenstoffdioxid. Das Kohlenstoffdioxid wird von den Zellen ans Blut abgegeben, zur Lunge transportiert und ausgeatmet (Abb. 1). Die chemische Reaktion im Körper lässt sich mit folgendem Reaktionsschema ausdrücken:

Glukose + Sauerstoff
⇨ Kohlenstoffdioxid + Wasser.

Was sind Kalorien? Fett, Eiweiß und Kohlenhydrate wie Glukose und Stärke sind *Nährstoffe,* die Energie enthalten. Die Nährstoffe werden in den Zellen oxidiert. Dabei wird die Energie der Nährstoffe für den Körper nutzbar gemacht. Die chemische Energie der Nährstoffe wird z. B. in den Muskeln in Bewegungsenergie umgewandelt. Fett, Eiweiß und Kohlenhydrate enthalten unterschiedlich viel Energie. Die Energiemenge wird in Kilojoule (kJ) oder Kilokalorien (kcal) angegeben.

Der Weg der Energie. Das Reaktionsschema der Oxidation im Körper lässt sich folgendermaßen ergänzen:

Glukose (energiereich) + Sauerstoff
⇨ Kohlenstoffdioxid (energiearm) + Wasser + Energie

Die frei werdende Energie ist die Grundlage für alle Lebensvorgänge. Durch sie können wir uns bewegen und unsere Körpertemperatur konstant halten. Auch für die Bewegungen des Herzens und für unser Denken benötigen wir Energie.

Zu viel Energie macht dick. Wenn wir über längere Zeit mehr Nährstoffe und damit mehr Energie zu uns nehmen, als unser Körper braucht, wird die nicht benötigte Energie im Körper als Fett gespeichert. Wir werden dick. Durch zusätzliche Bewegung, für die Energie gebraucht wird, oder durch eine geringere Nährstoffaufnahme, also eine geringere Energieaufnahme, wird das Fett verringert. Wir werden wieder dünner.

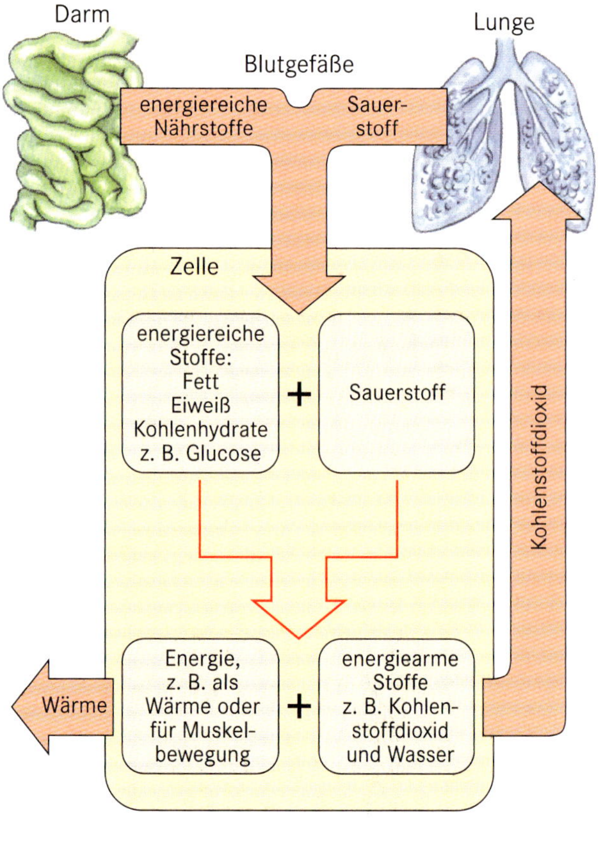

Abb. 1 Oxidation der Nährstoffe in einer Körperzelle

Merksatz

Der Mensch nutzt die in den Nährstoffen enthaltene chemische Energie. Diese wird im Körper in andere Energieformen umgewandelt. Ein großer Teil der aufgenommenen Energie verlässt den Körper als Wärmeenergie.

1 Der Weg des Sauerstoffs

Beschreibe den Weg des Sauerstoffs von der Luft bis in die Zelle. Nimm Abb. 1 zu Hilfe.

2 Der Weg der Nahrung

Welchen Weg nimmt die Nahrung, die der Mensch aufnimmt? Was geschieht mit der Energie, die in den Nährstoffen vorhanden ist?

3 Zusammensetzung der Atemluft

Beschreibe die Unterschiede in der Luftzusammensetzung in Abb. 2. Welches Diagramm zeigt die Luft, die wir einatmen, welches die Luft, die wir ausatmen?
Wie kommt der Unterschied zwischen Einatemluft und Ausatemluft zustande?
Warum muss man Klassenräume regelmäßig lüften?

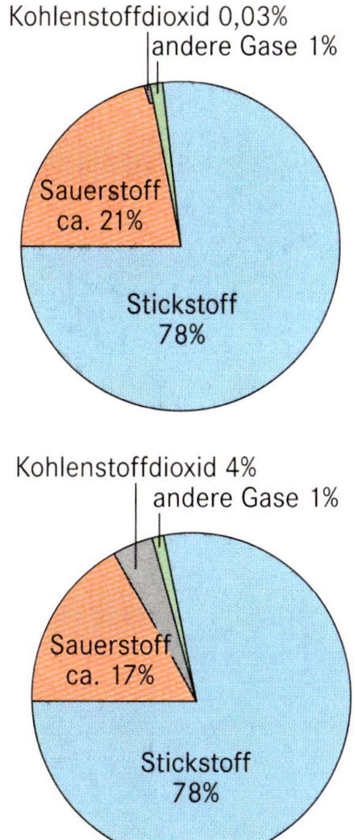

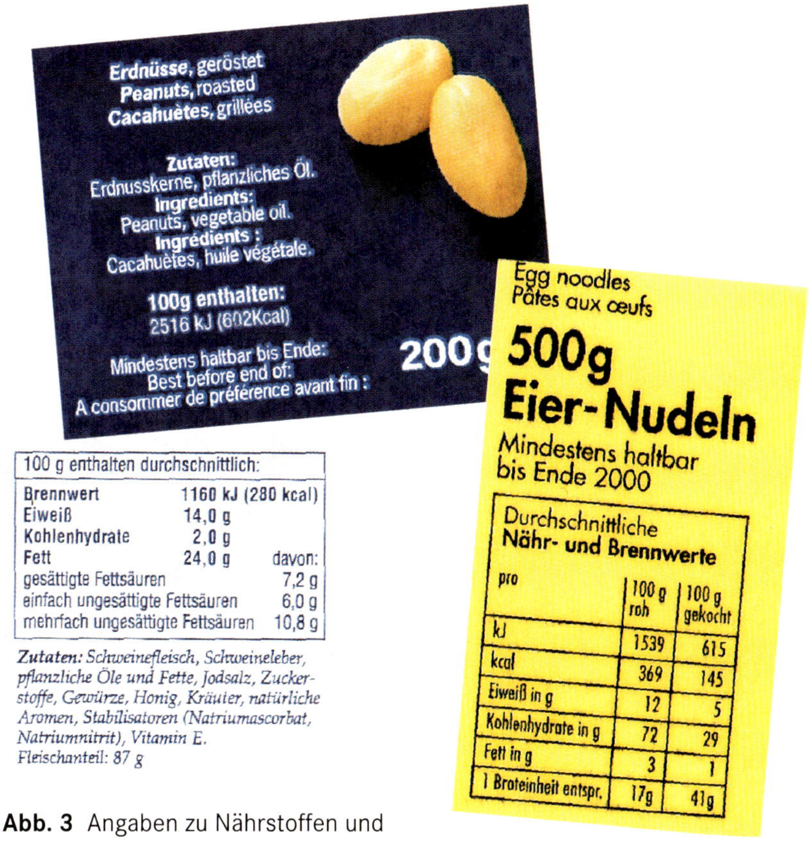

Abb. 3 Angaben zu Nährstoffen und Energiegehalt bei Nahrungsmitteln

4 Aufgabe

Miriam überlegt: Eigentlich müsste meine Ausatemluft nach dem Essen besonders viel Kohlenstoffdioxid enthalten. Stimmt die Überlegung? Wie könnte sie das untersuchen?

5 Aufgabe

Wenn du einen Dauerlauf machst, musst du wie bei allen körperlichen Anstrengungen viel atmen.
Wie kannst du die gesteigerte Atmung erklären?

Abb. 2 Zusammensetzung von Einatemluft und Ausatemluft

6 Nährstoffe enthalten unterschiedlich viel Energie

Auf den Verpackungen von Nahrungsmitteln sind die enthaltenen Nährstoffe und der Energiegehalt abgedruckt. Schreibe diese Daten von einigen Verpackungen ab. Wähle Beispiele, die besonders viel Fett, Eiweiß oder Kohlenhydrate enthalten. Du kannst auch die in Abb. 3 gezeigten Beispiele nutzen.
Vergleiche die Zusammensetzungen mit den Energiegehalten. Welche Nahrungsmittel und welche Nährstoffe haben einen besonders hohen Energiegehalt?

A

5.5 Feuer - technisch im Griff

Wärme zuhause. Ein Heizkessel im Wohnhaus kann die gleichen Stoffe wie ein Verbrennungsofen in einem Kraftwerk verbrennen. Die am meisten genutzten Brennstoffe sind Erdöl und Erdgas. In den Heizkessel wird Luft eingeblasen, sodass Erdöl oder Erdgas vollständig verbrennen (Abb. 1). Die bei der Verbrennung entstehenden Gase werden an Rohren vorbeigeleitet, durch die Wasser fließt. Eine Pumpe befördert das erwärmte Wasser durch die Rohrleitungen zu den Heizkörpern. Dort wird die Wärmeenergie an die umgebende Luft abgegeben. Durch die Luftbewegung wird die Wärme im Raum verteilt. Wenn die Wärme durch die Außenwände und Fenster dringt, wird die Energie an die Außenluft abgegeben. Diese Energie ist dann für den Menschen nicht mehr nutzbar.

Energie sparen und Rohstoffe schonen. Um die Wärmeabgabe an die Umgebung möglichst gering zu halten, werden Wohnhäuser wärmeisoliert (Abb. 1). Isoliergläser in den Fenstern vermindern die Wärmeabgabe. Moderne Isoliergläser dämmen drei- bis vierfach stärker als Fenster mit einfachem Glas. Wir können Brennstoffe sparen und damit zur Schonung unserer Rohstoffe beitragen, indem wir zum Beispiel die Heizungsventile nicht unnötig aufdrehen und beim Lüften die Fenster nur kurzzeitig, aber weit öffnen. Eine Senkung der Raumtemperatur um nur 1 °C spart schon sechs Prozent der Heizkosten.

Die Abgase. Die Verbrennung von Steinkohle, Braunkohle, Erdöl oder Erdgas hat auch große Nachteile. Diese Brennstoffe enthalten außer dem Kohlenstoff noch viele weitere Stoffe. Bei ihrer Verbrenung entstehen giftige Abgase, vor allem Schwefeloxide und Stickstoffoxide. In einem Kraftwerk lässt man das Schwefeloxid aus dem Abgas mit Kalk chemisch reagieren. Dabei entsteht Gips, der für den Innenausbau von Wohnhäusern genutzt werden kann. Die Stickoxide werden in Anlagen verändert, die ähnlich wie Autokatalysatoren arbeiten. Dabei entstehen weitgehend Stickstoff und Sauerstoff. Für Heizkessel in Wohnhäusern gibt es diese Anlagen noch nicht. Hier kontrollieren Schornsteinfeger regelmäßig, dass in den Heizkesseln die gesetzlich vorgeschriebenen Werte für Abgase eingehalten und nicht unnötig viele giftige Abgase an die Luft abgegeben werden.

Ursprung der Brennstoffe. Kohle, Erdöl und Erdgas stammen von Tieren und Pflanzen, die vor 300 bis 400 Millionen Jahren in der Karbonzeit gelebt haben. Man bezeichnet diese Stoffe deshalb als *fossile Brennstoffe*. In der Karbonzeit gab es riesige Wälder mit Farnen und Schachtelhalmpflanzen. Diese waren so groß wie unsere heutigen Bäume. Durch Ansteigen des Wasserspiegels sind diese Wälder abgestorben. Das Holz ist im Schlamm erhalten geblieben und nicht verfault. Die Steinkohle entstand aus dem Holz im Verlauf vieler Millionen Jahre unter hohem Druck und hoher Temperatur. Aus den Pflanzen der Karbonzeit sind so die heutigen Steinkohlenlagerstätten entstanden.

Herkunft der Energie. Immer ist es chemische Energie, die in den fossilen Brennstoffen zum Teil schon 400 Millionen Jahre gespeichert ist. Die Pflanzen, die diese energiereichen Stoffe aufgebaut haben, nutzten damals die Lichtenergie der Sonne. Pflanzen wandeln Lichtenergie in chemische Energie um. Ohne Energie ist Leben auf unserem Planeten nicht möglich. Deshalb bilden die Pflanzen die Grundlage des Lebens auf der Erde.

Merksatz

In Heizkesseln wird die in fossilen Brennstoffen gespeicherte chemische Energie in Wärmeenergie umgewandelt. Zu den fossilen Brennstoffen gehören Steinkohle, Braunkohle, Erdöl und Erdgas. Diese Stoffe sind schon vor 300 bis 400 Millionen Jahren aus Pflanzen und Tieren entstanden.

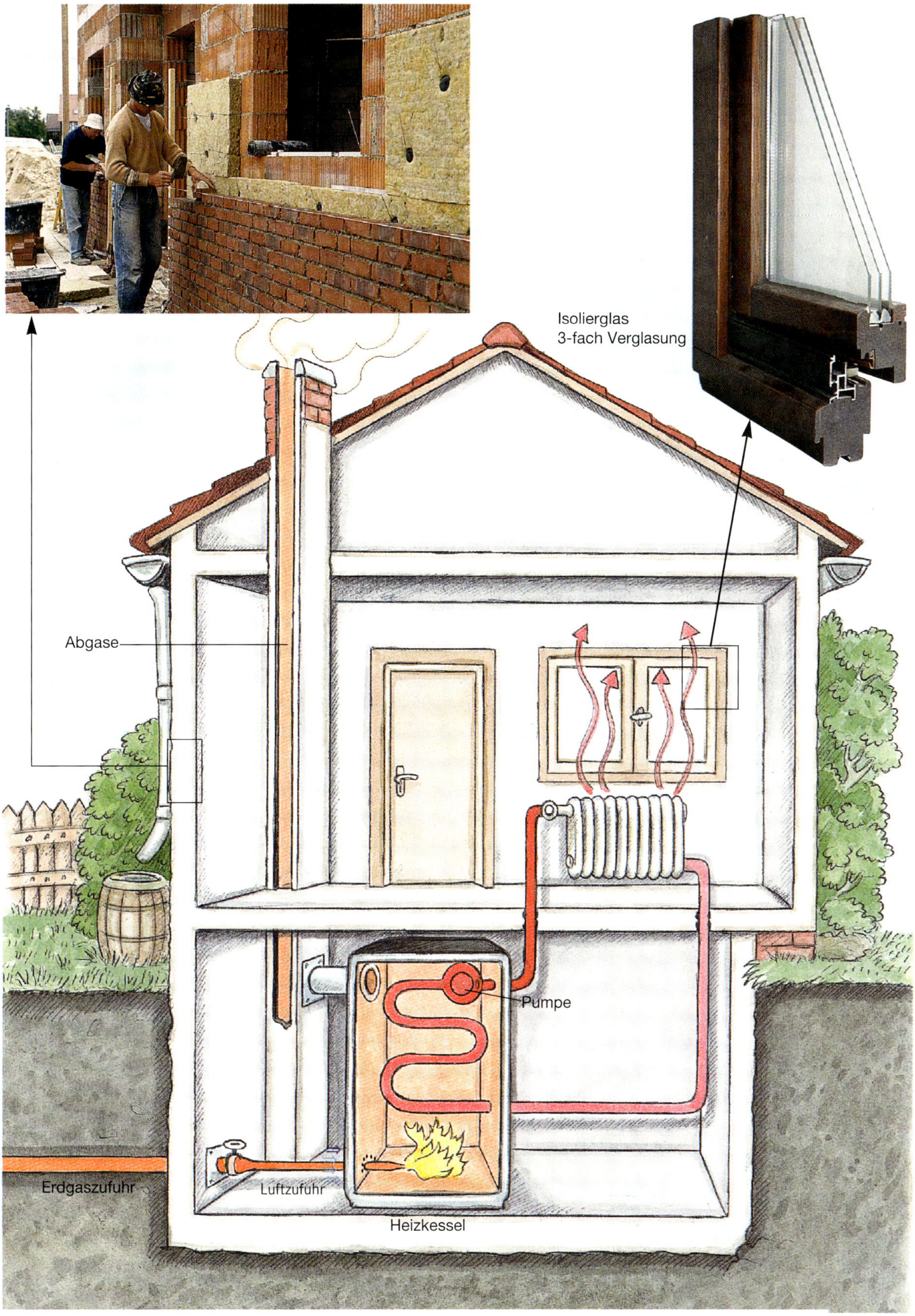
Isolierglas
3-fach Verglasung
Abgase
Pumpe
Erdgaszufuhr
Luftzufuhr
Heizkessel

Abb. 1

5.6 Nutzung von Sonnenwärme und Erdwärme

Die Sonne wärmt. Wir Menschen, die Tiere und Pflanzen, auch Steine und Sand - jeder Körper, den die Sonne bestrahlt, wird aufgewärmt. Am meisten werden dunkle Körper aufgewärmt, sie nehmen mehr Wärme auf als helle Körper. Wir merken das, wenn wir uns mit einem schwarzen T-Shirt in der Sonne aufhalten. Wenn man die Wärme der Sonne technisch nutzen will, sind die Dächer der Häuser am besten geeeignet, weil dort die meiste Sonnenstrahlung auftrifft.

Die Technik der Wärmenutzung. Immer häufiger sieht man auf Hausdächern flache Kästen, die mit einer Glasscheibe abgedeckt sind (Abb. 1). Es sind Wärmekollektoren, die die Wärme der Sonnenstrahlung aufnehmen. Das Innere der Kollektoren ist schwarz gestrichen und enthält mehrere Rohre. Durch diese Rohre wird Wasser gepumpt. Das durch die Sonnenstrahlung erwärmte Wasser kann unmittelbar zum Waschen, Spülen oder Duschen verwendet werden. Die Wärme kann man auch zum Heizen des Hauses nutzen.

Welche Probleme gibt es und wie kann man diese lösen? Deutschland zählt nicht zu den Ländern mit einer besonders hohen Sonnenscheindauer. Deshalb sind weitere Maßnahmen sinnvoll, wenn man Wärmekollektoren nutzen will. Am besten ist es, beim Hausbau auf eine Ausrichtung des Daches nach Süden zu achten, weil dort die stärkste Sonnenstrahlung zu erwarten ist. Die Wände und Fenster sollten sehr gut isoliert sein, um die Wärmeabgabe nach draußen gering zu halten. Problematisch ist die Tatsache, dass man zur Zeit hoher Sonneneinstrahlung, also mittags im Sommer, nicht immer einen hohen Wärmebedarf hat. Hier hilft ein Wärmespeicher. Das ist ein sehr gut isolierter Wassertank, der im Keller oder einem Wirtschaftsraum untergebracht ist und Wärme über längere Zeit halten kann. Gute Vorüberlegungen und eine sinnvolle Technik helfen auf diese Art fossile Brennstoffe einzusparen.

Vulkane bringen es an den Tag. Die Erde ist in ihrem Innern heiß, das Gestein flüssig. An manchen Orten der Erde kommt es als Lava in einem Vulkan an die Erdoberfläche. Die Hitze in der Erde merken Bergleute deutlich, wenn sie sich unter Tage aufhalten. Schon in 1000 m Tiefe kann die Temperatur 40°C betragen. Die technische Nutzung der Erdwärme der tiefen Schichten ist sehr aufwändig und bislang nur in wenigen Versuchsanlagen durchgeführt. Aber auch der Erdboden in geringerer Tiefe speichert Wärme, die überwiegend von der Sonnenstrahlung stammt. Zur Nutzung dieser Erdwärme legt man Leitungen in die Erde, die von Wasser durchströmt werden. Das erwärmte Wasser wird durch einen Wärmetauscher gepumpt (Abb. 1). Mithilfe dieser Technik ist es möglich, selbst geringe Erdwärme zu nutzen und fossile Brennstoffe zu sparen.

Merksatz

Sonnenwärme und Erdwärme kann man zur Erwärmung von Wasser nutzen. Moderne technischen Möglichkeiten helfen fossile Brennstoffe zu sparen.

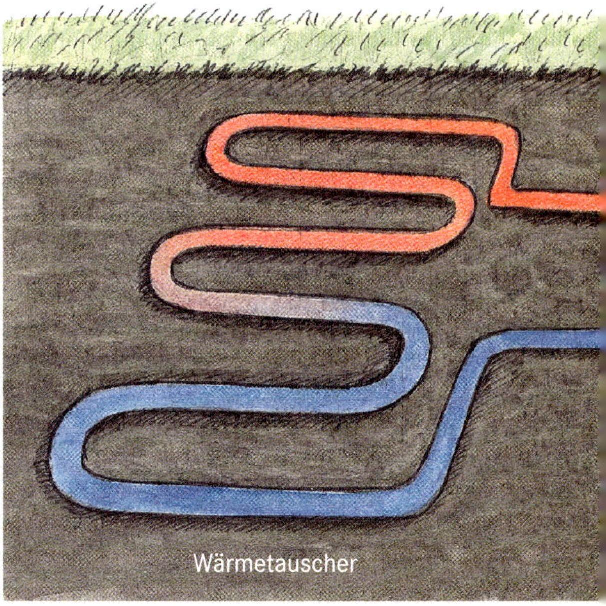

Abb. 1 In diesem Haus werden Sonnenwärme und Erdwärme genutzt und fossile Brennstoffe eingespart

5.7 Das Ende der Steinzeit

Abb. 1

Metalle. Für uns ist die Verwendung von Metallen selbstverständlich. Wir nutzen Bestecke, Werkzeuge und Maschinen aus verschiedenen Metallen. Doch erst seit etwa 7 000 Jahren können Menschen Gegenstände aus Metall herstellen. Zur Zeit des Pyramidenbaus, also vor über 6 500 Jahren, setzten die Ägypter behauene Steine passgenau zusammen. Das war möglich, weil sie für die Bearbeitung der Steinblöcke Werkzeuge aus Metall benutzten. Die Entdeckung der Metallbearbeitung geschah in den verschiedenen Regionen der Erde zu unterschiedlichen Zeiten. Die Zeitleiste in Abbildung 1 zeigt dir die Entwicklung in Mitteleuropa.

Abb. 2 Kupfer

Der erste Bergbau. Kupfer kommt in der Natur als reines Metall vor (Abb. 2). Man kann diese Metallstücke mit einem harten Stein wie mit einem Hammer formen. Größere Kupferstücke erhielt man damals vor 7 000 Jahren wahrscheinlich dadurch, dass man Kupfergestein-Mischungen erhitzte. Das Metall wird dabei flüssig. Man fängt es dann zum Erstarren in einer Form auf. Solche Gesteine mussten im Bergbau aus Höhlen im Fels gebrochen werden. Auch „Ötzi", der in den Alpen gefundene, im Gletschereis erhaltene Mensch, hat vor 5 000 Jahren Kupfer benutzt. Aus diesem Material ist die Klinge seines Beils hergestellt (Abb. 3).

Erzverarbeitung. Vor ungefähr 4 000 Jahren lernten Menschen Kupfer aus Kupfererzen zu gewinnen. Erze enthalten das Metall in einer chemisch gebundenen Form. Das Erz muss zusammen mit Holz oder besser Holzkohle erhitzt und das flüssige Metall aufgefangen werden. Das so gewonnene Kupfer nutzte man für Messer und Beile. Allerdings verformten sich die Werkzeuge schnell und wurden stumpf. Das relativ weiche Kupfer erforderte sehr häufiges Nachschleifen.

Die Bronzezeit. Von den Anfängen und dem Verlauf der ersten Kupferverarbeitung wissen wir nur wenig. Aber vor etwa 6 500 Jahren machten Menschen eine bahnbrechende Erfindung: Der Zusatz von 10-20 % Zinn zum Kupfer machte dieses wesentlich härter. Eine solche Mischung von Metallen nennt man eine *Legierung*. Die neue Legierung aus Kupfer und Zinn, die Bronze, prägte die Zeit, die wir heute die Bronzezeit nennen. In Mitteleuropa begann sie vor 3 600 Jahren. Aus Bronze entwickelte man härtere und wirksamere Werkzeuge, aber auch Waffen. Daneben goss man Gebrauchsgegenstände wie Haarspangen und Gürtelschnallen sowie künstlerische Figuren. Noch heute werden Kirchenglocken aus Bronze gegossen, denn Bronzeglocken haben einen besonders schönen Klang. Übrigens: Bronzemedaillen gibt es erst seit den olympischen Spielen der Neuzeit, also ab 1896 (Abb. 4).

Abb. 3 „Ötzis" Beil mit einer Kupferklinge, 5 000 Jahre alt

Abb. 4 Bronzemedaille der Olympischen Spiele in Athen 1896

Legierungen sind vielseitig verwendbar. Außer Bronze stellt man heute viele weitere Metall-Legierungen her. Bekannt sind Kupfer-Silber-Gold-Legierungen, die noch heute als wertvolles Münzmetall verwendet werden. Auch Goldschmuck besteht meist aus einer Legierung. Die eingeprägte Zahl auf dem Schmuckstück gibt die Goldanteile an. Bei 333er Gold sind 333 von 1 000 Teilen der Legierung aus Gold, 667 Teile bestehen aus anderen Metallen.

Abb. 5 Prägestempel in einem goldenen Ohrring

Das gelbliche Messing ist eine Legierung aus Kupfer und Zink. Wegen seines goldähnlichen Glanzes wird es in vielen Ländern zur Herstellung von Schmuck und wertvollen Gebrauchsgegenständen verwendet. Im Gegensatz zu Gold wird Messing im Laufe der Zeit matt (Abb. 6).

Abb. 6 Messingtablett und Teekanne aus Tunesien

Das Metall Nickel wird oft als Bestandteil hell glänzender Legierungen benutzt. Wegen seiner Ähnlichkeit zu Silber wird es zu billigem Schmuck verarbeitet. Vorsicht ist bei Hautkontakt mit Nickel geboten, etwa bei Ohrsteckern oder Jeansknöpfen. Das Metall kann eine Allergie auslösen (Abb. 7).

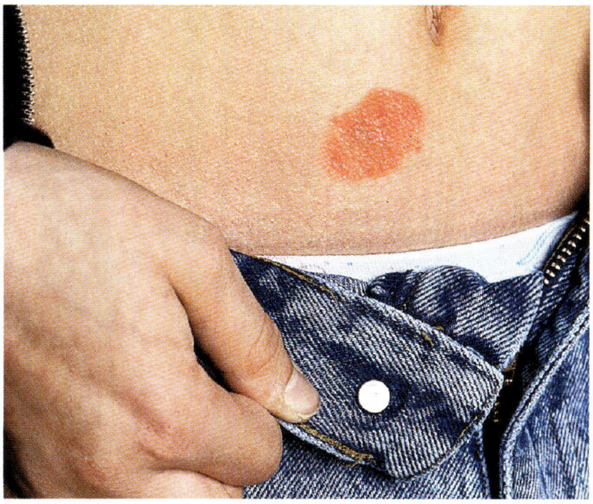

Abb. 7 Diese Haut reagiert auf Nickel allergisch

Merksatz

Das Feuer ermöglichte dem Menschen die Gewinnung von Metallen. Metalle werden nur selten in reiner Form verwendet. Man vermischt flüssige Metalle und nutzt diese Legierungen für spezielle Zwecke.

5.8 Eisen und Stahl

Eisen als Rohstoff. Eisen kommt auf der Erde nicht als reines Metall vor. Es geht Verbindungen insbesondere mit Sauerstoff und Schwefel ein. Diese Verbindungen, die in der Erde vorkommen, heißen Erze. Seit etwa 3 000 Jahren kann der Mensch aus Eisenerz Eisen gewinnen (Abb. 1, Seite 100). Es ist auch heute für uns von großer Bedeutung: Nägel und Schrauben, Pflüge und Maschinen, Autos und Schiffe sind ohne Eisen undenkbar.

Eisengewinnung früher. Die erste Eisengewinnung erfolgte in sogenannten Rennöfen. In ihnen wurde Eisenerz mit Holzkohle stark erhitzt. Das flüssige Eisen „rann“ aus einer Öffnung in eine Auffangwanne. Für die Eisenproduktion benötigte man große Mengen Holzkohle. Große Waldgebiete z. B. im Mittelmeerraum wurden dafür abgeholzt.

Abb. 1 Arbeit am unteren Teil des Hochofens und Schnitt durch einen Hochofen

Ein moderner Hochofen produziert an einem Tag 11 500 t Roheisen.

Dafür werden benötigt:	
Erze und Schrott	18 400 t
Zuschlagstoffe	115 t
Koks und Kohle	4 255 t
Luftmenge	4 Milliarden m^3
Wasser	575 m^3
Es bleibt übrig:	
Schlacke	3 105 t

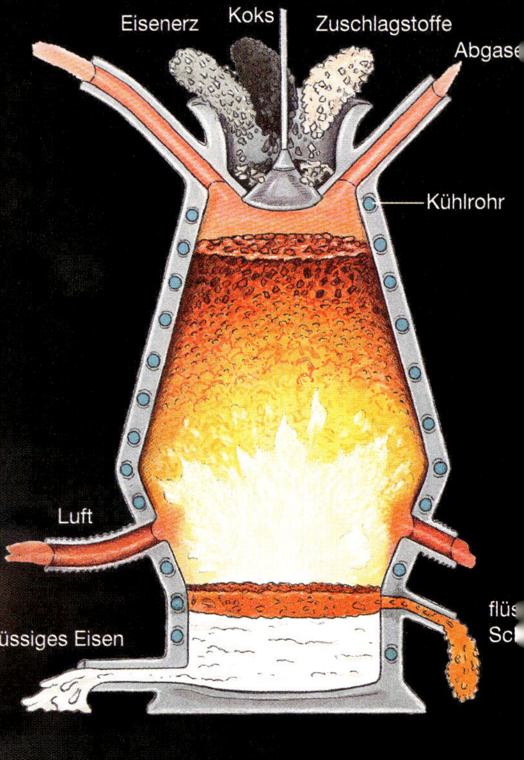

Der moderne Weg. Heute wird Eisen im Hochofen gewonnen. Ein solcher Ofen ist bis 50 m hoch und kann viele Tonnen Eisenerz und Koks aufnehmen (Abb. 1). Koks wird in großen Mengen aus Steinkohle hergestellt und enthält sehr viel Kohlenstoff. Eisenerz, Koks und Zuschlagstoffe werden Schicht für Schicht von oben in den Hochofen gefüllt und rutschen langsam nach unten. Unterhalb der breitesten Stelle des Hochofens wird heiße Luft eingeblasen, sodass bei der Verbrennung des Kokses sehr hohe Temperaturen entstehen: Das Eisen schmilzt. Im unteren Bereich wird der Hochofen wieder schmaler. Das flüssige Eisen wird in bestimmten Abständen abgelassen. Dieses Roheisen enthält noch etwa 4 % Kohlenstoff und ist deswegen sehr hart und spröde. Die Zuschlagstoffe reagieren mit Stoffen aus dem Eisenerz und bilden dabei die flüssige Schlacke. Diese wird wie das Eisen regelmäßig abgelassen.

Die chemische Reaktion. An der heißesten Stelle des Hochofens reagiert der Kohlenstoff aus dem Koks direkt mit dem Eisenoxid. Der Kohlenstoff entzieht dem Eisenoxid den Sauerstoff, es entstehen Eisen und Kohlenstoffdioxid:

Eisenoxid + Kohlenstoff
⇨ Eisen + Kohlenstoffdioxid

Der Vorgang, bei dem einem Oxid der Sauerstoff entzogen wird, heißt *Reduktion*. Bei der Eisengewinnung finden Reduktion und Oxidation gleichzeitig statt. Während das Eisenoxid Sauerstoff abgibt und dadurch reduziert wird, nimmt der Kohlenstoff Sauerstoff auf und wird oxidiert. Dieser Vorgang wird deshalb *Redoxreaktion* genannt. Der Begriff ist aus den Worten *Re*duktion und *Ox*idation zusammengesetzt.

Vom Roheisen zum Stahl. Um ein Material zu erhalten, das sich gut verarbeiten lässt, muss man einen Teil des Kohlenstoffs aus dem Roheisen entfernen. Man gibt dazu das flüssige Eisen in einen riesigen Kübel, den Konverter (Abb. 2). In diesen Behälter ragt ein langes Rohr, aus dem Sauerstoff auf das Eisen geblasen wird. Der Sauerstoff reagiert mit dem überschüssigen Kohlenstoff. Dabei entsteht das Gas Kohlenstoffdioxid. Der Anteil von Kohlenstoff im Eisen sinkt auf 1,7 %. Eisen mit einem so geringen Kohlenstoffgehalt wird als *Stahl* bezeichnet. Stahl ist weder zu hart noch zu weich. Er ist ideal zur Weiterverarbeitung geeignet.

Stahllegierungen. Schmilzt man Stahl mit Metallen wie Chrom, Wolfram, Nickel oder Vanadium, wird der Stahl veredelt. Das Produkt ist eine Stahllegierung. Unterschiedliche Legierungen haben verschiedene Eigenschaften. Für die Speichen eines Fahrrades benötigt man z. B. einen elastischen Stahl. Für die Herstellung eines Schraubenschlüssels ist besonders harter Stahl notwendig. Edelstahl ist eine Stahllegierung, die nicht rostet. Edelstahl wird viel im Haushalt verwendet, zum Beispiel für Spülen, Töpfe und Bestecke. Die Prägung 18/8 auf Besteckteilen bedeutet, dass es sich um einen Stahl mit 18 % Chrom und 8 % Nickel handelt.

Merksatz

Eisen wird aus Eisenerz durch Erhitzen mit Koks im Hochofen gewonnen. Dabei findet eine Reduktion des Erzes statt. Zur Stahlherstellung wird ein Teil des im Roheisen enthaltenen Kohlenstoffs im Konverter zu Kohlenstoffdioxid oxidiert. Stahl kann mit anderen Metallen zu verschiedenen Stahllegierungen weiterverabeitet werden.

Abb. 2 Ein Konverter wird geleert

5 Menschen nutzen das Feuer

Bericht vom Hochofen 1921

Gleißend schießt der Strom flüssigen Eisens an den Männern vorbei durch die Abstichrinne. Das Durchstoßen des Abstichloches mit der schweren Eisenstange erforderte ihre volle Konzentration und Kraft. Unter ihrem tief heruntergezogenen Schlapphut tropft der Schweiß . Als weiteren Schutz gegen die sengende Hitze haben sie Handschuhe übergezogen. Ihre weiten Holzschuhe sind die einzigen Fußbedeckungen, die der Hitze standhalten. Direkt an der Rinne hat das Eisen eine Temperatur von etwa 1 700 °C. Alle zweieinhalb Stunden setzen sich die Männer der Hitze aus, den Spritzern des flüssigen Eisens und den Dämpfen, die ihnen fast den Atem nehmen. Nur wenige Zentimeter von der Glut entfernt stoßen sie kurze Zeit später den Stopfen zum Abdichten in das Abstichloch. Inzwischen haben andere Arbeiter das flüssige Eisen in die Sandformen geleitet. In diesen Formen erstarrt der wichtige Rohstoff. Nach acht Stunden ist die Schicht beendet. Die Männer gehen erschöpft nach Hause. Am nächsten Tag stehen sie wieder an ihrem „Ofen".

Abb. 3 Die Arbeit am Hochofen 1921

1 Hochofenabstich 1921 und heute

Lies die Texte in Abb. 3 und 4. Vergleiche die Arbeit früher und heute. Was hat sich bei der Arbeit am Hochofen geändert?

2 Gewinnung von Eisen

Du brauchst:

- Porzellantiegel (tiefe Form mit Deckel)
- Tiegelzange
- Gasbrenner
- Waage
- Mörser mit Pistill
- Dreifuß mit Tondreieck
- Holzkohle
- Rost oder Eisenoxid
- Druckflasche mit Sauerstoff
- Schutzbrille

Mische 6 g losen, zerkleinerten Rost mit 10 g gemahlener Holzkohle. Gib beides in einen Porzellantiegel, setze einen Deckel auf und erhitze dieses Gemisch erst mit schwächerer, dann mit der heißen Gasbrennerflamme. Mit der Tiegelzange kannst du nach wenigen Minuten den Deckel abnehmen. Wenn die Reaktion beendet ist, bleibt im Tiegel eine dünne Schicht Eisen zurück.

Welche chemische Reaktion hat hier stattgefunden? Schreibe die Reaktionsgleichung auf.

Abb. 4 Zentrale Steuerung eines Hochofens heute

Bericht vom Hochofen 2000

Nach dem Rauschen in der Halle umfängt mich Ruhe beim Betreten der Steuerwarte des Hochofens. Schaltpulte mit Monitoren bestimmen das Bild des Raumes. Auf den Computern erkenne ich eine schematische Darstellung des Ofens mit den Abläufen. Die Menschen beobachten vom gepolsterten Drehstuhl aus aufmerksam die Datenanzeigen. Da leuchtet eine rote Lampe auf. Eine Kühlwasserpumpe arbeitet nicht mit voller Kraft. Mithilfe des Computerprogramms wird eine Umleitung über eine Reservepumpe geschaltet. Monteure müssen in nächster Zeit die Reparatur durchführen. Dazu steigen sie in Schutzanzügen hinunter in den Hochofen. Sie finden einen Defekt an der Pumpe und reparieren sie. Der Computer steuert auch den Bohrer, mit dem gerade die Abstichöffnung für das Roheisen geöffnet wird. Das Eisen schießt - beobachtet von Videokameras - in den Auffangkanal. Der Kanal ist abgedeckt, die Luft darüber wird zur Reinigung abgesaugt. Nach sechs Stunden ist die Konzentration des Personals erschöpft. Der Schichtwechsel bringt ausgeruhte Arbeitskräfte.

Rostschutz

Du brauchst:

- Eisenblech (5 Stk., 5 x 10 cm)
- Scheuerschwamm
- Salatöl
- Grundierfarbe für Metall
- 2 Pinsel
- Lackspray (z. B. Autolack)
- Nagellack

Reinige die Oberflächen der Eisenbleche sehr sorgfältig mit einem Scheuerschwamm. Spüle die Blechstücke gut ab und trockne sie gründlich. Fasse dabei nicht auf die Flächen, um kein Hautfett zu hinterlassen. Die Stücke behandelst du wie folgt:

1: Bestreichen mit Salatöl
2: Anstrich mit einer Grundierfarbe
3: Ansprühen mit Lackspray
4: Anstrich mit Nagellack
5: Ohne Behandlung

Stelle die Bleche nebeneinander auf, lasse jeden Tag Wasser darüber laufen und beobachte mehrere Wochen lang. Fertige ein Protokoll dieses Experimentes an.

Aufgabe

Eisen rostet an der Luft ziemlich schnell. Zum Schutz der Oberfläche gibt es verschiedene Methoden. Wo in deiner Umgebung wird Eisen oder Stahl als Werkstoff benutzt? Schreibe die Verwendungen auf. Wie wird dabei jeweils die Oberfläche vor dem Rosten geschützt?

5.9 Kohlenstoffdioxid - ein Zukunftsproblem?

Das Gleichgewicht. Bei der Verbrennung von fossilen Brennstoffen wie Kohle, Erdöl und Erdgas entsteht Kohlenstoffdioxid. Für Pflanzen ist dieses Gas lebenswichtig. Sie nehmen während der Fotosynthese Kohlenstoffdioxid auf und bilden daraus Traubenzucker. Wenn durch die Verbrennung genauso viel Kohlenstoffdioxid gebildet wird, wie die Pflanzen aufnehmen, verändert sich der Kohlenstoffdioxid-Gehalt in der Atmosphäre nicht.

Das Problem. Die heute entstehenden riesigen Mengen von Kohlenstoffdioxid durch die Verbrennung fossiler Brennstoffe können von den Pflanzen nicht mehr aufgenommen werden. Die Folge: Man beobachtet seit mehr als 100 Jahren eine Zunahme dieses Gases in der Atmosphäre (Abb. 1). Kohlenstoffdioxid fördert nach Ansicht der meisten Wissenschaftler den *Treibhauseffekt*, der eine Erwärmung der Erde zur Folge hat (Abb. 1). Es ist nicht möglich genau vorherzusagen, wie stark die Temperaturen auf der Erde steigen werden. Aber schon geringe Temperaturerhöhungen von ein oder zwei Grad Celsius haben ungeheure Auswirkungen.

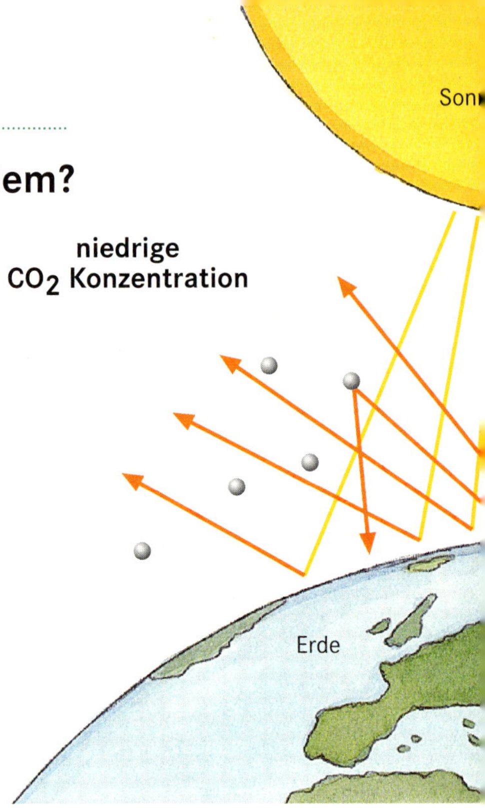

Abb.2 So entsteht der Treibhauseffekt

Mögliche Folgen. Durch höhere Temperaturen kann es zum Schmelzen von Polareis und Gletschereis kommen. Dadurch steigt der Meeresspiegel. Landstriche, die auf Meeresspiegelhöhe liegen, werden überflutet, die Gefahr von Sturmfluten steigt. Die höheren Temperaturen können dazu führen, dass sich Steppengebiete und Trockenzonen weiter ausdehnen. Missernten sind die Folge. Kältere Zonen werden wärmer; weltweit werden sich die klimatischen Bedingungen wie Niederschläge, Wind und Meeresströmungen ändern. Die Folgen davon sind nicht absehbar.

Abb. 1 Der Kohlenstoffdioxidgehalt und die Temperatur in der Atmosphäre nehmen zu. Die Abkürzung ppm stammt aus dem Englischen: „parts per million" und bedeutet millionstel Teil

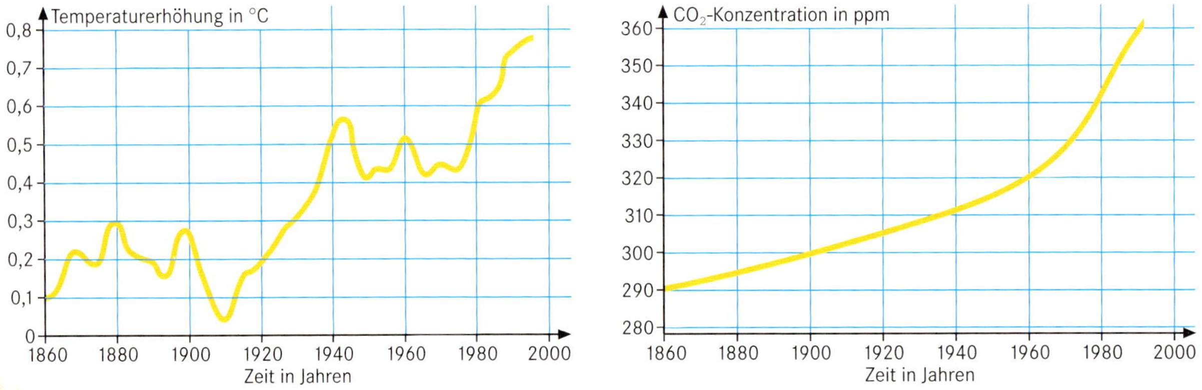

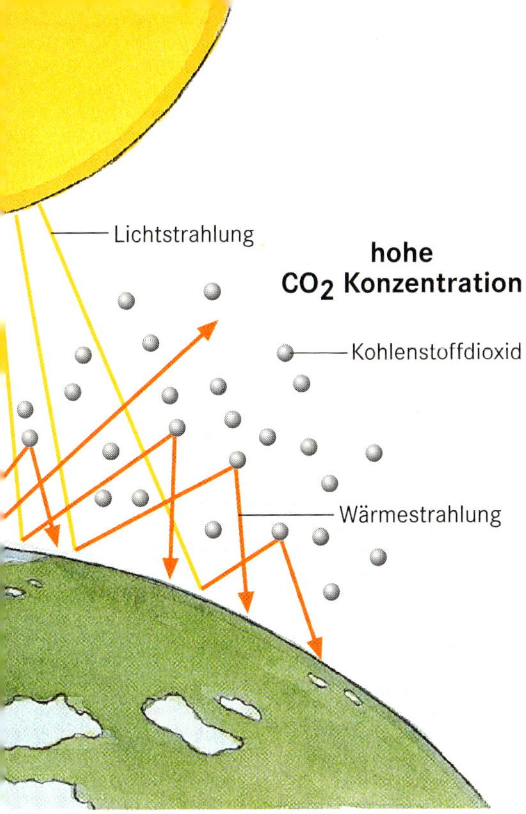

Was tun? Schon im Jahre 1992 gab es eine Konferenz in Rio de Janeiro, Brasilien, und 1997 eine weitere in Kyoto, Japan (Abb. 3). Dort wurde von Vertretern vieler Staaten zur Verminderung der Produktion von Kohlenstoffdioxid aufgerufen. Ein Erfolg ist aber bis heute nicht erkennbar. Es bleibt zu hoffen, dass angesichts der drohenden Gefahr die Verbrennung fossiler Brennstoffe stark eingeschränkt wird. Der Kohlenstoffdioxidgehalt in der Atmosphäre kann insbesondere dadurch gesenkt werden, dass wir in den Industrieländern Energie bei der Heizung und in Industriebetrieben einsparen und weniger Benzin verbrauchen.

Merksatz

Das bei der Verbrennung entstehende Kohlenstoffdioxid trägt zur Erwärmung der Atmosphäre bei. Die Folge sind schwerwiegende Änderungen beim Klima und bei der Tier- und Pflanzenwelt.

Ergebnisse der Weltklimakonferenzen von Rio und Kyoto

Die Industrieländer verpflichten sich die Emissionen der Treibhausgase zu verringern (Emission ist die Abgabe dieser Gase in die Umwelt). So soll die Bundesrepublik ihren Ausstoß von Kohlenstoffdioxid bis zu den Jahren 2008 - 2012 um 8 % reduzieren. Die 8 % sind bezogen auf die Kohlenstoffdioxidmenge von 1990. Die USA sollen ihre Treibhausgase um 7 % verringern. Russland und die Ukraine z. B. können ihre Emissionen beibehalten, in Australien und Island dürfen die Werte sogar steigen. In der Vereinbarung werden die Länder zudem verpflichtet, die weiteren an der weltweiten Erwärmung beteiligten Gase wie Methan, Distickstoffoxid und bestimmte Fluor- und Chlorgase nur in verringerten Mengen in die Umwelt abzugeben.
Weitere Details wurden im November 1998 auf dem Klimagipfel in Buenos Aires beschlossen. So kann ein Land, das nicht so viele Emissionen produziert, wie es darf, dieses Recht auf Abgabe weiterer Treibhausgase an einen anderen Staat verkaufen.
Viele Wissenschaftler bemängeln diese Möglichkeit, die nicht unbedingt zu einem schnellen Abbau der Emissionen führt. Positiv ist aber, dass sich die Staaten zusammengefunden und einen gemeinsamen Beschluss gefasst haben, der eine Abnahme der Treibhausgase vorsieht.

Abb. 3 Zeitungsartikel

Abb. 4

6.1 Brot

Abb. 1 Re**i**s, Rogg**e**n, **W**eizen, Ma**i**s, Haf**e**r, Hir**s**e, Ger**s**te?

1 Kennst du die Getreidearten?
Bringe die Getreidenamen in die Reihenfolge, in der die Getreidearten in Abb. 1 dargestellt sind. Die fettgedruckten Buchstaben in den Namen ergeben dann ein Wort. Es bezeichnet einen Stoff, der in allen Getreidearten vorhanden ist.

Mönche des Klosters Saint-Germain-des-Pres an Festtagen im 9. Jahrhundert	2 000 g
Gäste des Bischofs von Arles 1430	1 600 g
Klostermägde 1528	500 - 900 g
Preußisches Hausgesinde 1785	440 g
Soldaten der preußischen Armee 1813	1 029 g
Erwachsener in Deutschland 1998	220 g

Abb. 2 So viel Brot aßen unsere Vorfahren pro Tag

2 Wie viele verschiedene Brotsorten kennst du?
Schreibe zunächst alle Brot- und Brötchensorten auf, die du kennst. Vergleicht eure Ergebnisse miteinander und schreibt alle Sorten an die Tafel. Man kennt heute über 200 verschiedene Brot- und Brötchensorten. Wie viele davon habt ihr genannt?

3 Wie viel Brot täglich?
Fachleute für Ernährung empfehlen, täglich etwa 250 bis 300 g Brot zu essen. Vergleiche diesen Wert mit dem tatsächlichen Brotverzehr und mit dem Brotverzehr unserer Vorfahren (Abb. 2). Wie viele Scheiben Brot oder wie viele Brötchen isst man etwa, wenn man 300 g Brot zu sich nimmt?

4 Brotsorten im Vergleich
Für diesen Vergleich bringt jeder eine Scheibe Brot mit in den Unterricht. Schreibt die Tabelle aus der Abb. 3 in euer Heft. Untersucht in Partnerarbeit eure beiden Brotscheiben und tragt die Ergebnisse in eure Tabelle ein.

Sorte	Form	Farbe und Beschaffenheit der Kruste	Farbe des Brotinneren	Struktur des Brotinneren	Geschmack
Roggen-mischbrot	Kasten	Oben auf dem Brot befindet sich eine Kruste, sie ist knusprig, mittelbraun, glatt und glänzend, die Seiten sind hell und weich	hellgrau	locker, großporig, einheitliche Struktur	leicht säuerlich
...	...	...	...	...	...

Abb. 3 Untersuchung von Brot

Grassamen als Nahrung. Die Samen verschiedener Gräser gehörten schon immer zur Nahrung von Menschen. Die Samen waren sowohl nahrhaft als auch lange haltbar und daher ein idealer Vorrat für schlechte Jahreszeiten. Die Menschen beobachteten, dass an Stellen, an denen Samen auf den Boden verstreut wurden, später viel mehr Gräser wuchsen als vorher. Daraufhin begannen sie die Samen von Gräsern auszusäen. So konnten sie eine größere Menge Grassamen ernten. Im Laufe der Zeit wurden aus diesen Gräsern unsere verschiedenen *Getreidearten* gezüchtet. Im Vergleich mit den ursprünglichen Gräsern haben die gezüchteten Getreidearten viel mehr Samenkörner, die zudem viel größer werden. Für die Nahrungszubereitung zerrieben die Menschen früher die Samen zwischen flachen Steinen. Dieses grobe Mehl verrührten sie mit Wasser und machten den Brei dann mit Kräutern oder Früchten schmackhaft. Jahrhundertelang war solch ein Getreidebrei das Hauptnahrungsmittel der Menschen. Der englische Porridge, die Hafergrütze und die Buchweizengrütze in Nordeuropa sind Überbleibsel dieser ursprünglichen Breinahrung.

Vom Getreidebrei zum Brot. Das erste Brot erhielt man, als man den Getreidebrei in der Sonne auf erhitzten Steinen oder in heißer Asche trocknen ließ. Man bekam so eine Art Fladenbrot, das sehr lange haltbar, aber steinhart war. Wenn man es essen wollte, musste man es zerkleinern und die harten Brocken in Flüssigkeit einweichen. Wie man lockeres Brot backen kann, wurde vor etwa 3 000 Jahren in Ägypten wahrscheinlich so entdeckt: Eine Frau hatte angerührten Brotteig in einem Topf stehen lassen. Als sie nach mehreren Tagen wieder in den Topf guckte, war der Teig aufgetrieben und sauer geworden. Trotzdem backte die Frau daraus Brot. Sie war erstaunt über das lockere und wohlschmeckende Brot, das sie so erhielt: das erste *Sauerteigbrot*. Von den Ägyptern lernten die Griechen und von ihnen die Römer das Brotbacken. Diese verbreiteten die Kunst des Brotbackens in ihren verschiedenen Provinzen, auch in Germanien.

Merksatz

Getreide wurde aus Gräsern gezüchtet. Brotteig besteht im Wesentlichen aus Mehl und Wasser. Schon vor 3 000 Jahren wurde in Ägypten Brot gebacken.

Abb. 4 Eine kurdische Frau in der Türkei beim Brotbacken

6.2 Vollkornmehl und Auszugsmehl

Unser Brotgetreide. Brot ist eines unserer wichtigsten Grundnahrungsmittel. Man sollte 20-25 % des täglichen Energiebedarfs mit Brot decken. Das sind etwa 250-300 g Brot. Brot liefert uns Nährstoffe, Mineralsalze, Vitamine und Ballaststoffe. Für den Geschmack und die Qualität eines Brotes ist das verwendete Mehl von entscheidender Bedeutung. Vorwiegend werden Weizenmehl und Roggenmehl oder Mischungen beider Mehle zum Brotbacken verwendet. Auch wenn es „Hirsebrot“, „Haferbrot“ oder „Gerstenbrot“ heißt, sind die Brote hauptsächlich aus Weizenmehl oder Roggenmehl gebacken.

Auszugsmehl und Vollkornmehl. Entscheidend für die Qualität eines Brotes ist, wie das Getreide verarbeitet wird. Nach dem Reinigen und Trocknen wird das Getreide gemahlen. Beim Mahlen können die Randschichten und der Keimling des Getreidekorns entfernt werden, sodass fast nur noch der Mehlkörper übrig bleibt (Abb. 1). Das Mehl, das man so erhält, nennt man *Auszugsmehl*. Es ist weiß. Da der leicht verderbliche, fettreiche Keimling nicht mitgemahlen wurde, kann man es lange lagern. Mit dem Abtrennen der Randschichten und des Keimlings sind jedoch viele Mineralsalze, Vitamine und Ballaststoffe des Getreidekorns verloren gegangen.
Wenn man Getreide mit den Randschichten und dem Keimling mahlt, erhält man *Vollkornmehl*. Dieses Mehl enthält alle Bestandteile des ganzes Getreidekorns. Da auch die bräunlichen Frucht- und Samenschalen mitgemahlen werden, ist Vollkornmehl nicht ganz weiß. Die Typenzahl eines Mehls auf der Verpackung (Abb. 1) informiert den Verbraucher über den Mineralsalzgehalt des Mehls. Die Zahl gibt an, wie viel Milligramm Mineralsalze in 100 g Mehl enthalten sind.

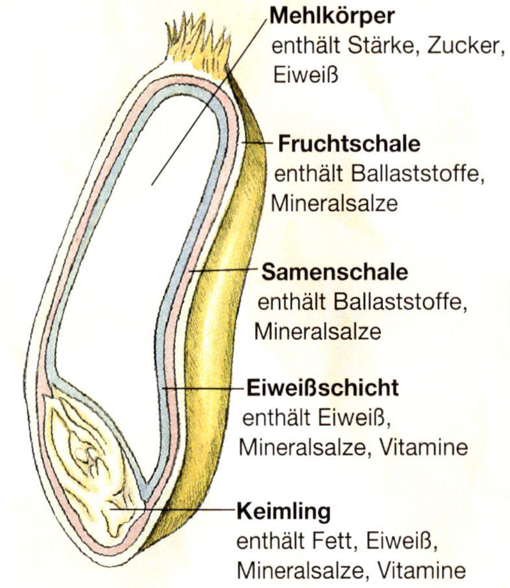

Weizenvollkornmehl
Vollkornmehle haben keine Typen-Nummer, da sie alle Bestandteile des ganzen Korns enthalten. Der Gehalt der Getreidekörner an Mineralsalzen kann je nach Wachstumsbedingungen etwas schwanken.

Auszugsmehl Type 1050
Mehl aus dem Mehlkörper, der Eiweißschicht und Teilen der Samenschale; in 100 g Mehl sind 1050 mg Mineralsalze enthalten.

Auszugsmehl Type 405
Mehl hauptsächlich aus dem Mehlkörper und Resten der Eiweißschicht; in 100 g Mehl sind 405 mg Mineralsalze enthalten.

Abb. 1 Aufbau eines Weizenkorns und die daraus hergestellten Mehlsorten

Ist ein Sechskornbrot ein Vollkornbrot? Vollkornbrote werden aus Vollkornmehl gebacken. Sie enthalten alle Inhaltsstoffe des ganzen Getreidekorns. Daher sollte man Vollkornbrot anderen Broten vorziehen. Aber beim Griff zum Vollkornbrot kann man sich leicht täuschen (Abb. 2). Bei Brotnamen wie Sechskornbrot oder Mehrkornbrot glaubt man leicht, dass es sich bei diesen Brotsorten um Vollkornbrot handelt. Doch solche Körnerbrote werden oft nur aus Auszugsmehl gebacken. Die Körner werden in den Teig eingestreut und machen nur einen geringen Anteil des Brotes aus. Außerdem bedeutet Vollkornbrot nicht, dass das Brot ganze Körner enthalten muss. Auch Vollkornmehl kann ganz fein gemahlen werden. Wenn aus solch feinem Vollkornmehl Brote oder Brötchen gebacken werden, können diese genauso weich und saftig sein, wie die aus Auszugsmehl. Wenn man zu dunklem Brot greift, weil man glaubt, dass die dunkle Farbe vom Vollkornmehl herrührt, kann man sich ebenfalls täuschen. Dunkles Brot muss nicht unbedingt Vollkornbrot sein. Brot aus Weizenauszugsmehl wird oft durch die Zugabe von Zuckercouleur dunkel gefärbt.

Abb. 2 Erkennst du das Vollkornbrot?

Kennzeichnung. Wie alle Lebensmittel sollte Brot eigentlich gekennzeichnet sein. Die Kennzeichnung ist aber nur bei verpacktem Brot vorgeschrieben (Abb. 3). Bei unverpacktem Brot vom Bäcker ist diese Kennzeichnung nicht vorgeschrieben. Aber der Kunde kann die Zutatenliste vom Verkaufspersonal erbitten.

Abb. 3 Kennzeichnung von verpacktem Brot

Backmischungen. Viele Bäcker verwenden heutzutage zum Backen Backmischungen. Diese enthalten bereits alle haltbaren Zutaten, die für ein bestimmtes Gebäck benötigt werden. Oft muss nur noch Wasser, Ei oder Fett zu der Backmischung gegeben werden. So kann der Bäcker viele verschiedene Brote und Brötchen in kurzer Zeit herstellen. Aber gerade in Backmischungen sind oft Zusatzstoffe enthalten. Diese bewirken zum Beispiel, dass der Teig besser aufgeht oder dass das Brot länger frisch und haltbar bleibt. Da Brot vom Bäcker nicht gekennzeichnet sein muss, ist für den Kunden nicht zu erkennen, ob das Brot Zusatzstoffe enthält. So kann er sich nur schwer vor Stoffen schützen, die er z. B. aufgrund einer Allergie nicht essen darf.

Merksatz

Weizen und Roggen sind unser Brotgetreide. Es wird zu Vollkornmehl und zu Auszugsmehl verarbeitet. Vollkornmehl enthält alle Bestandteile des Getreidekorns. Backmischungen können Zusatzstoffe enthalten, die das Brot z. B. länger haltbar machen.

6.3 Beim Brotbacken verkleistert Stärke

Abb. 2 Mehl mikroskopieren

1 Mehl in Wasser

Du brauchst:
- Mehl
- Teelöffel
- Wasser
- Heizplatte
- Thermometer
- 3 Bechergläser (250 ml)
- Glasplatte (20 x 20 cm)

Verrühre in drei Bechergläsern je einen Teelöffel Mehl mit 100 ml Wasser. Erhitze unter ständigem Rühren eine dieser Mehlaufschwemmungen auf 50 °C und eine andere auf 100 °C. Gib jeweils einen Teelöffel aus jedem Becherglas auf die Glasplatte (Abb. 1). Vergleiche die drei Flüssigkeiten auf der Glasplatte. Beschreibe die Unterschiede.
Lasse die drei Bechergläser etwa 10 Minuten ruhig stehen. Vergleiche sie dann und male die Seitenansicht der Bechergläser in dein Heft.

Abb. 1 Eine Mehlaufschwemmung untersuchen

2 Mehl mikroskopieren

Du brauchst:
- Mehl
- Teelöffel
- Iod-Kaliumiodid-Lösung
- Pipette
- Becherglas, 100 ml
- Objektträger
- Deckgläser
- Mikroskop
- Heizplatte
- Thermometer
- Gefäß mit Wasser

Verrühre im Becherglas einen Teelöffel Mehl mit 50 ml Wasser. Gib einige Tropfen Iod-Kaliumiodid-Lösung dazu, sodass sich die Flüssigkeit violett färbt. Gib einen Tropfen dieser Flüssigkeit auf einen Objektträger, lege ein Deckglas auf und betrachte die Flüssigkeit mit dem Mikroskop. Zeichne das mikroskopische Bild in dein Heft (Abb. 2).
Erhitze die Flüssigkeit im Becherglas unter Rühren bis zum Kochen. Stelle das Becherglas in ein Gefäß mit kaltem Wasser, sodass die Flüssigkeit auf ca. 20 °C abkühlt. Gib nochmal einige Tropfen Iod-Kaliumiodid-Lösung dazu, bis wieder eine violette Färbung auftritt. Mikroskopiere einen Tropfen dieser Flüssigkeit und zeichne das Bild.
Welche Unterschiede erkennst du zwischen nicht gekochtem und gekochtem Mehl?
Hinweis: Iod-Kaliumiodid-Lösung färbt Stärke im kalten Zustand violett. Bei Wärme verschwindet die Färbung.

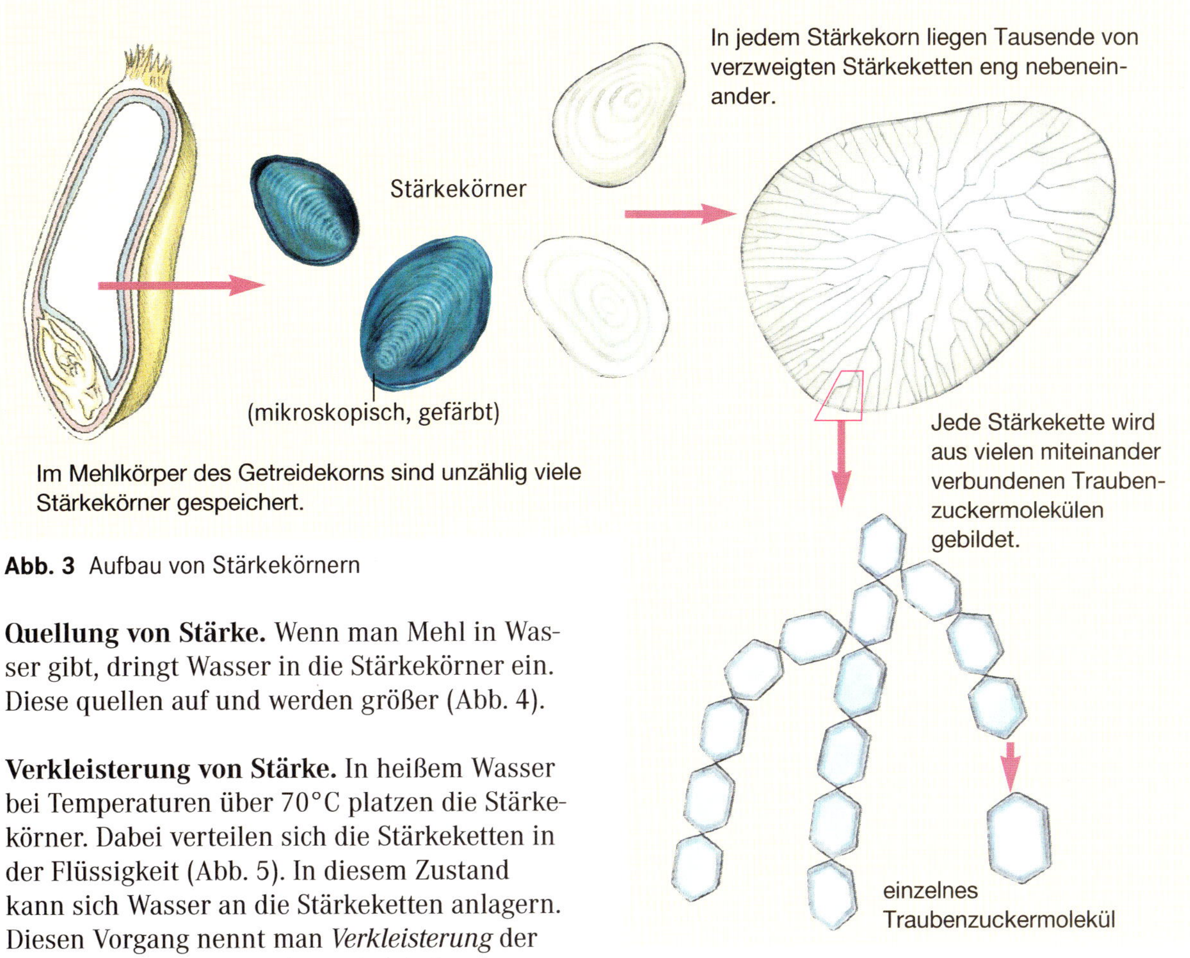

Abb. 3 Aufbau von Stärkekörnern

Quellung von Stärke. Wenn man Mehl in Wasser gibt, dringt Wasser in die Stärkekörner ein. Diese quellen auf und werden größer (Abb. 4).

Verkleisterung von Stärke. In heißem Wasser bei Temperaturen über 70 °C platzen die Stärkekörner. Dabei verteilen sich die Stärkeketten in der Flüssigkeit (Abb. 5). In diesem Zustand kann sich Wasser an die Stärkeketten anlagern. Diesen Vorgang nennt man *Verkleisterung* der Stärke, denn die Flüssigkeit wird dadurch kleisterartig. Wenn die Flüssigkeit danach wieder abkühlt, bleibt das Wasser an den Stärkeketten gebunden. Die Flüssigkeit bleibt dickflüssig. Die Verkleisterung von Stärke ist für das Backen von Brot und Kuchen ein wichtiger Vorgang. Auch beim Kochen von Pudding oder beim Andicken von Soßen und Suppen macht man sich diese Eigenschaft der Stärke zunutze.

Merksatz

Stärkekörner quellen in kaltem Wasser auf. In heißem Wasser platzen sie. Dabei verteilen sich die Stärkeketten in der Flüssigkeit und lagern viel Wasser an. Die Stärke verkleistert, die Flüssigkeit wird dickflüssig.

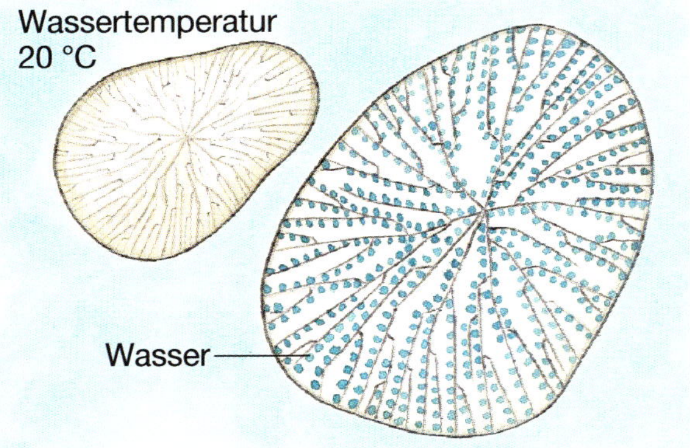

Abb. 4 Stärkekörner vor und nach der Quellung

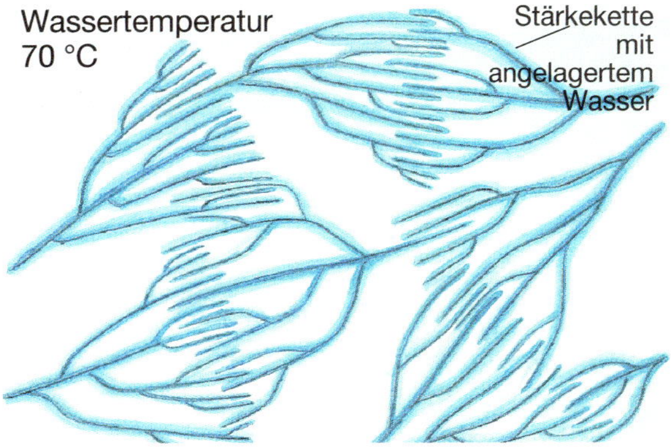

Abb. 5 In heißem Wasser verkleistert die Stärke

6.4 Mit Hefe wird Brot locker

Backhefe. Wenn man ein lockeres Brot backen will, braucht man ein Mittel, das den Teig lockert. Dazu kann man Sauerteig oder Hefe verwenden. Hefe bekommt man in Lebensmittelgeschäften in Form kleiner Würfel oder getrocknet in Tüten (Abb. 1). Während frische Hefe nur zwei bis drei Wochen im Kühlschrank aufbewahrt werden kann, ist Trockenhefe zwei Jahre ungekühlt haltbar.

Steckbrief: Hefe. In einem Hefewürfel mit den Kantenlängen von 2 x 2 x 4 cm sind etwa eine Milliarde lebender Hefezellen zusammengepresst. Hefezellen sind Lebewesen, die nur aus einer einzigen Zelle bestehen. Sie ernähren sich von Zucker, den sie über die Zellmembran aufnehmen. Der Zucker wird zu Alkohol und Kohlenstoffdioxid abgebaut. Diese für sie nicht verwertbaren Stoffe gibt die Hefezelle über die Zellmembran nach außen in die Umgebung ab (Abb. 2). Hefezellen können sich schnell vermehren. Wenn eine Hefezelle eine bestimmte Größe erreicht hat, verdoppelt sich zunächst der Zellkern. An der Oberfläche der Hefezelle wird eine kleine Ausstülpung sichtbar (Abb. 3). Diese wird schnell größer. Sie trennt sich von der Zelle ab, wenn sie etwa halb so groß geworden ist wie ihre Ausgangszelle. In jeder Tochterzelle befindet sich nach der Teilung ein Zellkern. Unter günstigen Lebensbedingungen kann sich so die Zahl der Hefezellen in etwa drei Stunden verdoppeln.

Abb. 1 Hefe gibt es frisch oder getrocknet

Hefezellen beim Backen. Zum Brotbacken werden Mehl, Wasser und Hefe miteinander verrührt. Nach dem Anrühren muss der Teig einige Zeit an einem warmen Ort ruhen. In dieser Zeit verarbeiten die *Hefezellen* den Zucker, der im Mehl in geringen Anteilen enthalten ist, und sie beginnen sich zu vermehren (Abb. 2). Um für die Hefezellen gute Lebensbedingungen zu schaffen, kann man in den Teig einen Teelöffel Zucker geben. Aber Vorsicht, zu viel Zucker schädigt sie. Die Gasbläschen des Kohlenstoffdioxids, die von den Hefezellen abgeben werden, können aus dem zähen Teig nicht entweichen und treiben ihn auf. Man sagt, der Teig geht auf. So wird das Brot schön locker und porös. Der von den Hefezellen abgegebene Alkohol verdampft bei 78 °C, deshalb kann man ihn im fertig gebackenen Brot nicht mehr schmecken. Durch die hohe Temperatur beim Backen werden die Hefezellen abgetötet.

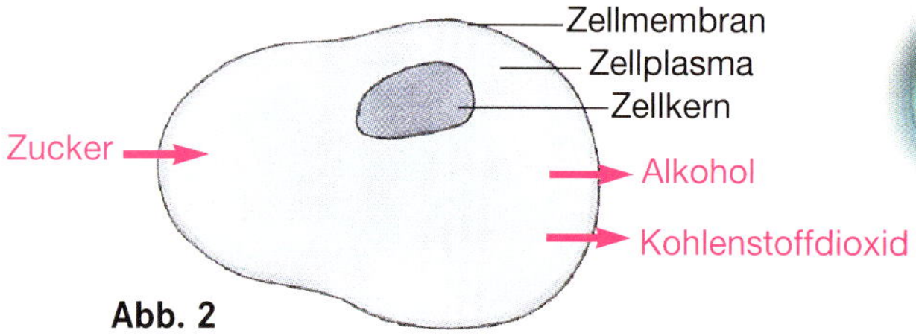

Abb. 2

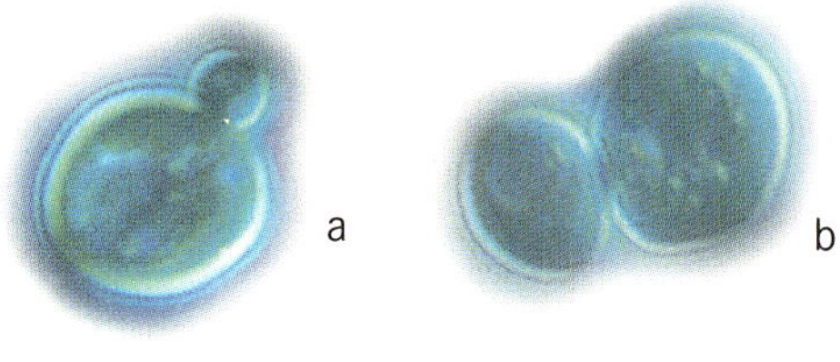

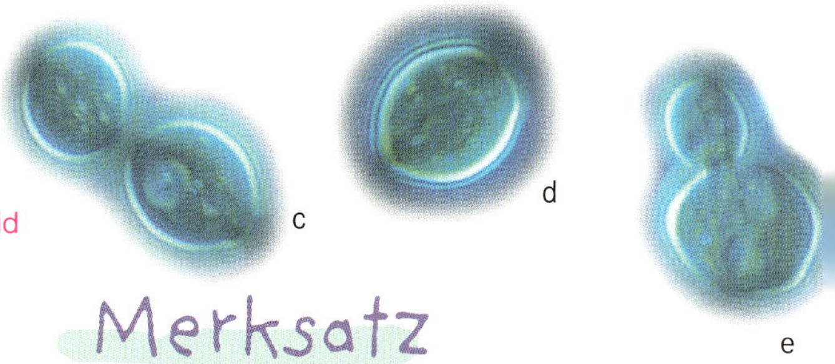

Abb. 3 Hefezellen (gefärbt) teilen sich

Merksatz

Hefezellen sind einzellige Lebewesen. Sie ernähren sich von Zucker und bauen ihn zu Alkohol und Kohlenstoffdioxid ab. Die Gasbläschen des Kohlenstoffdioxid treiben den

1 Wirkung von Hefe

Du brauchst:
- 2 Bechergläser (1000 ml)
- 2 Bechergläser (250 ml)
- 1 Würfel Hefe
- Weizenmehl
- Zucker
- 30 °C warmes Wasser

Verrühre im kleinen Becherglas 1/4 Würfel Hefe mit einem Esslöffel warmen Wasser. Gib drei Esslöffel Weizenmehl und einen halben Teelöffel Zucker dazu. Knete daraus einen Teigkloß.
Knete einen zweiten Teigkloß aus den gleichen Zutaten aber ohne Hefe. Fülle die beiden großen Bechergläser zu 2/3 mit 30 °C warmem Wasser. Gib die beiden Teigklöße zur gleichen Zeit in die Bechergläser. Beobachte 15 Minuten lang. Schreibe deine Beobachtungen auf und erkläre sie.

2 Hefezellen teilen sich

In Abb. 3 siehst du mikroskopische Aufnahmen von Hefezellen, die sich teilen. Die Hefezellen wurden mit einem Farbstoff blau gefärbt. Bringe die Abbildungen in die richtige Reihenfolge, sodass daraus der Ablauf der Teilung deutlich wird.

3 Geht der Hefeteig auf?

In einem Versuch wurden die in Abb. 4 angegebenen Zutaten in je einem Erlenmeyerkolben miteinander zu einem Teig verrührt und in ein Wasserbad bei 30 °C gestellt. Nur Ansatz 1 wurde in den Kühlschrank gestellt. In Abb. 5 ist das Ergebnis von zwei Ansätzen nach 20 Minuten abgebildet. Leider wurden die Erlenmeyerkolben nicht beschriftet. Zu welchen Ansätzen könnten die beiden Erlenmeyerkolben gehören? Begründe deine Entscheidung.

4 Mit welchen Versuchen würdest du die Fragen klären?

Plane Versuchsdurchführungen, um folgende Fragen zu untersuchen, und führe einen Versuch durch.

A: Hefezellen sind lebende Zellen. Bei welcher Temperatur werden sie abgetötet?

B: Werden Hefezellen geschädigt, wenn man sie einfriert?

C: Bei welcher Zuckerkonzentration werden Hefezellen geschädigt?

D: Kann man einen Teig aus Roggenmehl mit Hefe locker machen?

Abb. 5

Ansatz	Hefe	Wasser	Zucker	Mehl	Temperatur
1	5 g	50 ml (5 °C)	1/2 Teelöffel	1 Esslöffel	Kühlschrank (5 °C)
2	5 g	50 ml (100 °C)	1/2 Teelöffel	1 Esslöffel	Wasserbad (30 °C)
3	5 g	50 ml (30 °C)	1/2 Teelöffel	1 Esslöffel	Wasserbad (30 °C)
4	–	50 ml (30 °C)	1/2 Teelöffel	1 Esslöffel	Wasserbad (30 °C)
5	5 g	–	1/2 Teelöffel	1 Esslöffel	Wasserbad (30 °C)
6	5 g	50 ml (30 °C)	–	1 Esslöffel	Wasserbad (30 °C)

Abb. 4 Zutaten der verschiedenen Hefeteigansätze

6.5 Veränderungen von Klebereiweiß und Stärke beim Brotbacken

Mehl enthält Klebereiweiß und Stärke. Wenn man Weizenmehl in einem Tuch unter fließendes Wasser hält, spült man die Stärke heraus. Zurück bleibt eine zusammenhängende Masse, die zäh und elastisch ist: das *Klebereiweiß*. Im Mehl bildet das Klebereiweiß die Grundmasse. Darin sind die Stärkekörner fein verteilt. Beim Brotbacken wird durch das Rühren und Kneten Luft in den Teig eingearbeitet. Außerdem bilden die Hefezellen Kohlenstoffdioxid. Die Gase können aus dem zähen Teig nicht entweichen. Sie treiben den Teig auf und machen ihn locker.

Quellung von Klebereiweiß. Klebereiweiß hat die Eigenschaft Wasser anzulagern. Es quillt dabei auf. Dies geschieht beim Vermischen und Kneten der Zutaten und während der Teigruhe (Abb. 1).

Gerinnung des Klebereiweißes. Beim Backen steigt die Temperatur im Brotteig auf über 100 °C an. Wie fast jedes Eiweiß gerinnt auch Klebereiweiß bei Temperaturen über 50 °C. Dabei gibt es das vorher bei der Quellung gebundene Wasser wieder ab (Abb. 1).

Verkleisterung der Stärke. Bei Temperaturen über 70 °C platzen die Stärkekörner. Die Stärkeketten verteilen sich dabei im Brotteig und lagern Wasser an, das beim Gerinnen des Klebereiweißes abgegeben wurde. Geronnenes Klebereiweiß und verkleisterte Stärke werden im Brot zu einem stabilen Gerüst. Dieses schließt die Gasbläschen ein (Abb. 1).

Merksatz

Beim Backen gerinnt das Klebereiweiß des Mehls, die Stärke verkleistert. So entsteht ein stabiles Gerüst im Brot. Durch die eingeschlossenen Gasbläschen wird das Brot locker.

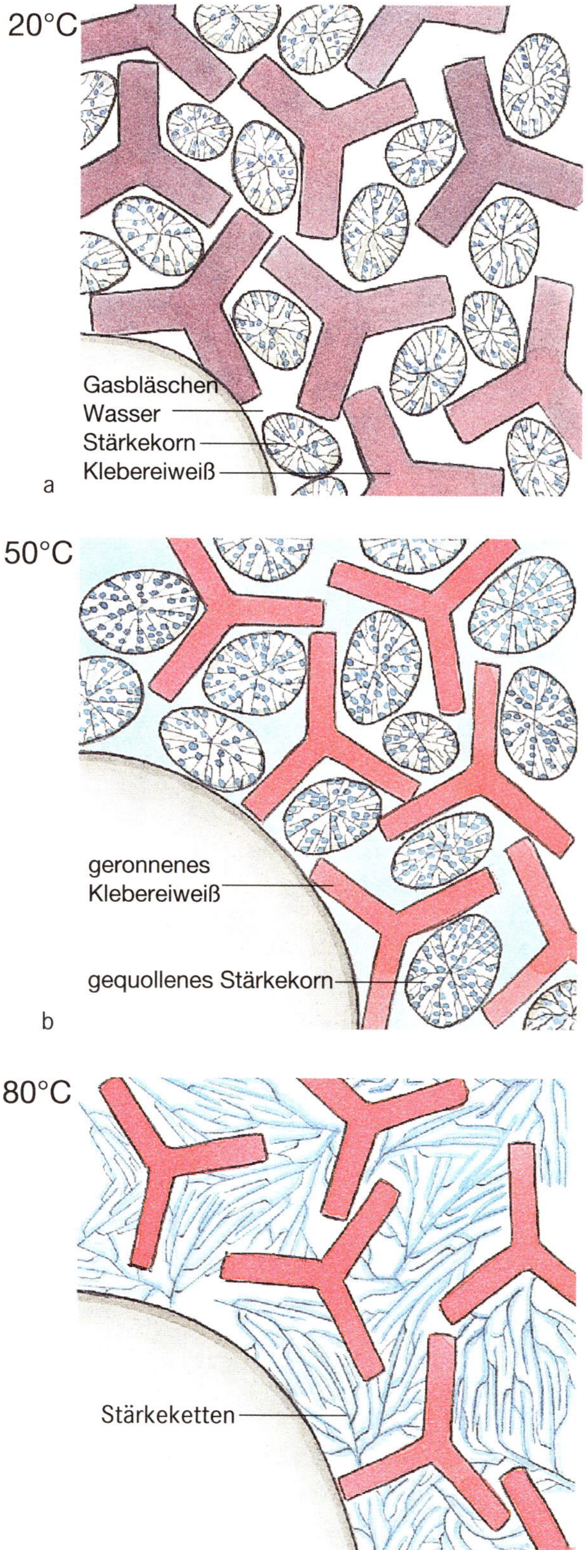

Abb. 1 Die Veränderungen von Klebereiweiß und Stärke bei der Teigherstellung und beim Backen

1 Brotbacken

Backe nach der folgenden Backanleitung Brötchen:

Backanleitung	Beobachtungen
1 650 g Weizenvollkornmehl, 450 ml warmes Wasser, 1 Teelöffel Zucker und 40 g Hefe gut vermischen und kneten.	Es bildet sich eine einheitliche zusammenhängende, dehn- und formbare Masse
2 Den Teig mit einem Handtuch zudecken und 30 Minuten warm stellen.	Der Teig geht auf und wird porös. Die Temperatur beträgt 30 °C.
3 Den Teig nochmals gut durchkneten, Brötchen formen und 30 Minuten warm stellen.	Der Teig geht auf und wird porös. Die Temperatur beträgt 30 °C.
4 Die Brötchen bei 220 °C im Backofen backen. Backzeit: 30 bis 40 Minuten.	Der Teig geht noch etwas auf. Die Temperatur steigt im Inneren des Brötchens auf 80 °C bis 100 °C . Die Oberfläche des Brötchens bildet eine braune Kruste.

2 Vorgänge beim Brotbacken

Die Vorgänge, die beim Brotbacken ablaufen, sind unter den Buchstaben A bis I aufgeschrieben. Welche Vorgänge gehören zu den Schritten 1 bis 4 der Backanleitung in Aktion 1?
Beachte, dass zu jeder Zahl mehrere Buchstaben gehören können.

A Die im Teig ein geschlossenen Gasbläschen dehnen sich aus.	B Die Hefezellen vermehren sich und sind weiter aktiv.	C Viele Stärkekörner platzen. Die langen Stärkeketten verteilen sich in der Flüssigkeit und lagern Wasser an.
D Der Alkohol verdampft bei 78 °C. Das Klebereiweiß gerinnt und gibt dabei Wasser ab.	E Die Stärke verkleistert.	F Das Klebereiweiß und die Stärkekörner des Mehls quellen auf.
G Die Hefezellen beginnen in der Wärme den Zucker zu verarbeiten.	H Wenn die Temperatur noch höher steigt, werden die Hefezellen inaktiv und sterben ab.	I Es entsteht Kohlenstoffdioxid und Alkohol. Die Gasblasen des Kohlenstoffdioxids treiben den Teig auf und lockern ihn.

A

6.6 Von der Rohmilch zur Trinkmilch

1 **Aufgabe**

Abb. 1 zeigt den Weg von der Rohmilch zu den verschiedenen Milchsorten, die im Handel angeboten werden. Beschreibe anhand der Abbildung die Herstellung von pasteurisierter Vollmilch und von teilentrahmter H-Milch.

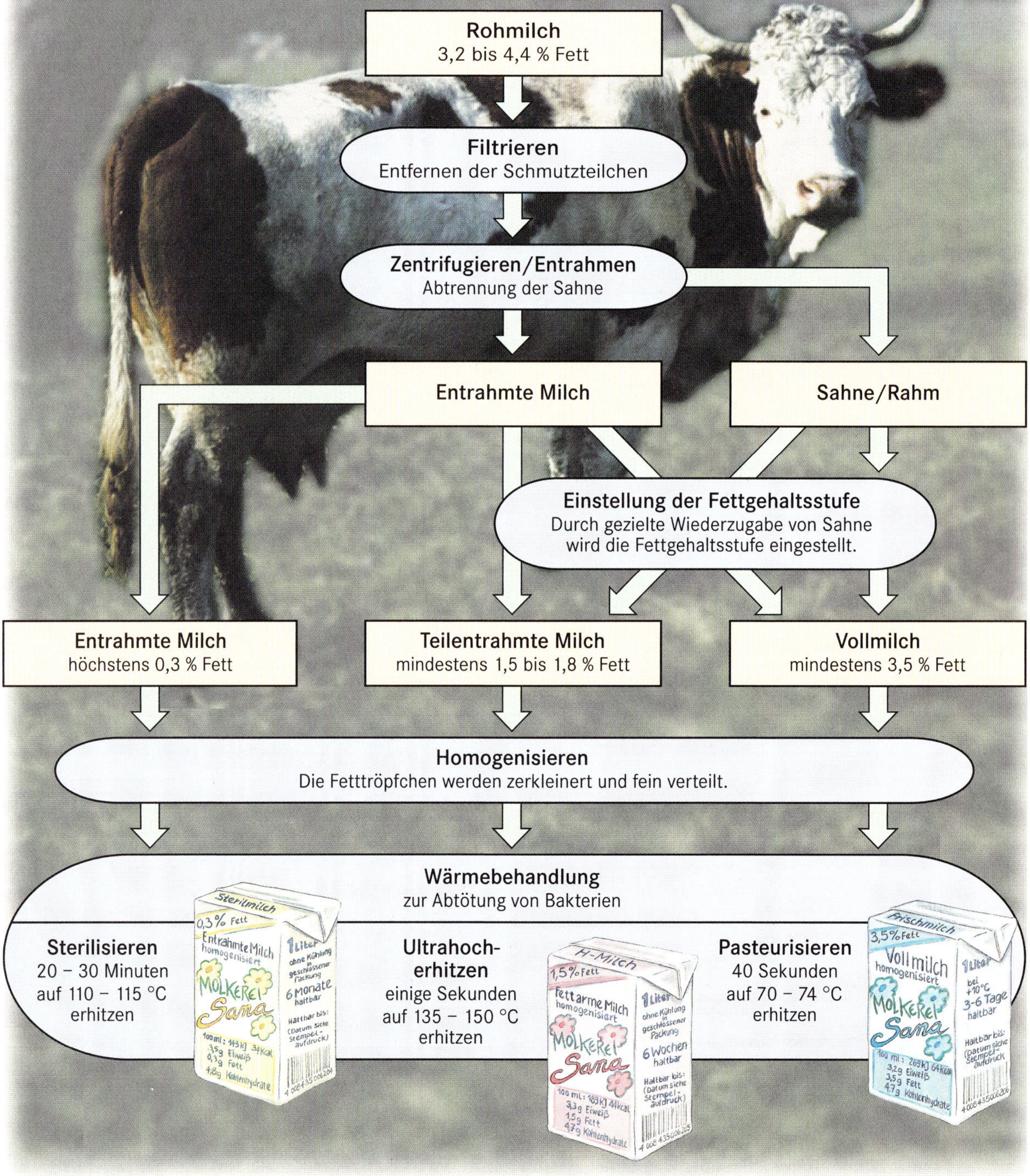

Abb. 1 Milchverarbeitung

2 Vergleich der Nährwerte

Vergleiche die Zusammensetzung unterschiedlicher Milchsorten (Abb. 1). Erkläre, wie die Unterschiede zustande kommen. Stelle fest, welche sonstigen Angaben auf den Milchpackungen stehen.

3 Modellversuch zum Homogenisieren

Du brauchst:
- 2 Gläser mit Schraubdeckel
- Wasserzerstäuber für Blumen
- Speiseöl
- Wasser

Gib in die beiden Gläser jeweils 100 ml Wasser und 10 ml Öl. Verschließe beide Gläser mit dem Schraubdeckel und schüttle sie gleich kräftig. Gieße danach den Inhalt des einen Glases sofort in den Wasserzerstäuber und spritze die Mischung in das Glas zurück (Abb. 2). Stelle beide Gefäße nebeneinander und beobachte. Beschreibe und erkläre deine Beobachtung mithilfe der Abb. 3.

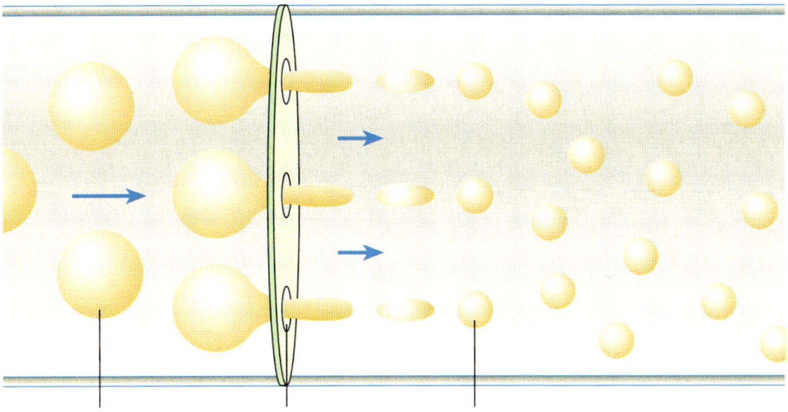

Abb. 3 Schematische Darstellung des Homogenisierens

4 Wassergehalt der Milch

Du brauchst:
- große, flache Schale
- Trockenschrank
- Waage
- 100 ml Milch

Gib 100 ml Milch in die Schale. Wiege die Schale mit der Milch und notiere das Gewicht. Stelle die Schale 12 Stunden lang in den Wärmeschrank bei 80 °C, bis das Wasser aus der Milch verdampft ist. Wiege dann die Schale mit dem trockenen Milchrückstand. Berechne, wie viel Wasser in 100 ml Milch enthalten ist.

5 Geschmackstest

Du brauchst:
- Trinkgläser
- H-Milch (3,5 % Fett)
- H-Milch (1,5 % Fett)
- pasteurisierte Vollmilch (3,5 % Fett)
- pasteurisierte Milch (1,5 % Fett)
- kakaohaltiges Getränkepulver
- Klebeetiketten

Kennzeichne die Gläser mit Etiketten und Nummern. Fülle von jeder Milchsorte 50 ml in ein Glas. Notiere die Nummern und die dazugehörige Milchsorte. Stelle fest, ob deine Mitschüler und Mitschülerinnen die verschiedenen Milchsorten am Geschmack erkennen. Stelle aus den verschiedenen Milchsorten Kakaogetränke her. Können deine Mitschüler und Mitschülerinnen schmecken, aus welcher Milchsorte das Kakaogetränk hergestellt wurde?

Abb. 2 Homogenisieren

6.7 Milch liefert dem Körper wertvolle Stoffe

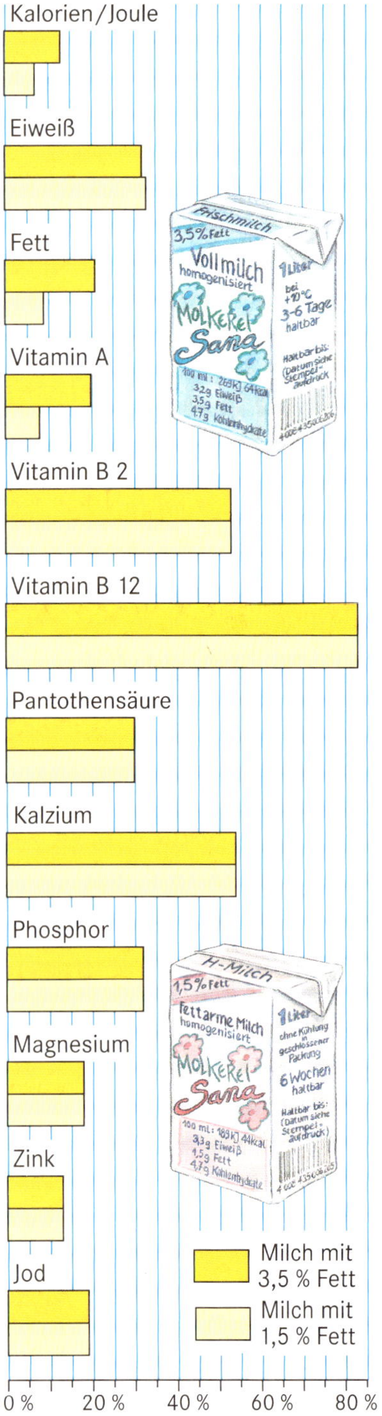

Abb. 1 Inhaltsstoffe von Vollmilch (3,5 % Fett) und teilentrahmter Milch (1,5 % Fett); die Angaben zeigen, wie viel Prozent des täglichen Bedarfs Jugendlicher mit einem halben Liter Milch gedeckt werden.

1 Milch hat's

Werte Abb. 1 aus. Was ist hier dargestellt? Beschreibe, wie sich Milch mit einem Fettgehalt von 1,5 % von Vollmilch unterscheidet.
Wie viel Liter Milch muss ein Jugendlicher trinken, um damit seinen täglichen Eiweißbedarf zu decken?
Welche Milchsorte würdest du bevorzugen, um deinen täglichen Nährstoffbedarf zu decken? Begründe deine Wahl.

2 Kalzium

Lies in einem Lexikon nach, welche anderen Lebensmittel außer Milch und den verschiedenen Milchprodukten viel Kalzium enthalten.

3 Eiweiß in der Milch

Du brauchst:
- Vollmilch
- Speiseessig
- Indikatorpapier
- 2 Rundfilter
- 2 Trichter
- Erlenmeyerkolben
- 2 Bechergläser
- Eiweiß-Teststäbchen
- Thermometer
- Heizplatte

Gib in ein Becherglas 100 ml Milch und füge tropfenweise Speiseessig zu, bis der Säurewert etwa 5 beträgt. Prüfe den Säurewert mit Indikatorpapier. Filtriere die Milch jetzt in ein zweites Becherglas. Prüfe den Rückstand und das Filtrat mit den Teststäbchen auf Eiweiß. Das Filtrat nennt man Molke, den Rückstand im Filter Kasein.
Erhitze die Molke vorsichtig. Beobachte und stelle mit einem Thermometer fest, bei welcher Temperatur du Veränderungen erkennst (Abb. 2). Filtriere die gekochte Molke in einen Erlenmeyerkolben. Prüfe den Rückstand und das Filtrat mit einem Teststäbchen auf Eiweiß. Eiweiße gerinnen bei Hitze und durch Säuren. Wie unterscheiden sich Kaseineiweiß und Molkeeiweiß?

Abb. 2 Was passiert mit der Molke?

Milch ist ein wichtiger Kalziumlieferant. Das in der Milch enthaltene Kalzium ist ein wichtiges Mineralsalz für den Aufbau von Knochen und Zähnen. Die Festigkeit der Knochen und Zähne ist direkt abhängig von ihrem Kalziumgehalt. Außerdem ist Kalzium für die Blutgerinnung sowie für die Funktion von Muskeln und Nerven unentbehrlich. Dafür muss im Blut immer eine bestimmte Menge an Kalzium vorhanden sein. Wenn nicht genügend Kalzium mit der Nahrung aufgenommen wird, entnimmt der Körper den Knochen und Zähnen dieses Mineralsalz. Geschieht dies über einen längeren Zeitraum, verlieren die Knochen und Zähne ihre Festigkeit und werden brüchig. Die Festigkeit der Knochen im Alter hängt davon ab, ob der Körper während der Zeit des Knochenaufbaus in Kindheit und Jugend ausreichend mit Kalzium versorgt wurde. Deshalb sollten Kinder und Jugendliche täglich 1,2 g Kalzium aufnehmen, Erwachsene 800 mg. In einem Liter Milch sind 1,2 g Kalzium enthalten. Milch und Milchprodukte sind die wichtigsten Kalziumlieferanten für den Menschen. Außerdem enthält Milch Phosphat, das zusammen mit Kalzium für die Knochenstabilität wichtig ist.

Milch ist ein wichtiger Eiweißlieferant. In einem Liter Milch sind 35g Eiweiß enthalten. Der Körper braucht das Eiweiß aus der Nahrung, um daraus körpereigenes Eiweiß aufzubauen. Das Eiweiß aus der Milch kann dazu vom Körper besonders gut verwertet werden. Milcheiweiß besteht aus Kaseineiweiß und Molkeeiweiß. Kaseineiweiß gerinnt, wenn man Säure dazugibt. Molkeeiweiß ist stabiler gegenüber Säuren, aber es ist hitzeempfindlich. Schon bei Temperaturen kurz über 70 °C gerinnt es. Die Haut, die sich beim Kochen auf der Milch bildet, ist geronnenes Molkeeiweiß.

Die Vitamine der Milch. Je höher der Fettgehalt der Milch ist, umso höher ist der Gehalt an fettlöslichen Vitaminen, z. B. an Vitamin A (Abb. 1). Vitamin A ist wichtig für den Sehvorgang und verhindert die Nachtblindheit. Auch für das Knochenwachstum und die Zellmembranen ist es notwendig.

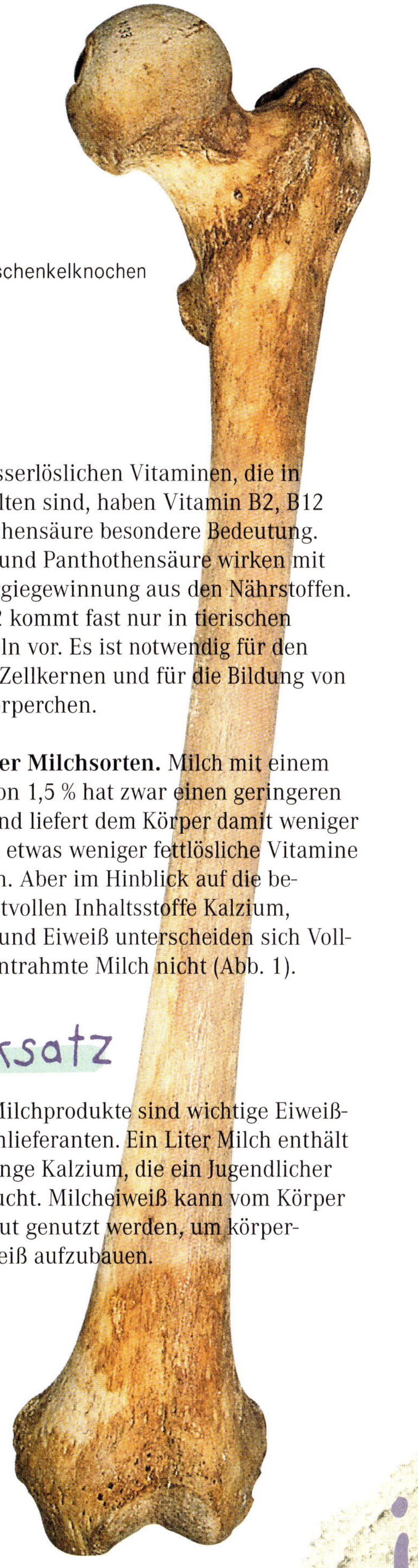

Abb. 3 Oberschenkelknochen

Von den wasserlöslichen Vitaminen, die in Milch enthalten sind, haben Vitamin B2, B12 und Panthothensäure besondere Bedeutung. Vitamin B2 und Panthothensäure wirken mit bei der Energiegewinnung aus den Nährstoffen. Vitamin B12 kommt fast nur in tierischen Lebensmitteln vor. Es ist notwendig für den Aufbau von Zellkernen und für die Bildung von roten Blutkörperchen.

Vergleich der Milchsorten. Milch mit einem Fettgehalt von 1,5 % hat zwar einen geringeren Fettgehalt und liefert dem Körper damit weniger Energie und etwas weniger fettlösliche Vitamine als Vollmilch. Aber im Hinblick auf die besonders wertvollen Inhaltsstoffe Kalzium, Vitamin B2 und Eiweiß unterscheiden sich Vollmilch und entrahmte Milch nicht (Abb. 1).

Merksatz

Milch und Milchprodukte sind wichtige Eiweiß- und Kalziumlieferanten. Ein Liter Milch enthält etwa die Menge Kalzium, die ein Jugendlicher pro Tag braucht. Milcheiweiß kann vom Körper besonders gut genutzt werden, um körpereigenes Eiweiß aufzubauen.

6.8 Die Extraportion Milch

1 Die Extraportion Milch
„Die Extraportion Milch“ oder „So gesund wie ein Glas Milch“ lautet Werbung für Süßigkeiten (Abb. 1). Auf der Verpackung ist in der Regel auch angegeben, wie viel Energie und wie viele Gramm Kohlenhydrate, Fette, Vitamine und Mineralsalze in 100 g der Süßigkeit enthalten ist.
Schreibe die Nährwertangaben von drei Süßigkeiten, die damit werben, dass sie Milch enthalten, in Form einer Tabelle in dein Heft und trage im Vergleich dazu die Nährwertangaben von 100 ml Vollmilch (Abb. 1, S. 118) ein. Bei welchen Stoffen bestehen geringe Unterschiede, bei welchen große Unterschiede zwischen Vollmilch und Süßigkeiten? Diskutiert, ob solche Süßigkeiten den Hinweis „Die Extraportion Milch“ zu Recht tragen.

2 Aufgabe
In Abb. 1 wird der Nährwert der Süßigkeit „Milch-Happen“ mit den Mengen an Nährstoffen verglichen, die ein 13- bis 16-jähriger täglich braucht. Berechne wie viele Milch-Happen ein Jugendlicher essen müsste, um seinen täglichen Kalziumbedarf damit zu decken. Wie viel Energie würde er damit zu sich nehmen?
Berechne diese Werte auch für andere Süßigkeiten, die damit werben, dass sie Milch enthalten.

***Milch-Happen** – so gesund wie ein Glas Milch*

Tagesempfehlung für 13- bis 16-Jährige		Nährwertangabe 100 g	1 Stk.= 30 g
Energie	10 000 kJ	1 745 kJ	524 kJ
Eiweiß	88 g	9,0 g	2,7 g
Kohlenhydrate	324 g	36 g	11 g
Fett	76 g	28 g	8,4 g
Kalzium	1 200 mg	200 mg	60 mg

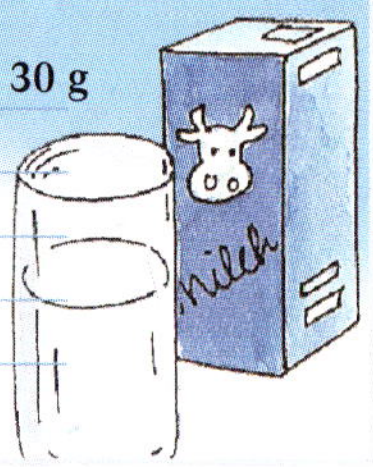

Abb. 1 Viele Süßigkeiten werben mit Milch

3 Jogurt mit Frucht?
Du brauchst:
- 1 Becher Erdbeerjogurt (3,5 % Fett)
- Becher Jogurt natur (3,5 % Fett)
- Erdbeermarmelade
- 2 Schälchen
- mehrere Teelöffel
- Tücher zum Verbinden der Augen

Verrühre 150 g Jogurt natur mit vier Teelöffeln Erdbeermarmelade. Gib den selbst angerührten und den gekauften Erdbeerjogurt in die beiden Schälchen. Führe einen Geschmackstest durch. Verbinde den Testpersonen die Augen. Können sie schmecken, welches der gekaufte und welches der selbst angerührte Erdbeerjogurt ist?
Welcher Jogurt schmeckt ihnen besser? Wie begründen sie es?
Nimm den Versuchspersonen die Tücher ab. Können sie die Jogurts am Aussehen unterscheiden?
Erdbeermarmelade besteht aus 50% Zucker und 50% Erdbeeren.
Lies von der Zutatenliste auf dem Jogurtbecher ab, aus welchen Zutaten der gekaufte Erdbeerjogurt besteht.
Betrachte Abb. 2, begründe warum fast alle Fruchtjogurts Farbstoffe und Aromastoffe enthalten.

4 Aufgabe
Informiere dich auf Seite 123 über die Herstellung von Käse und stelle diese in einem Fließschema dar.

Abb. 2 Frucht- und Zuckeranteil in 150g Erdbeerjogurt

A

6.9 Von der Milch zum Käse

1 Für die Herstellung von Käsesorten wie Emmentaler und Gouda wird die Milch auf 30 bis 32 °C erwärmt. Danach wird Lab zugegeben. Lab ist ein Wirkstoff, den man im Kälbermagen findet, wo er für die Milchverdauung gebraucht wird. Lab spaltet das Kaseineiweiß in der Milch. Dadurch wird die Milch dick. Heute gewinnt man Lab für die Käseherstellung hauptsächlich mithilfe von Mikroorganismen.

2 Die dick gewordene Milch wird mit der so genannten Käseharfe gerührt und in kleine Bruchstücke geschnitten. Dabei fließt die Molke aus. Eine krümelige, feuchte Masse - der Käsebruch - entsteht. Der Käsebruch wird auf 50 °C erwärmt.

3 Anschließend wird der Käsebruch in Formen gegeben und gepresst. Dabei fließt noch mehr Molke aus. Die runden Käselaibe entstehen.

4 Die Käselaibe kommen für einige Tage in ein Salzbad. Dadurch verfestigt sich die Rinde. Das Salzen beeinflusst auch den Geschmack und die Haltbarkeit des Käses.

5 Anschließend muss der Käse reifen. Dazu kommen die Käselaibe in einen Lagerraum, in dem eine bestimmte Temperatur und Luftfeuchtigkeit herrscht. Je nach Sorte muss der Käse einige Tage bis mehrere Monate reifen. Während der Reifung bilden sich Gase, durch die die Löcher im Käse entstehen.

6.10 Margarine - oder: Wie man Öl und Wasser mischen kann

Abb. 1 Daraus wird Margarine hergestellt

Margarine als Notbutter. Mitte des 17. Jahrhunderts herrschten Krieg und Hunger in Frankreich. Die Landflucht und die beginnende Industrialisierung führten dazu, dass landwirtschaftliche Produkte wie Butter immer knapper und teurer wurden. Die Regierung unter NAPOLEON III. rief 1869 zu einem Wettbewerb auf. Ein preiswerter und haltbarer Ersatzstoff für Butter sollte entwickelt werden. Dem Chemiker MEGES-MOURIES gelang es aus Rinderfett und Milch eine streichfähige Masse herzustellen: die erste Margarine. Heute werden hauptsächlich pflanzliche Fette und Öle sowie Milch und Wasser für die Herstellung von Margarine verwendet. Damals wie heute besteht der entscheidende Schritt darin, aus den Zutaten Wasser und Fett, die sich eigentlich nicht mischen, ein einheitliches Gemisch herzustellen. Wenn man Öl und Wasser mischt und kräftig schüttelt, so entstehen viele kleine Fetttröpfchen, die zunächst im Wasser schweben. Sie fließen aber schon nach kurzer Zeit wieder zusammen und bilden eine Ölschicht auf dem Wasser. Eine gleichmäßige Mischung, in der sich Öl und Wasser nicht wieder trennen, kann man nur erhalten, wenn man einen bestimmten Stoff hinzugibt, einen *Emulgator*.

Emulgatoren. Emulgatoren haben eine besondere Eigenschaft. Sie bilden eine Hülle um die einzelnen Öltröpfchen, die beim Schütteln einer Mischung aus wenig Öl und viel Wasser entstehen. Die Öltröpfchen können dann nicht mehr zusammenfließen und bleiben gleichmäßig im Wasser verteilt. Dieses einheitliche Gemisch nennt man *Emulsion*. Da man wenig Öl mit viel Wasser gemischt hat, ist es eine Fett-in-Wasser-Emulsion. Milch ist zum Beispiel eine solche Fett-in-Wasser-Emulsion (Abb. 2).

Wasser-in-Fett-Emulsion. Mischt man umgekehrt wenig Wasser mit viel Öl und gibt einen Emulgator dazu, so bildet dieser eine Hülle um die Wassertröpfchen. So können diese nicht wieder zusammenfließen und bleiben gleichmäßig im Öl verteilt. Dieses Gemisch nennt man Wasser-in-Fett-Emulsion. Butter und Margarine sind solche Wasser-in-Fett-Emulsionen (Abb. 3).

Merksatz

Mithilfe von Emulgatoren kann man aus Fett und Wasser eine Emulsion herstellen.
Margarine ist eine Wasser-in-Fett-Emulsion.

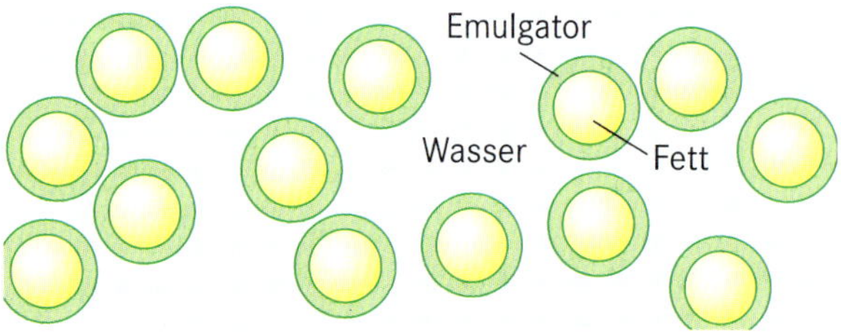

Abb. 2 Fett-in-Wasser-Emulsion, z. B. Milch

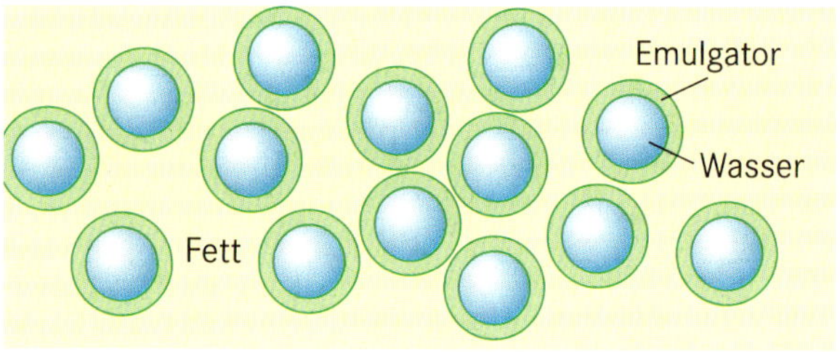

Abb. 3 Wasser-in-Fett-Emulsion, z. B. Margarine

1 Mischung von Fett und Wasser

Du brauchst:
- 2 Reagenzgläser
- 2 Gummistopfen
- Speiseöl
- Wasser
- Spülmittel

Gib in ein Reagenzglas 2 ml Wasser und 2 ml Öl. Verschließe das Reagenzglas mit dem Gummistopfen und schüttle kräftig. Stelle das Reagenzglas in den Reagenzglasständer. Beschreibe deine Beobachtungen vor dem Schütteln, während des Schüttelns und nach dem Schütteln. Führe den gleichen Versuch noch einmal durch, gib aber jetzt einen Tropfen Spülmittel in das Wasser-Öl-Gemisch.

2 Die Herstellung von Margarine

Beschreibe anhand der Abb. 4 die Herstellung von Margarine.

3 Margarine, selbst hergestellt

Du brauchst:
- 60 g Kokosfett
- 40 g Speiseöl
- 1 Eigelb
- 1 Esslöffel Milch
- hohe Rührschüssel
- Topf mit kochendem Wasser
- große Schüssel mit Eiswürfeln
- Handrührgerät

Gib das Kokosfett in die Rührschüssel. Stelle die Schüssel in den Topf mit kochendem Wasser. Wenn das Kokosfett geschmolzen ist, füge das Öl hinzu. Stelle dann die Rührschüssel in die Schüssel mit den Eiswürfeln. Mixe das Fett-Öl-Gemisch mit dem Handrührgerät. Gib unter Rühren einen Esslöffel Milch und das Eigelb hinzu. Rühre so lange, bis die Margarine steif ist.
Vergleiche diese Anleitung mit der Margarineherstellung, die in Abb. 4 dargestellt ist.

4 Eigelb - ein Emulgator?

Plane einen einfachen Versuch, mit dem du zeigen kannst, dass Eigelb ein Emulgator ist und führe ihn durch.

5 Margarine im Vergleich

Schreibe auf, welche verschiedenen Margarinesorten du im Lebensmittelgeschäft findest und womit die Hersteller für „ihre" Margarine werben. Vergleiche die Zutaten und Werbesprüche der verschiedenen Margarinesorten in Form einer Tabelle (Abb. 5).

Abb. 4 Herstellung von Margarine

Inhaltsstoffe	Margarinesorte Butarin	
Pflanzliche Öle	ja	...
Gehärtete Fette	ja	...
Wasser	ja	...
Milch	nein	...
Molke	ja	...
Emulgator Lecithin	ja	...
Speisesalz	ja	...
Vitamin E	ja	...
Vitamin A	ja	...
Vitamin D	ja	...
Farbstoff Karotin	–	...
Aromastoffe	–	...
Zusatzstoffe	Jogurt	...
Werbespruch	„Halb so viel Fett, mit Jogurt"	...

Abb. 5 Vergleich von Margarinesorten

6.11 Neuartige Lebensmittel

Lebensmittel sind Verkaufswaren. Bis vor 100 Jahren war die Lebensmittelverarbeitung hauptsächlich darauf ausgerichtet, Lebensmittel haltbar zu machen. Heute ist das vorrangige Ziel der Lebensmittelindustrie Waren herzustellen, die sich mit Gewinn verkaufen lassen. Der Verkauf der Lebensmittel lässt sich aber nicht ohne Ende steigern, denn der Verbraucher kann nur essen, bis er satt ist. Deshalb werden immer wieder neuartige Produkte auf den Markt gebracht werden, um über den Reiz des Neuen den Verbraucher zum Kauf anzuregen. An der Entwicklung eines neuartigen Produkts ist ein Team von Fachleuten beteiligt. Das Produkt wird so gestaltet, dass es den Kunden neugierig macht und er es kauft. Ein Produkt, dass vom Kunden nicht gekauft wird, verschwindet schnell wieder aus dem Angebot und wird durch ein anderes Produkt ersetzt.

Lebensmittelherstellung im Baukastenprinzip. Lebensmittel kann man heute in ihre einzelnen Bestandteile zerlegen. Man kann die einzelnen Bestandteile neu kombinieren, einige weglassen, andere hinzufügen und so neuartige Lebensmittel entwerfen und gestalten. Fooddesign nennt man dieses Herstellen von Nahrungsmitteln nach dem Baukastenprinzip. Beim *Fooddesign* werden oft Zutaten, die normalerweise gar nicht zusammengehören, zu neuartigen Lebensmitteln kombiniert. So kann „Butter light" oder „Margarine light" zur Hälfte aus Wasser bestehen. Wurst kann einen hohen Anteil an Pflanzeneiweiß enthalten, Kaffeesahne kann Pfanzenfett, Orangensaft kann Kalzium enthalten. Fooddesigner haben Käse entwickelt, der nicht nur aus Milch hergestellt wird, und Kunstsauerteig, der nicht wie normaler Sauerteig über 24 Stunden aufgehen muss, sondern innerhalb von zwei Stunden fertig ist. Aus Äpfeln werden andere Obstsorten wie Kirschen und Johannisbeeren nachgemacht, und Apfelstückchen können aus Algen hergestellt werden.

Zusatzstoffe sind unverzichtbare Hilfsmittel. *Stabilisatoren* und Emulgatoren sorgen dafür, dass die Produkte nicht in ihre Einzelteile zerfallen und unansehnlich werden. Farbstoffe und Aromastoffe geben dem Produkt das gewünschte Aussehen und den Geschmack. Konservierungsstoffe dienen der Haltbarkeit. Diese Zusatzstoffe sind umstritten. Für die meisten Menschen sind sie in den verwendeten Mengen harmlos. Aber viele Menschen reagieren allergisch auf bestimmte Stoffe. Zusatzstoffe können bereits in kleinsten Mengen allergische Reaktionen auslösen. Diese können sich durch Hautausschlag oder Jucken bemerkbar machen. Je mehr Verarbeitungsschritte ein Lebensmittel durchläuft, umso mehr werden die natürlichen Inhaltsstoffe zerstört oder verändert und Zusatzstoffe beigefügt.
Unser Körper hat sich im Laufe von Millionen Jahren in Wechselwirkung mit seiner natürlichen Nahrung entwickelt. Diese Nahrung passt zu unserem Körper wie ein Schlüssel zum Schloss. Um den Körper möglichst mit passenden Stoffen zu versorgen, sollte ein Grundsatz unserer Ernährung lauten, Lebensmittel so wenig wie möglich und nur so viel wie notwendig zu verarbeiten.

Merksatz

Beim Fooddesign werden Lebensmittel in ihre einzelnen Bestandteile zerlegt und diese neu kombiniert. Mit jedem Verarbeitungsschritt eines Lebensmittels werden natürliche Inhaltsstoffe zerstört oder verändert und Zusatzstoffe beigefügt. Ein Grundsatz unserer Ernährung sollte lauten, Lebensmittel so wenig wie möglich zu verarbeiten.

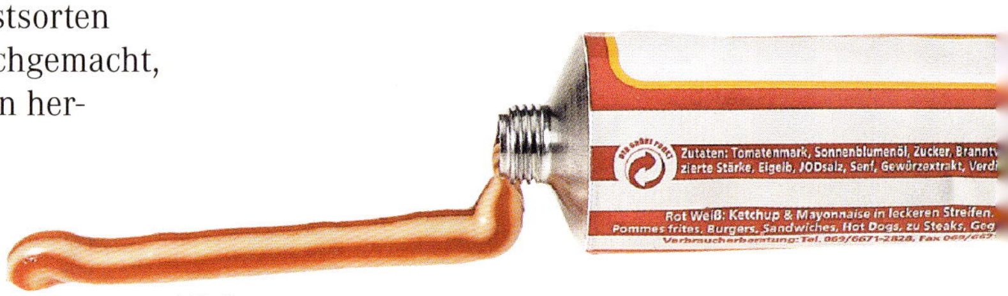

1 Neue und alte Produkte

Stelle in einer Liste einige Produkte zusammen, die schon mehrere Jahre auf dem Markt sind. Versuche Gründe dafür zu finden. Stelle eine entsprechende Liste für einige neue Produkte auf und suche nach Gründen für ihre Einführung.

Schritte bei der Entwicklung eines neuen Produkts am Beispiel von „Rot-Weiß"

1.Marktanalyse
Bevor ein neues Produkt entwickelt wird, wird das Ess- und Kaufverhalten der Verbraucher untersucht.

Beispiel „Rot-Weiß"
Beobachtung: Viele Jugendliche essen „Pommes-rot-weiß" (Pommes frites mit Ketschup und Majonäse).

2. Idee
Im Arbeitsteam entsteht die Idee für ein neues Produkt.

Idee: Ketschup und Majonäse könnten zusammen in einer Tube verkauft werden, ähnlich wie Zahnpasta mit Streifen.

3. Probleme und Problemlösungen
Fachleute für Ernährungslehre, für Lebensmittelchemie und für die technische Herstellung der Lebensmittel zeigen Probleme auf, die sich bei der Herstellung des Produkts ergeben, und entwickeln Lösungen.

Problem Zusammensetzung: Ketschup ist viel flüssiger als Majonäse. Die beiden Soßen würden in der Tube zu einer unansehnlichen Masse zusammenfließen.
Lösung: Der Ketschup muss weniger Wasser enthalten.

Problem Geschmack: Wie wirkt sich der Wasserentzug auf den Geschmack des Ketchups aus?
Lösung: Ketschupvarianten mit unterschiedlich wenig Wasser werden von Testpersonen probiert. Die Sorte, die am besten abschneidet, wird genommen.

Problem Verpackung: Eine Plastiktube, die nach dem Drücken wieder in die alte Form zurückfedert, kann nicht verwendet werden, denn dabei würden die Streifen in der Tube vermischt werden. Außerdem gelangt dabei Luft in die Tube, sodass der Inhalt leichter verdirbt.
Lösung: Aluminiumtube.

4. Vermarktung
Wenn alle Probleme bei der Herstellung des Produkts gelöst sind, wird ein Name für das Produkt gesucht und überlegt, wie das Produkt am besten verkauft werden kann.

Insbesondere Jugendliche essen „Pommes-rot-weiß". Deshalb muss die Werbung für das Produkt auf Jugendliche ausgerichtet sein. Es soll in Jugenddsendungen und Jugendzeitschriften geworben werden. Auch der Name des Produkts soll Jugendliche ansprechen: Man einigt sich auf den Namen „Rot-weiß".

5. Erfolgs-Prüfung
Eine Abteilung überprüft den Erfolg und entscheidet über das weitere Vorgehen.

Das Produkt lässt sich gut verkaufen und bleibt im Handel.

7 Elektrizität

7. 1 Elektrizität überall

Elektrizität spielt in unserer Welt eine unersetzbare Rolle. Ein Leben ohne Elektrizität ist für uns kaum vorstellbar. Mit Elektrizität werden Maschinen angetrieben. Mikrofone und Lautsprecher werden mit ihr versorgt. Sie macht die Übermittlung von Daten über weite Entfernungen möglich. U-Bahn und E-Lok werden durch Elektrizität angetrieben. Sie sorgt für helle Straßen und Häuser in der Nacht.

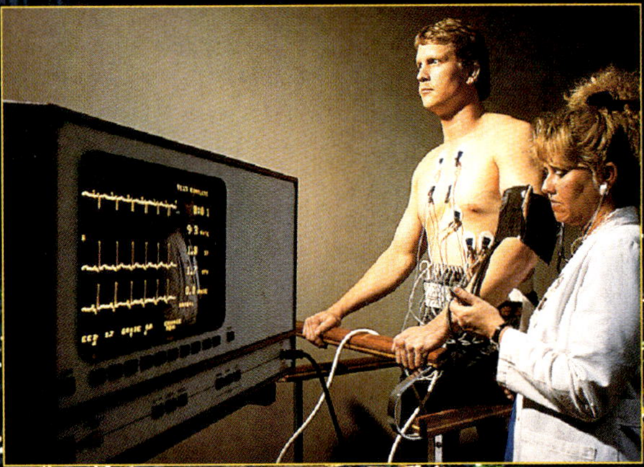

Herz-Kreislauf-Untersuchung in einem Krankenhaus; elektrische Ströme im Körper werden auf einem Monitor sichtbar gemacht.

Elektrizität ist eine Form von Energie. Andere Energieformen sind beispielsweise Lichtenergie, chemische Energie und Wärmeenergie. Elektrische Energie hat einen großen Vorteil: Sie lässt sich gut in andere Energieformen umwandeln und ist deshalb vielseitig verwendbar. In einer Glühlampe wird elektrische Energie in Lichtenergie umgewandelt, im Elektromotor in Bewegungsenergie, in einem Bügeleisen in Wärmeenergie. Ein weiterer Vorteil der elektrischen Energie ist, dass sie in Leitungen schnell und ohne große Verluste über weite Entfernungen transportiert werden kann.

Die Band ist gut drauf, aus den Lautsprechern kommt laute Musik.

Rushhour in der U-Bahnstation: Menschen hetzen zu den Zügen, Türen öffnen und schließen sich wie von Geisterhand, die Anzeigetafel kündigt den nächsten Zug an.

Jederzeit frische Lebensmittel: Im Tiefkühlfach hält sich die Pizza einige Wochen; Aufschnitt und Gemüse bleiben im Kühlschrank länger frisch.

Die Kochplatte glüht; sie bringt mit ihrer Hitze das Wasser zum Kochen.

7.2 Ladungen

Abb. 1 Was ist denn hier passiert?

Wenn einem die Haare zu Berge stehen. Wer lange Haare hat, kennt das: Nach dem Föhnen werden die Haare wie von unsichtbaren Kräften vom Kamm angezogen. Wenn man sich eine elektrisch aufgeladene Folie über den Kopf hält, stehen einem die Haare zu Berge (Abb. 1). Wie ist das möglich? Um diese Frage zu beantworten, ist eine kurze Beschreibung des Aufbaus von Gegenständen notwendig.

Alles besteht aus Atomen. Alle Gegenstände bestehen aus winzigen, für unsere Augen unsichtbaren Bausteinen, den Atomen (Abb. 2). Jedes Atom ist aus einem *Kern* und einer *Hülle* aufgebaut. Der Kern enthält positive Ladungen. Die Hülle enthält negative Ladungen, sie heißen *Elektronen*. Die Elektronen sind beweglich. Die Anzahl der positiven Ladungen im Kern ist genauso groß wie die Anzahl der negativen Ladungen in der Hülle. Deshalb ist jedes Atom insgesamt elektrisch neutral. Alle Gegenstände sind demnach ebenfalls elektrisch neutral.

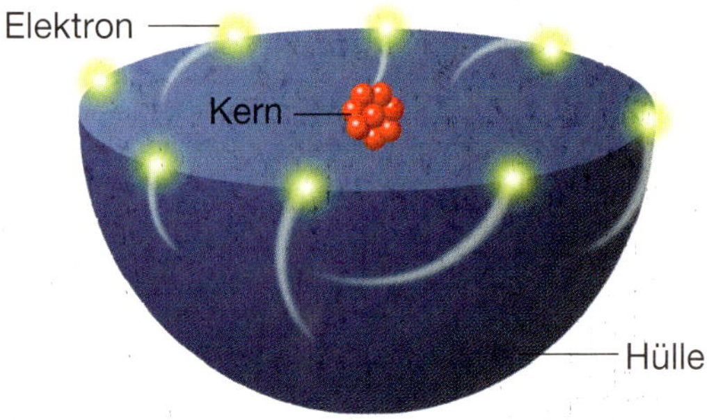

Abb. 2 Aufbau eines Atoms

Der geladene Kamm. Auch Haare und Kamm sind vor dem Kämmen elektrisch neutral. In beiden ist die gleiche Anzahl an negativen und positiven Ladungen vorhanden (Abb. 3). Durch das Kämmen findet eine *Ladungstrennung* statt. Einige der beweglichen negativen Ladungen werden aus den Haaren herausgezogen und auf den Kamm übertragen. Der Kamm wird dadurch negativ aufgeladen. Er hat dann einen Überschuss an Elektronen. In den Haaren herrscht jetzt ein Mangel an Elektronen. Sie sind deshalb positiv aufgeladen (Abb. 3). Ein ähnlicher Vorgang spielt sich ab, wenn man einen Pullover aus Synthetikmaterial auszieht: Das Reiben des Pullovers am Körper führt zu einer Ladungstrennung. Pullover und Körper sind dann unterschiedlich aufgeladen. Die manchmal sichtbaren, winzigen Funken beim Ausziehen sind ein Zeichen dafür, dass jetzt ein Ladungsausgleich stattfindet. Körper und Pullover sind danach wieder elektrisch neutral.

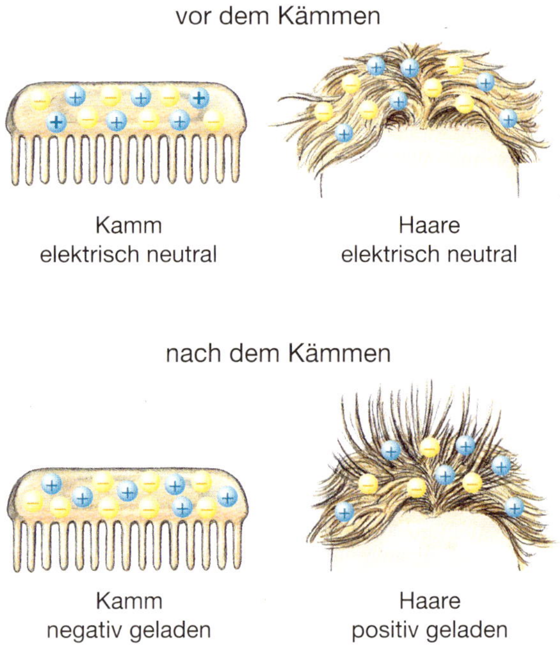

Abb. 3 Ladungstrennung beim Kämmen

Negativ oder positiv geladen? Mit einer Glimmlampe kann man erkennen, ob ein Gegenstand negativ oder positiv geladen ist (Abb. 5). Eine Glimmlampe besteht aus einem etwa vier Zentimeter langen Glasröhrchen, das mit dem Edelgas Neon gefüllt ist. Wenn man eine solche Glimmlampe mit einem der beiden Enden an einen negativ geladenen Gegenstand hält, leuchtet das Gas in der Lampe an diesem Ende rötlich auf. Wird die Lampe an einen positiv geladenen Körper gehalten, leuchtet sie auf der gegenüberliegenden Seite.

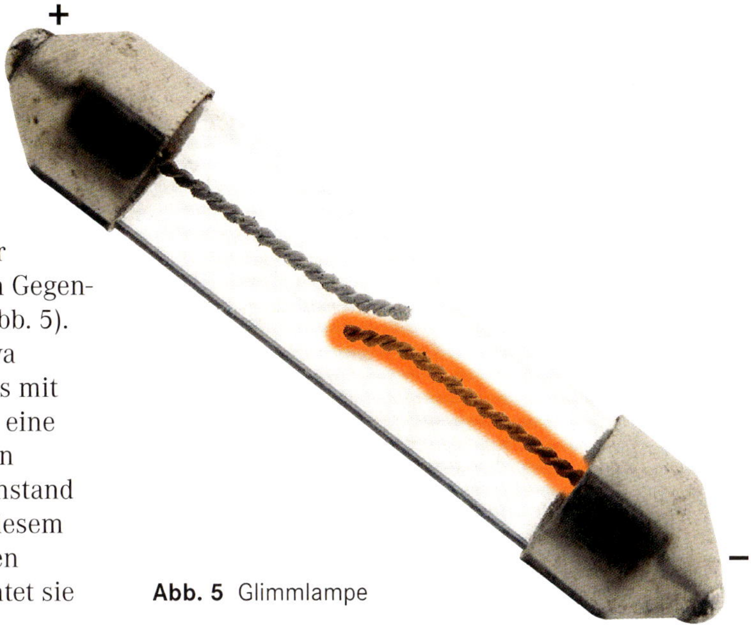

Abb. 5 Glimmlampe

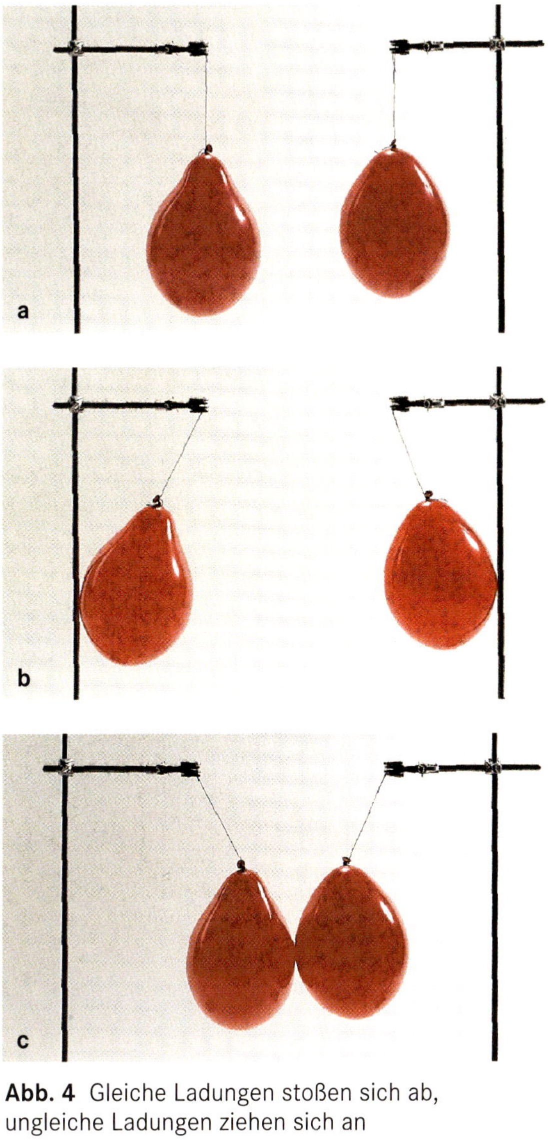

Abb. 4 Gleiche Ladungen stoßen sich ab, ungleiche Ladungen ziehen sich an

Abstoßende und anziehende Kräfte. Ein Gegenstand kann neutral sein oder er ist positiv beziehungsweise negativ aufgeladen. Von einem neutralen Gegenstand geht keine abstoßende oder anziehende Kraft aus (Abb. 4a).Wenn man zwei Gegenstände einander nähert, die beide gleichartige Ladungen besitzen, stoßen sich diese Gegenstände ab. Zwei gleichartig geladene Luftballons stoßen sich daher gegenseitig ab (Abb. 4b). Dabei ist es nicht entscheidend, ob die beiden Ballons positiv oder negativ aufgeladen sind. Wenn man zwei Luftballons einander nähert, die unterschiedlich aufgeladen sind, ziehen sie sich gegenseitig an (Abb. 4c). Auch der negativ aufgeladene Kamm und die positiv aufgeladenen Haare ziehen sich gegenseitig an. Das Gleiche ist bei der aufgeladenen Folie der Fall, wenn man sie über den Kopf hält: Haare und Folie ziehen sich gegenseitig an. Die Haare stehen einem zu Berge.

Merksatz

Alle Gegenstände besitzen positive und negative Ladungen. Nur negative Ladungen sind beweglich. Die negativen Ladungen können von den positiven Ladungen getrennt werden. Durch diese Ladungstrennung wird ein Gegenstand positiv oder negativ aufgeladen. Gleiche Ladungen stoßen sich ab. Unterschiedliche Ladungen ziehen sich an.

1 Geladener Hefter

Du brauchst:
- Plastikschnellhefter
- Alufolie (DIN A4)
- Glimmlampe

Halte die Glimmlampe an einem Ende fest und berühre mit dem anderen Ende erst den Schnellhefter und dann die Alufolie. Was kannst du feststellen?
Lege dann die Alufolie in den Schnellhefter und schließe ihn. Drücke die vordere Folie des Schnellhefters fest auf die Alufolie und streiche mehrfach mit der Hand darüber. Ziehe dann die vordere Folie hoch. Berühre jetzt die vordere Folie des Schnellhefters an mehreren Stellen mit dem einen Ende der Glimmlampe (Abb. 6). Beobachte dabei die Glimmlampe genau. Berühre dann die Alufolie mit der Glimmlampe. Was kannst du feststellen? Welchen Unterschied bemerkst du?

2 Die Wunderlampe

Du brauchst:
- Leuchtstoffröhre
- Experimentierkabel
- 2 Krokodilklemmen
- Kupferdraht (etwa 50 cm)
- Teppichboden aus Synthetik (50 x 50 cm)

Binde den Kupferdraht an einem Heizungsventil fest, dort, wo das Metall nicht mit Farbe überzogen ist. Stecke die Krokodilklemmen auf beide Stecker des Experimentierkabels. Befestige die eine Krokodilklemme an dem Kupferdraht, den du an dem Heizungsventil festgebunden hast (Abb. 7). Die andere Krokodilklemme klemmst du am Kontakt an einem Ende der Leuchtstoffröhre fest. Halte die Leuchtstoffröhre mit der einen Hand fest und berühre mit der anderen Hand einen Kontakt auf der anderen Seite. Stelle dich auf den Teppichboden und reibe die Füße darauf hin und her. Beobachte die Leuchtstoffröhre. Was stellst du fest?

3 Auf die Luft kommt es an

Du brauchst:
- Müllsack aus Plastik
- Schere
- Wolltuch
- heißes Wasser

Schneide vom oberen Rand des Müllsacks einen 5 cm breiten Streifen ab. Schneide den Streifen in zwei gleich lange Teile. Knicke einen Streifen auf die Hälfte der Länge. Halte den Streifen an dieser Knickstelle und ziehe ihn durch das Wolltuch, das du in der anderen Hand hältst. Was kannst du beobachten?
Halte dann den vorher aufgeladenen Plastikstreifen über ein Gefäß mit heißem Wasser. Was kannst du beobachten?

Abb. 6 Brennt die Glimmlampe?

Abb. 7 Was passiert mit der Leuchtstoffröhre?

4
Aufgabe
Wenn man Versuche mit Ladungen macht, dann gelingen diese am besten bei trockenem Winterwetter, im Sommer dagegen nicht so gut. Wie kannst du das erklären?

5
Ladungsanzeiger
Du brauchst:
- Honigglas mit Plastikdeckel
- Draht, 10 cm lang
- Alufolie, 5 mm mal 15 cm
- dünnen Nagel
- Zange

Biege den Draht mit der Zange 1 cm vom Ende rechtwinklig um. Bohre mit dem Nagel in der Mitte des Plastikdeckels ein Loch. Stecke den Draht mit dem langen Ende durch dieses Loch. Knicke den Streifen Alufolie in der Mitte und hänge ihn über das gebogene Drahtende (Abb. 8). Schraube den Deckel vorsichtig auf das Glas. Dein Ladungsanzeiger ist fertig. Reibe die Plastikfolie von einem Schnellhefter, bis sie aufgeladen ist. Nähere sie dann dem Drahtende, das aus dem Deckel deines Ladungsanzeigers herausragt. Was beobachtest du?

Abb. 8 Ladungsanzeiger, selbst gebaut

6
Ladung ist nicht gleich Ladung
Du brauchst:
- Plastikschnellhefter
- Alufolie
- 2 Styroporkugeln (5-10 cm Durchmesser)
- Zwirnsfaden
- Stativ

Hülle die Kugeln jeweils in Alufolie ein und drücke die Folie gut fest. Hänge beide Kugeln dicht nebeneinander mit Zwirnsfäden am Stativ auf (Abb. 9). Lege ein DIN A4 großes Stück Alufolie glatt in den Plastikschnellhefter und schließe ihn. Lade die Folien auf, indem du mehrfach mit der Hand oder einem Tuch über den Hefter streichst. Ziehe den Hefter auseinander, sodass die Plastikfolie des Hefters und die Alufolie getrennt werden.
a) Berühre beide Kugeln mehrfach mit der Alufolie im Hefter. Lade die Folie zwischendurch jedes Mal wieder auf. Was kannst du beobachten?
b) Streiche über beide Kugeln mehrfach mit der Plastikfolie des Hefters, die du vorher jedes Mal durch Reiben wieder aufgeladen hast. Was kannst du beobachten?
c) Berühre die eine Kugel mehrfach mit der Alufolie, die andere Kugel mehrfach mit der Plastikfolie des Hefters. Lade die Folien jedes Mal durch Reiben wieder auf. Was kannst du beobachten? Erkläre deine Beobachtungen.

Abb. 9 Die Kugeln hängen ungeladen am Stativ

7
Rauch und Folie
Du brauchst:
- Plastikschnellhefter
- Kerze
- Streichhölzer

Zünde die Kerze an. Reibe den Plastikhefter an deiner Kleidung, um die Folie aufzuladen. Puste die Kerze aus und halte den geladenen Plastikhefter einige Zentimeter neben den vom Docht aufsteigenden Rauch. Was kannst du beobachten?

8
Aufgabe
Erkläre mit dem Text auf S. 131 folgende Beobachtungen:
a) Fernsehbildschirme werden leicht staubig, viel schneller als die Möbel im gleichen Raum.
b) Reibt man über Styropor, dann lösen sich Kügelchen davon, die an der Hand „kleben", sodass man Mühe hat sie abzuschütteln.

A

7.3 Strom - fließende Ladungen

Durchgebrannt. Wenn eine Taschenlampe nicht mehr leuchtet, obwohl sie neue Batterien enthält, ist meistens das Glühlämpchen durchgebrannt (Abb. 1). Der sehr dünne Glühdraht aus Wolfram ist dann an einer Stelle unterbrochen. Wolfram ist ein Metall, das sehr hohe Temperaturen aushält ohne zu schmelzen. Es wird weiß glühend und leuchtet. Während der Draht glüht, beginnt das Metall nach und nach zu verdampfen. Nach einer Brenndauer von ungefähr 1000 Stunden ist der Draht so dünn, dass er an einer Stelle durchbrennt. Wäre der Glaskolben der Lampe mit Luft gefüllt, würde der Draht beim Einschalten sofort verbrennen, weil der Sauerstoff der Luft mit dem Metall reagiert. In der Lampe befindet sich jedoch eine ganz geringe Menge eines Gemisches aus den Gasen Stickstoff und Argon, durch die das schnelle Verbrennen des Glühdrahtes verhindert wird. Über zwei stabile Zuleitungsdrähte wird der Glühdraht mit Strom versorgt. Einer dieser beiden Drähte ist an die Innenwand des Sockels angelötet, der andere führt bis zu einer Kontaktstelle am Boden des Sockels. Zwischen Kontaktstelle und Sockel befindet sich eine Isolierschicht aus farbigem Glas.

Der elektrische Stromkreis. Damit die Glühlampe einer Taschenlampe leuchtet, muss sie mit einer Batterie verbunden sein. Die Batterie ist die Stromquelle. Sie wirkt wie eine Pumpe. Sie pumpt ungeheuer viele Elektronen vom Minuspol zur Glühlampe und von dort zum Pluspol der Batterie zurück (Abb. 2). Auf diese Weise strömen die Elektronen im Kreis. Man sagt: es fließt ein *elektrischer Strom*. Die Elektronen geben Energie an die Atome des Glühdrahtes ab. Er wird heiß und leuchtet. Batterie, Glühlampe und die Verbindungen zwischen ihnen bilden den *elektrischen Stromkreis* (Abb. 3).

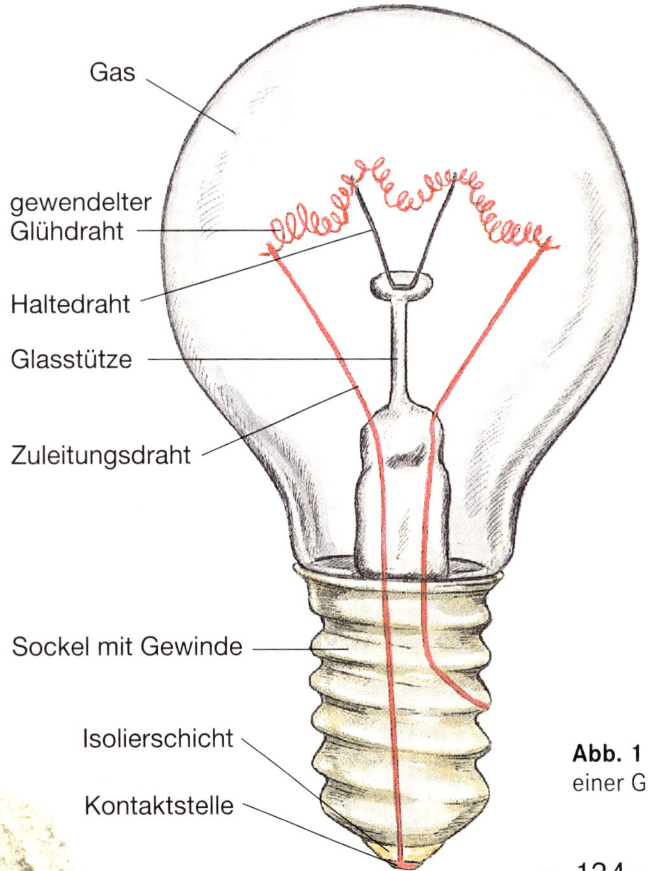

Abb. 1 Aufbau einer Glühlampe

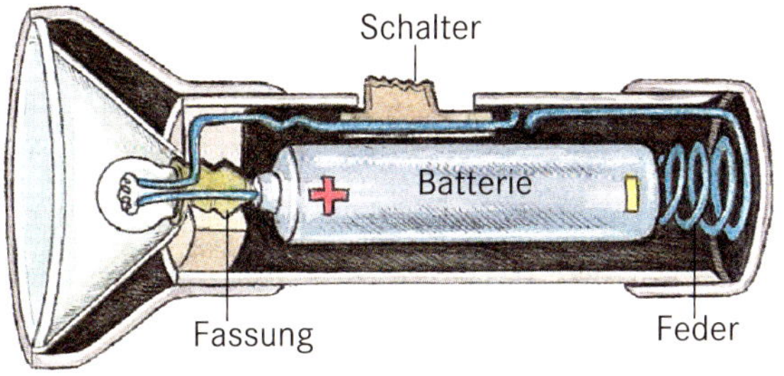

Abb. 2 Stromkreis in der Taschenlampe

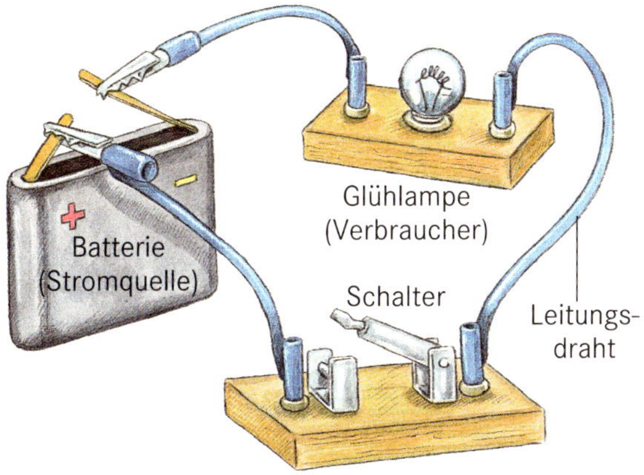

Abb. 3 Elektrischer Stromkreis

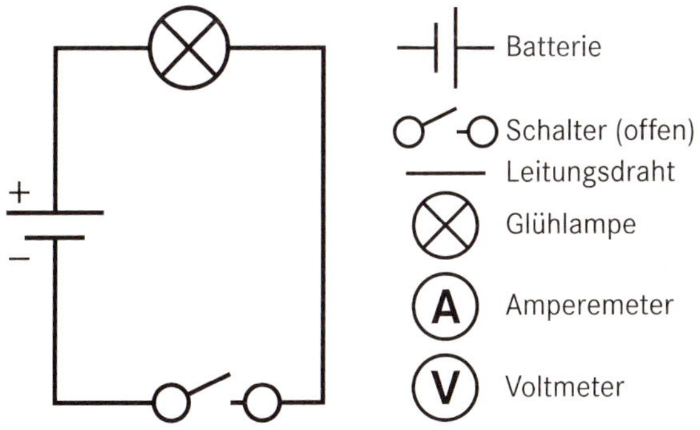

Abb. 4 Schaltplan und Schaltzeichen eines elektrischen Stromkreises

Der Schaltplan. Wie die einzelnen Bestandteile eines Stromkreises miteinander verbunden sind, macht man sich am besten durch eine schematische Zeichnung klar. Eine solche Zeichnung heißt *Schaltplan* (Abb. 4). In einem Schaltplan werden die einzelnen Teile durch bestimmte Schaltzeichen dargestellt.

Leiter und Nichtleiter. Als Leitungsdrähte in einem Stromkreis werden meist Drähte aus Kupfer verwendet. Im Kupfer sind zahlreiche frei bewegliche Elektronen vorhanden. Kupfer ist deshalb ein guter *Leiter*. Solange der Stromkreis geschlossen ist, werden von der Batterie dauernd Elektronen durch den Kupferdraht getrieben. Die Elektronen bewegen sich dann zwischen den Kupferatomen in eine Richtung und das ist *elektrischer Strom* (Abb. 5). Auch andere Metalle und einige weitere Stoffe wie Kohlenstoff sind gute Leiter. Glas, Porzellan, Gummi und einige Kunststoffe haben keine frei beweglichen Elektronen. Solche Stoffe werden *Nichtleiter* oder *Isolatore*n genannt. Metallwerkzeuge haben Griffe aus nicht leitendem Kunststoff. Dadurch wird verhindert, dass der Strom auf den Menschen übergeleitet wird, wenn er beim Arbeiten mit diesen Werkzeugen Strom führende Teile berührt.

Merksatz

Zu einem elektrischen Stromkreis gehören eine Stromquelle, z. B. eine Batterie, und ein Verbraucher, z. B. eine Glühlampe. Wenn in einem Stromkreis ein Strom fließt, bewegen sich im Leiter Elektronen. Nichtleiter enthalten keine frei beweglichen Elektronen.

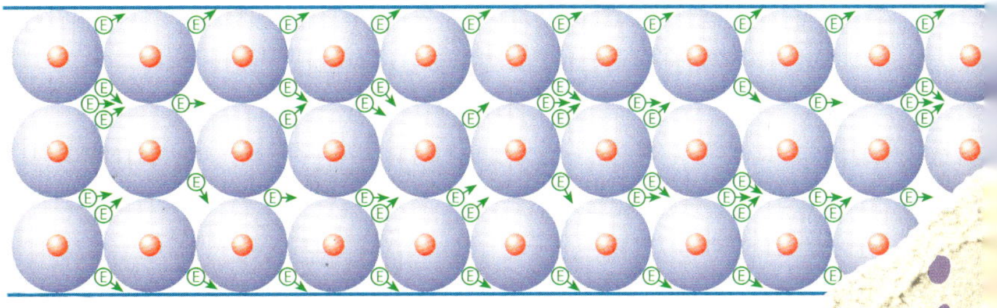

Abb. 5 So kann man sich die Elektronenbewegung in einem elektrischen Leiter vorstellen

Abb. 6 Was passiert hier?

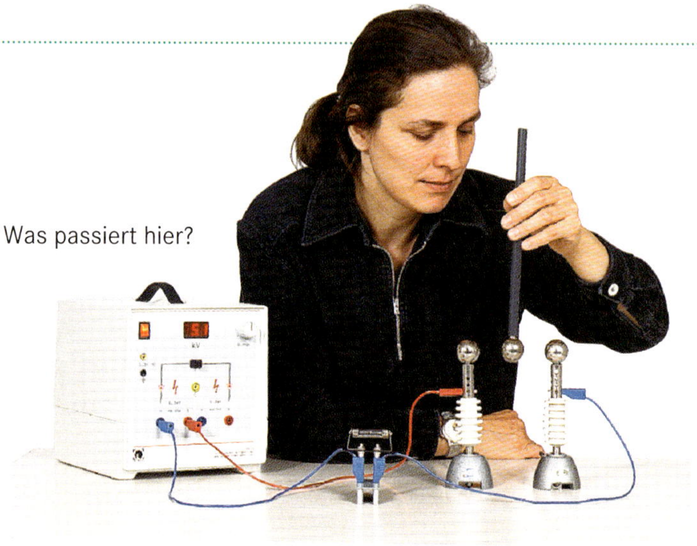

1 Untersuchung einer Taschenlampe

Du brauchst:

- Taschenlampe

Schraube eine Taschenlampe auseinander und untersuche, welche Teile den Stromkreis bilden (Abb. 2, S. 135).

2 Der elektrische Stromkreis

Du brauchst:

- Flachbatterie
- Glühlampe (4 V) mit Fassung
- Schalter
- Experimentierkabel
- 2 Krokodilklemmen

Baue den Stromkreis einer Taschenlampe nach. Erkläre, welche Teile des Stromkreises den Teilen der Taschenlampe entsprechen. Zeichne den Schaltplan des Stromkreises.

3 Aufbau einer Glühlampe

Untersuche und zeichne eine Glühlampe. Zeichne leitende und nicht leitende Teile in unterschiedlichen Farben.

4 Ladungstransport

Berührt man bei dem Versuch in Abb. 6 mit der großen Metallkugel erst den linken und dann den rechten Kontakt, leuchtet die Glimmlampe jedes Mal kurz auf. Die beiden Kontakte sind durch den Hochspannungstransformator positiv und negativ aufgeladen und die bewegliche Kugel transportiert jedesmal Elektronen. Was könnte man am Glimmlämpchen beobachten, wenn man die Metallkugel sehr schnell hin- und herbewegt? Was geschieht, wenn man die beiden Kontakte durch einen Draht miteinander verbindet? Was, wenn man einen Faden aus Kunststoff nimmt?

5 Stromkreis beim Fahrrad

Ladungen können nur dann fließen, wenn ein Stromkreis geschlossen ist. Beim Fahrrad führt aber nur ein Draht vom Dynamo zur Lampe. Erkläre, wie der Stromkreis trotzdem geschlossen wird.

6 Stromverbrauch?

Im Alltag spricht man häufig von „Stromverbrauch". Tatsächlich aber werden die Elektronen in einem Stromkreis nicht verbraucht. Sie geben nur ihre Energie an den Verbraucher ab. In Abb. 7 sind drei ähnliche Kreisprozesse dargestellt. Zeichne die Tabelle ins Heft und ergänze sie.

	Stromkreis	Wasser	Fahrrad
Energiequelle			
Energie wird übertragen durch:			
„Energieverbraucher":			

Abb. 7

7.4 Ein Wasserkreislauf als Modell

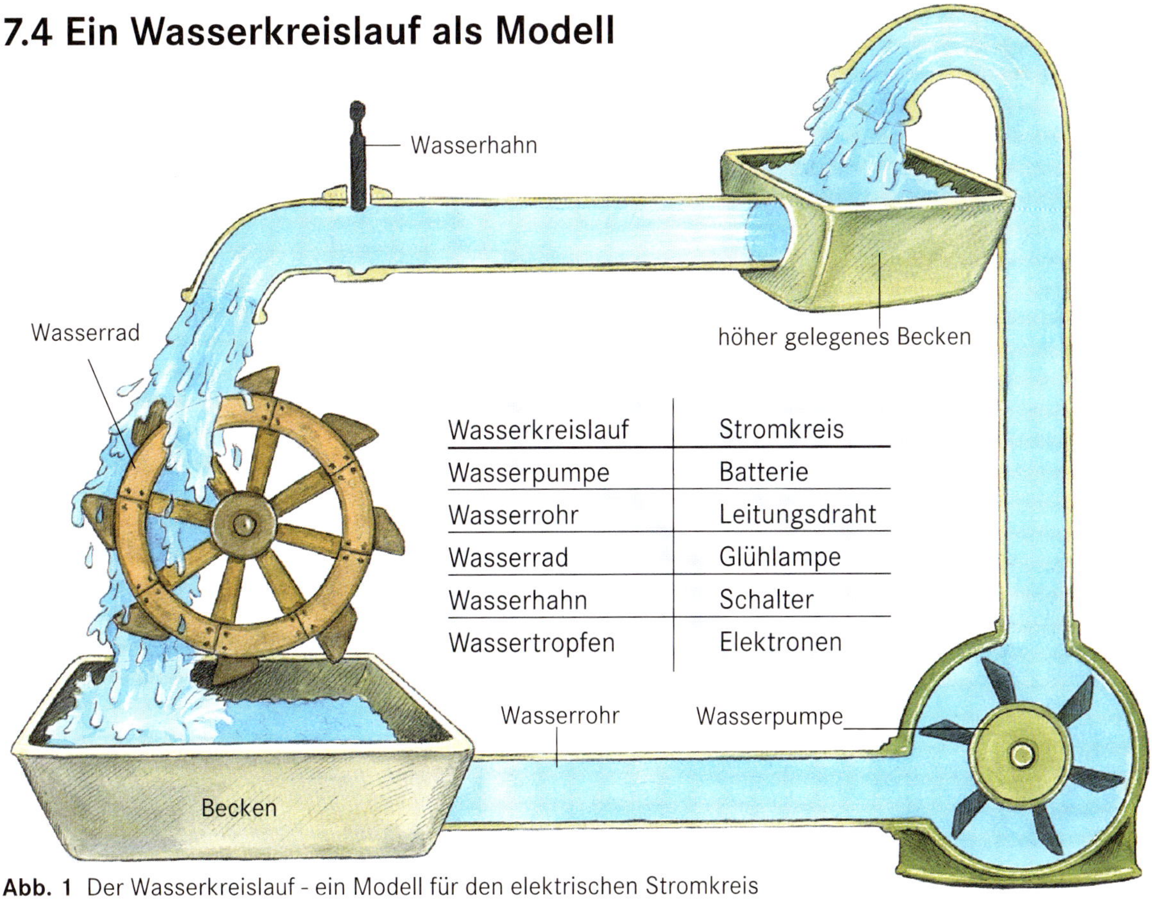

Wasserkreislauf	Stromkreis
Wasserpumpe	Batterie
Wasserrohr	Leitungsdraht
Wasserrad	Glühlampe
Wasserhahn	Schalter
Wassertropfen	Elektronen

Abb. 1 Der Wasserkreislauf - ein Modell für den elektrischen Stromkreis

Unanschauliches anschaulich gemacht. Wenn man sich schwierige oder schwer vorstellbare Vorgänge veranschaulichen will, kann ein *Modell* gute Dienste leisten. Ein Modell kann komplizierte Vorgänge verständlich machen. So kann man sich auch einige Vorgänge in einem elektrischen Stromkreis durch den Vergleich mit einem Wasserkreislauf als Modell klar machen (Abb. 1).

Das Modell. Die Pumpe im Wasserkreislauf kann man mit der Batterie in einem Stromkreis vergleichen. Beide dienen als Energiequelle. Die Pumpe liefert die Energie, mit der das Wasser nach oben gepumpt wird. Von dort fließt es weiter zu einem Wasserrad. Das Wasserrad ist mit der Glühlampe vergleichbar. Beide wandeln Energie um. Vom Wasserrad wird die Energie des fließenden Wassers in die Bewegungsenergie des Wasserrades umgewandelt. Von der Glühlampe wird die elektrische Energie in Lichtenergie und Wärmeenergie umgesetzt. In einem Becken unter dem Wasserrad wird das Wasser gesammelt und wieder zur Pumpe zurückgeführt. Im Stromkreis fließen die Elektronen durch den Leitungsdraht zur Batterie zurück. Dort beginnt der Kreislauf von neuem. Den Wasserhahn kann man mit einem Schalter im Stromkreis vergleichen. Wenn der Hahn zugedreht ist, ist der Wasserkreislauf unterbrochen. Entsprechendes gilt für den Stromkreis, wenn durch das Öffnen des Schalters der Stromfluss unterbrochen wird. Dann werden keine Elektronen mehr bewegt.

Merksatz

Den elektrischen Stromkreis kann man mit einem Wasserkreislauf als Modell veranschaulichen. Ein Modell kann komplizierte Vorgänge verständlicher machen.

7.5 Die Stromstärke

Stromstärke ≙ Elektronenanzahl pro Zeit. Die elektrische Stromstärke wird bestimmt durch die Anzahl der Elektronen, die in einer bestimmten Zeit durch den Leiter fließen. Je mehr Elektronen in einer Sekunde durch den Leiter fließen, desto höher ist die Stromstärke. Die Einheit der Stromstärke ist das Ampere; sie wird mit dem Buchstaben A abgekürzt. Ein tausendstel Ampere ist ein Milliampere, abgekürzt mA. Bei einer Stromstärke von einem Ampere fließen in einer Sekunde rund sechs Trillionen Elektronen durch den Leiter, als Zahl ausgeschrieben: 6 000 000 000 000 000 000 Elektronen.

Analog und digital. Elektrische Geräte unterscheiden sich in ihrer Stromstärke (Abb. 1). Um die Stromstärke zu messen, kann man ein Vielfachmessgerät oder ein Amperemeter benutzen. Wenn auf einem Messgerät das Ergebnis durch einen entsprechenden Zeigerausschlag wiedergegeben wird, spricht man von einem *Analogmessgerät* oder Zeigermessgerät (Abb. 2, oben). Bei einem *Digitalmessgerät* erscheint das Ergebnis als Dezimalzahl (Abb. 2). Um die Stromstärke zu messen, muss das Amperemeter so in den Stromkreis eingesetzt werden, dass der gesamte Strom durch das Messgerät fließen kann. Glühlampe und Messgerät sind dann im Stromkreis hintereinander angeordnet. Eine solche Anordnung bezeichnet man als *Reihenschaltung* (Abb. 3).

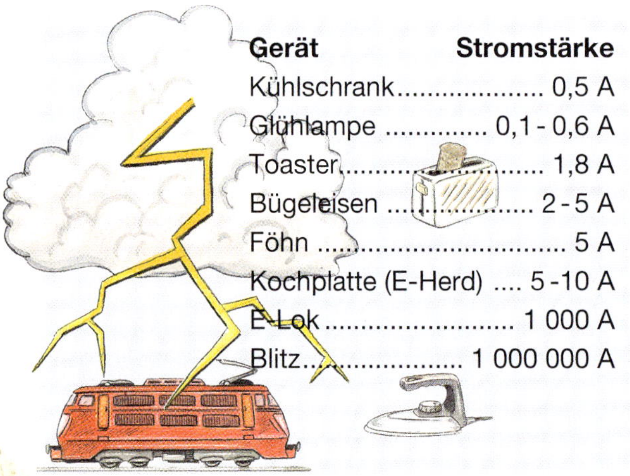

Gerät	Stromstärke
Kühlschrank	0,5 A
Glühlampe	0,1 - 0,6 A
Toaster	1,8 A
Bügeleisen	2 - 5 A
Föhn	5 A
Kochplatte (E-Herd)	5 - 10 A
E-Lok	1 000 A
Blitz	1 000 000 A

Abb. 1 Verschiedene Stromstärken

Abb. 2
Analogmessgerät (oben) und Digitalmessgerät

Merksatz

Die Stromstärke ist ein Maß für die Anzahl der Elektronen, die in einer bestimmten Zeit durch den Leiter fließen. Sie wird in Ampere, abgekürzt A, gemessen. Bei einer Reihenschaltung werden die einzelnen Bestandteile eines Stromkreises hintereinander angeordnet.

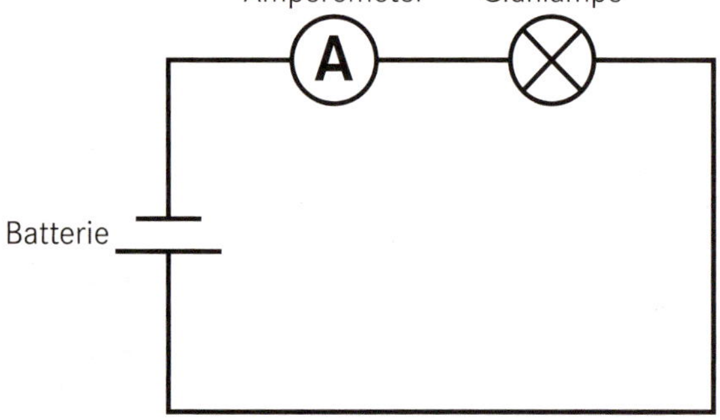

Abb. 3 Amperemeter werden immer in Reihe geschaltet

1 Verschieden stark

Du brauchst:

- Flachbatterie, neu
- Flachbatterie, weitgehend entladen
- Glühlampe (4 V) mit Fassung
- 2 Experimentierkabel
- 2 Krokodilklemmen
- Amperemeter

Baue aus den angegebenen Teilen einen Stromkreis auf. Miss bei beiden Batterien die Stromstärke. Vergleiche die Helligkeit der Glühlampe bei beiden Batterien. Was kannst du feststellen?

2 Reihenschaltung

Geräte zur Messung der Stromstärke müssen immer „in Reihe" geschaltet werden. Was bedeutet das? Erkläre, warum man nur so die Stromstärke messen kann.

3 Amperemeter ablesen

Welche Stromstärken werden bei den Amperemetern in Abb. 4 angezeigt?

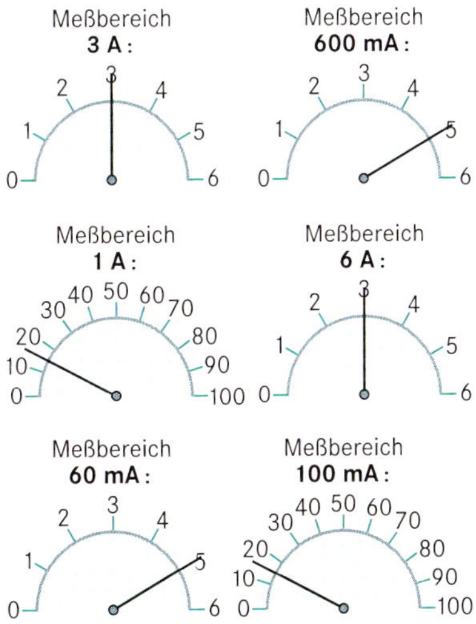

Abb. 4 Wie hoch ist die Stromstärke?

4 Amperemeter einstellen

Beim Messen der Stromstärke muss am Messgerät zuerst immer der größte Messbereich eingestellt werden. Erkläre, warum dies notwendig ist.

5 Stromstärke messen

Du brauchst:

- Flachbatterie
- Glühlampe (4 V) mit Fassung
- Schalter
- Amperemeter
- Experimentierkabel

Baue einen Stromkreis wie in Abb. 5 auf. Miss nacheinander die Stromstärke an den mit einem Pfeil gekennzeichneten Stellen. Was stellst du fest?

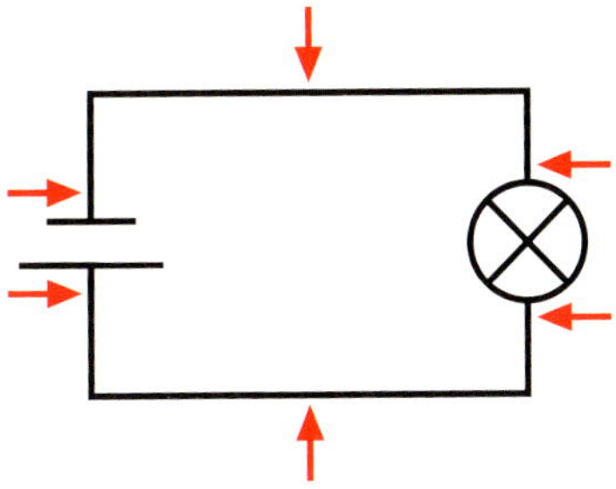

Abb. 5 Wie hoch ist jeweils die Stromstärke?

6 Aufgabe

In Abb. 7 siehst du Wasserhähne mit verschieden stark strömendem Wasser, daneben Aperemeter mit verschiedenen Anzeigcn. Welches Messgerät würdest du welchem Wasserstrom zuordnen?

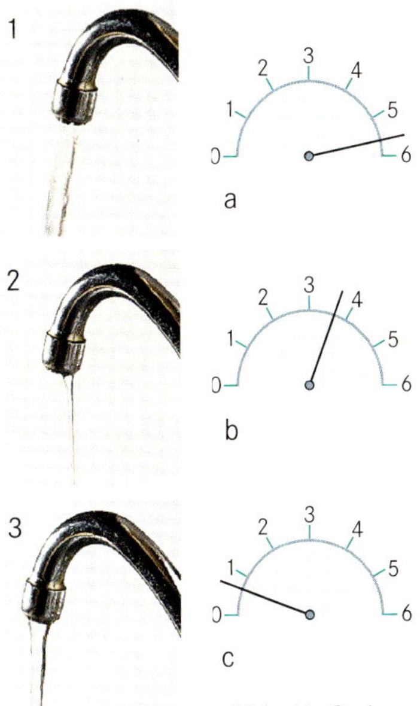

Abb. 7 Ordne zu

7 Aufgabe

In Abb. 6 siehst du einen verzweigten Wasserkreislauf. An welchen Stellen könnte man eine Wasseruhr einbauen, die den gesamten Wasserstrom im Wasserkreislauf misst?

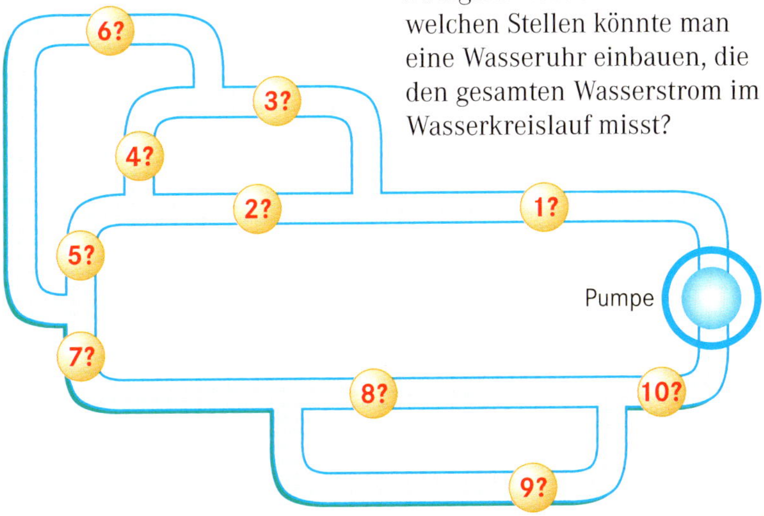

Abb. 6 An welchen Stellen wird der gesamte Wasserstrom gemessen?

7.6 Elektrische Spannung

Spannung erzeugt Kräfte. Eine Batterie ist eine elektrische Energiequelle. In einem geschlossenen Stromkreis gibt sie an alle Elektronen des Stromkreises Energie ab. Die Ursache dafür ist ein Elektronenüberschuss am Minuspol und ein Elektronenmangel am Pluspol. Dieses Ungleichgewicht will sich ausgleichen und übt auf alle Elektronen eine Kraft aus. Soll die Kraft groß sein, muss die Batterie viel Energie an die Elektronen abgeben. Dann sagt man: die Batterie hat eine große *Spannung*. Die Einheit der Spannung ist das Volt, abgekürzt V. Voltmeter werden parallel zur Spannungsquelle angeschlossen. Eine solche Schaltung heißt *Parallelschaltung* (Abb. 1).

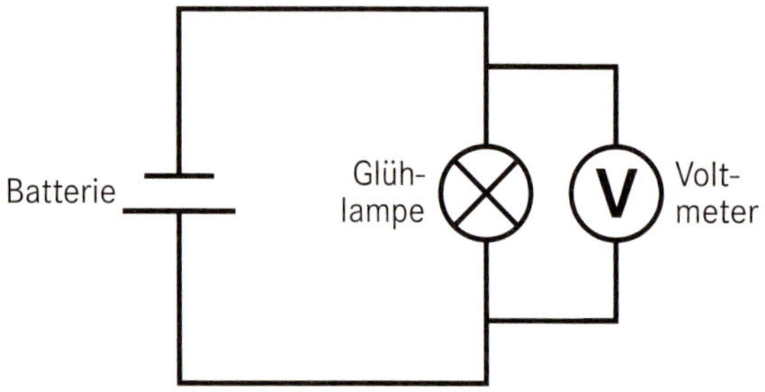

Abb. 1 Ein Voltmeter wird immer parallel geschaltet

Spannungsquelle	Spannung
Batterie (Monozelle, Knopfzelle)	1,5 V
Flachbatterie	4,5 V
Akku-Pack (5 Monozellen á 1,2 V)	6 V
Auto-Akku	12 V
Netzstrom	230 V
Oberleitung der Bahn	15 000 V
Generator im Elektrizitätswerk	25 000 V
Hochspannungsleitung	etwa 400 000 V

Abb. 2 Verschiedene Spannungsquellen

Spannungen kann man addieren. Batterien können sich durch ihre Spannung unterscheiden. Eine einfache Batterie, eine so genannte Monozelle, hat eine Spannung von 1,5 Volt. Wenn man drei Monozellen durch eine Reihenschaltung verbindet, erhält man eine Spannung von 4,5 Volt (Abb. 2).

Achtung! Hochspannung. Durch einen elektrischen Weidezaun fließt ein Strom bei einer Spannung von 24 Volt. Wenn man den Zaun berührt, spürt man ein deutliches Kribbeln. Bei einem Kontakt mit höheren Spannungen können erhebliche Verletzungen durch einen elektrischen Schlag entstehen. In den Überlandleitungen von Kraftwerken wird Strom mit Spannungen von bis zu 400 000 Volt geleitet. Es ist lebensgefährlich, wenn man einer Leitung mit einer so hohen Spannung zu nahe kommt (Abb. 3).

Merksatz

Die elektrische Spannung ist ein Maß für die Kräfte, die eine elektrische Energiequelle auf Elektronen überträgt. Sie wird in der Einheit Volt gemessen, abgekürzt V. Voltmeter werden parallel geschaltet. Spannungen von mehr als 25 Volt sind lebensgefährlich.

Bei 15 000 Volt enden Mutproben schnell mit dem Tod

Unter dem Motto „Vorsicht Lebensgefahr – die Bahn ist geladen" hat die Bahn AG eine Aufklärungskampagne gestartet.

Auf einem Abstellgleis des Güterbahnhofs inszenierte die Bahn einen Kurzschluss zwischen der Oberleitung und einem Güterwagen. „Ihr könnt einschalten!", rief der Bahnmitarbeiter ins Handy. Keine zwei Sekunden später zuckte über dem Güterwagen ein greller Blitz auf, fuhr ein ohrenbetäubender Knall den Zuschauern in die Knochen und machte eine gelbbraune Wolke deutlich, dass ein 2,4 Millimeter dicker Kupferdraht verdampft, wenn aus der 15 000-Volt-Oberleitung der Strom überspringt.

Statt des Kupferdrahts, so der zuständige Ingenieur, hätte man auch eine Strohpuppe verwenden können. Ein greller Lichtblitz hätte sie sofort in Flammen gesetzt.

„Der Tod kommt auch über das dünnste Schnürchen!", warnt die Bahn Kinder und Jugendliche davor, beim Drachensteigen den Stromleitungen zu nahe zu kommen. Egal, ob die Schnur aus Kunststoff oder anderem Material besteht, den Strom leitet sie in jedem Fall. Je feuchter es ist, desto besser fließt der Strom.

Selbst das Schießen mit den beliebten Wasser-Pumpguns kann nach Angaben der Experten zu einem lebensgefährlichen Spiel werden, wenn der Strom über den Wasserstrahl zum Menschen läuft. Oberleitungen hängen nur 5,6 Meter über der Erde. Viele Wasserpistolen schießen erheblich weiter.

Abb. 3 Zeitungsartikel

1 Spannung erklären
In Abb. 4 ist die Verteilung der Elektronen bei niedriger Spannung und bei hoher Spannung dargestellt. Wie kann man Spannung erklären?

2 Die Spannung macht's
Du brauchst:
- 3 Flachbatterien
- Glühlampe (12 V, 1,5 A) mit Fassung
- 5 Experimentierkabel
- 6 Krokodilklemmen

Baue einen Stromkreis auf. Schalte zunächst eine, dann zwei, dann alle drei Flachbatterien in den Stromkreis.
a) Wie müssen die Batterien untereinander verdrahtet werden, damit Strom fließt?
b) Bei welcher Schaltung leuchtet das Lämpchen am hellsten?
c) Wiederhole die Versuche, schalte aber parallel zur Glühlampe ein Voltmeter. Was kannst du feststellen?

3 110 V im Urlaub
Derya liest in einem Prospekt, dass in ihrem Urlaubsland die Netzspannung 110 V beträgt. Was wird sie feststellen, wenn sie an ihrem Urlaubsort den Föhn benutzen will?

4 Ein Trick hilft
Für einen Versuchsaufbau benötigst du eine Spannung von 9 V. Du hast aber nur Monozellen mit einer Spannung von 1,5 V zur Verfügung. Was kannst du tun? Zeichne den Versuchsaufbau.

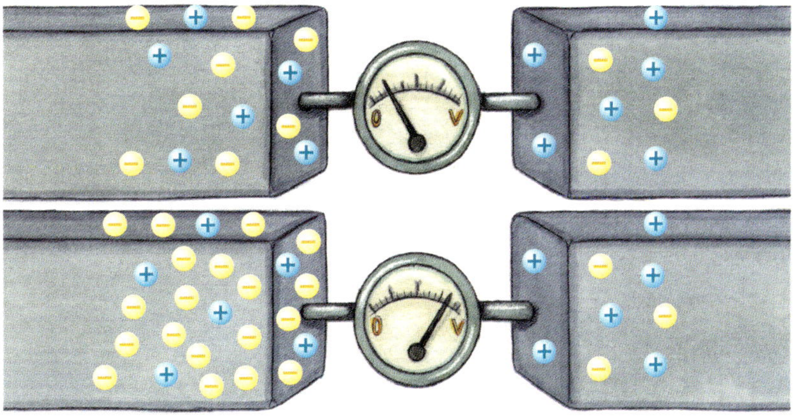

Abb. 4 Spannung erklären

5 Wie wird gemessen?
Du brauchst:
- Flachbatterie
- Glühlampe (4 V) mit Fassung
- Voltmeter
- Experimentierkabel

Baue einen Stromkreis wie in Abb. 5 auf. Miss nacheinander die Spannung zwischen den mit Pfeilen gekennzeichneten Stellen. Was stellst du fest?

6 Eine Batterie untersuchen
Du brauchst:
- Flachbatterie, entladen

Entferne vorsichtig die Papp- oder Plastikhülle einer entladenen Flachbatterie. Zeichne die Anordnung der einzelnen Batterien und zeichne die Verbindungsdrähte rot ein.

7 Die Spannung ist wichtig
Bei jedem elektrischen Verbraucher, z. B. einer Glühlampe oder einem Föhn, ist die Spannung angegeben, mit der das Gerät betrieben werden muss (Abb. 6). Warum ist diese Angabe wichtig?

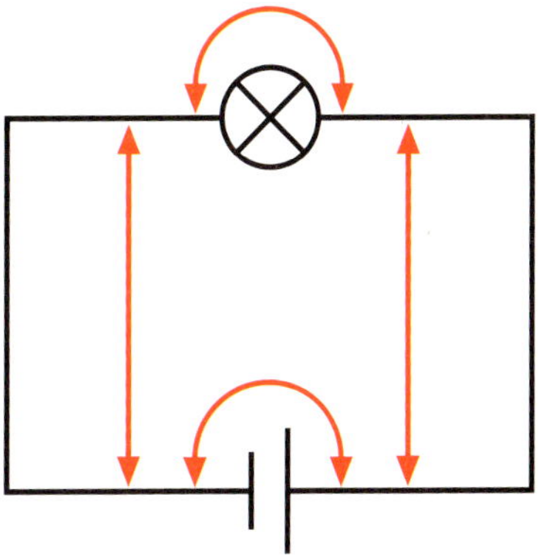
Abb. 5 Wie hoch ist die Spannung?

Abb. 6 Geräte benötigen unterschiedlich hohe Spannungen

A

7.7 Widerstand und Ohm'sches Gesetz

Was den Elektronenfluss bremst. Jeder Leiter setzt dem fließenden Strom einen elektrischen *Widerstand* entgegen. Dieser Widerstand ist vom Material des Leiters abhängig. Ein Silberdraht hat einen geringeren Widerstand als ein Eisendraht (Abb. 2). Außerdem spielen Länge und Durchmesser des Leiters eine Rolle. Je dünner und länger ein Draht ist, desto größer ist sein Widerstand (Abb. 3). So hat z. B. der sehr dünne und lange Glühdraht in einer Glühlampe einen sehr hohen Widerstand. Die Einheit des Widerstandes ist ein Ohm. Sie wird mit dem griechischen Buchstaben Ω (gesprochen Omega) abgekürzt.

Das Ohm'sche Gesetz. Die Bezeichnung „Ohm" ist vom Namen des deutschen Physikers GEORG SIMON OHM abgeleitet. Er lebte von 1787 bis 1854. OHM ging in zahlreichen Versuchen der Frage nach, welche Beziehung zwischen den Größen Widerstand, Spannung und Stromstärke besteht. Die Ergebnisse seiner Untersuchungen gehören heute unter der Bezeichnung *„Ohm'sches Gesetz"* zum Standardwissen eines jeden Elektrikers. Will der den Widerstand eines Leiters ermitteln, dann dividiert er die Spannung durch die Stromstärke. Die Beziehung zwischen diesen drei Größen kann man als Formel darstellen (Abb. 1). In der Formel wird der Widerstand mit dem Symbol R abgekürzt. Für die Spannung steht das Symbol U, für die Stromstärke das Symbol I. Mithilfe dieser Formel lässt sich jede der drei Größen Widerstand, Spannung oder Stromstärke berechnen, wenn die beiden anderen Größen bekannt sind.

$$\text{Widerstand} = \frac{\text{Spannung}}{\text{Stromstärke}} \qquad R = \frac{U}{I}$$

$$\text{Spannung} = \text{Widerstand} \cdot \text{Stromstärke} \qquad U = R \cdot I$$

$$\text{Stromstärke} = \frac{\text{Spannung}}{\text{Widerstand}} \qquad I = \frac{U}{R}$$

Abb. 1 Das Ohm'sche Gesetz

Material	Widerstand (bei 1 m Länge, 1 mm^2 Querschnittsfläche)
Silber	0,016 Ω
Kupfer	0,017 Ω
Aluminium	0,028 Ω
Eisen	0,1 Ω
Konstantan (Widerstandsdraht)	0,5 Ω

Abb. 2 Widerstände verschiedener Leiter

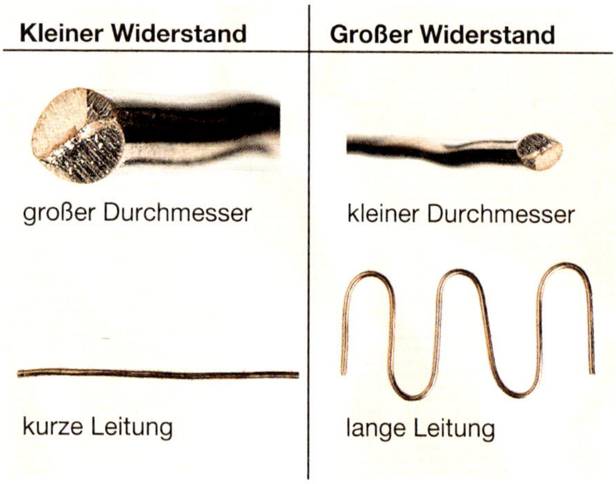

Abb. 3 Der Widerstand eines Leiters ist verschieden

Laut oder leise. Ob aus einem Radiogerät die Musik laut oder leise ertönt, hängt von der Stromstärke ab. Je geringer die Stromstärke ist, desto leiser wird die Musik. Die Stromstärke kann man verringern, indem man den Widerstand erhöht (Abb. 1). Eine Erhöhung des Widerstandes erreicht man beim Radiogerät durch den Lautstärkeregler. Wenn man den Regler nach links dreht, wird der Widerstand erhöht. Die Stromstärke wird dadurch verringert und die Musik erklingt leiser.

Merksatz

Beim Stromfluss werden die in einem Leiter fließenden Elektronen mehr oder weniger stark behindert. Diese Eigenschaft eines Leiters nennt man den Widerstand. Das Ohm'sche Gesetz beschreibt den Zusammenhang zwischen den Größen Spannung, Stromstärke und Widerstand.

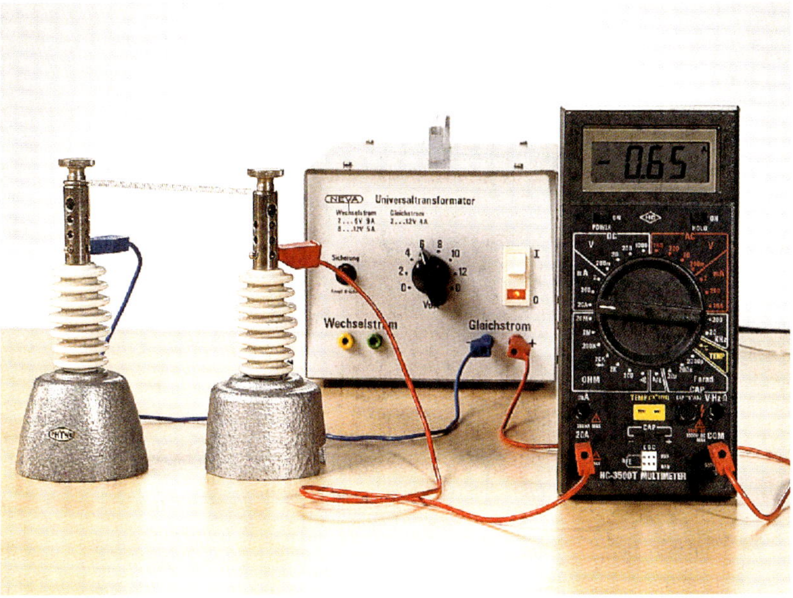

Abb. 4 Das Material oder der Durchmesser des Drahtes werden verändert

1 Das Material ist entscheidend

Du brauchst:
- Transformator
- Amperemeter
- Drähte (0,2 mm Durchmesser) aus Eisen, Konstantan, Messing, Kupfer
- Stativ
- 2 Isolatoren
- Experimentierkabel
- Kugelschreibermine

Wickle jeweils einen Meter der verschiedenen Drähte so um eine Kugelschreibermine, dass eine Spirale entsteht. Baue den Stromkreis auf und schalte die Spirale in den Stromkreis (Abb. 4). Stelle am Transformator eine Spannung von 2 V ein und miss jedes Mal die Stromstärke, die durch die verschiedenen Drähte fließt. Was kannst du feststellen?

2 Auf den Durchmesser kommt es an

Du brauchst:
- Transformator
- Amperemeter
- Konstantandraht (drei verschiedene Durchmesser)
- Stativ
- 2 Isolatoren
- Experimentierkabel

Miss jeweils einen Meter der Konstantandrähte ab. Baue einen Stromkreis wie in Abb. 4 auf und schalte jeweils einen der verschieden dicken Drähte in den Stromkreis. Stelle am Transformator bei allen Messungen eine Spannung von 2 V ein. Miss jeweils die Stromstärke. Was stellst du fest?

3 Warum Kuperleitungen?

Was könnte der Grund dafür sein, dass die meisten elektrischen Leitungen aus Kupfer sind?

4 Lange Leitung

Du brauchst:
- Transformator
- Amperemeter
- 1,5 m Konstantandraht (0,2 mm dick)
- Experimentierkabel
- Stativ
- 2 Isolatoren

Baue einen Stromkreis auf und stelle am Transformator eine Spannung von 2 V ein. Schalte den Konstantandraht in den Stromkreis, erst eine Strecke von 50 cm, dann in 10-cm-Schritten immer längere Strecken, bis 1,50 m. Miss jedes Mal die Stromstärke.

a) Was kannst du feststellen?

b) Teile jeweils die Spannung (2 V) durch die von dir gemessene Stromstärke. Vergleiche die Ergebnisse.

5 Lange Leitung

Eine 12-V-Halogenleuchte wird an ein sehr langes Kabel angeschlossen und leuchtet nur noch sehr schwach. Was kannst du tun, damit sie wieder heller leuchtet? Nenne zwei Möglichkeiten.

6 Welche Zusammenhänge bestehen?

Ordne richtig zu:

a) Je dicker/dünner ein elektrischer Leiter ist, desto größer/kleiner ist die Stromstärke (bei gleicher Länge des Leiters und gleicher Spannung).

b) Je länger/kürzer ein elektrischer Leiter ist, desto größer/kleiner ist die Stromstärke (bei gleicher Spannung und gleicher Dicke des Leiters).

Abb. 5 Fließt das Wasser unterschiedlich schnell?

7 Wie Stromstärke und Spannung zusammenhängen

Du brauchst:
- Transformator
- Amperemeter
- Stativ
- 2 Isolatoren
- 1 m Konstantandraht (0,2 mm Durchmesser)
- Experimentierkabel

Baue einen Stromkreis wie in Abb. 4 , S. 143, auf. Schalte den Konstantandraht in den Stromkreis. Stelle am Transformator erst 2 V, dann nacheinander 4 V, 6 V, 8 V und 10 V ein. Miss jedes Mal die Stromstärke. Dividiere die Spannung in Volt durch die Stromstärke in Ampere. Was stellst du fest?

8 U - R - I

Die drei wichtigen Größen des elektrischen Stromkreises, die Spannung U in V (Volt), der Widerstand R in Ω (Ohm) und die Stromstärke I in A (Ampere) sind durch das Ohm'sche Gesetz miteinander verknüpft. Damit du die jeweilige Umformung des Ohm'schen Gesetzes leicht findest, kannst du das Dreieck von Abb. 6 benutzen. Halte das gesuchte Symbol zu und du siehst sofort, wie die anderen beiden mathematisch miteinander verknüpft sind.

Abb. 6 Rechenhilfe für das Ohm'sche Gesetz

9 Modellversuch zum Widerstand

Du brauchst:
- 2 Glasrohre (ca. 30 cm lang, 3-5 cm Durchmesser)
- 2 durchbohrte Stopfen (passend zu den Glasrohren)
- 2 kurze Glasrohre
- Sand
- Kies (grober Sand)
- Becherglas (1000 ml)
- Watte
- Stoppuhr
- Stative

Baue die Glasrohre wie in Abb. 5 auf. Fülle das eine Glasrohr zu ⅔ mit Sand, das zweite genauso hoch mit Kies. Miss mit dem Becherglas 1 l Wasser ab und gieße es gleichmäßig durch das mit Sand gefüllte Glasrohr. Stoppe die dafür benötigte Zeit. Wiederhole dies mit dem mit Kies gefüllten Rohr. Vergleiche die gestoppten Zeiten.
Dies ist ein Modellversuch zum Widerstand. Welche Parallelen zum elektrischen Widerstand kannst du erkennen?

10 Aufgabe

Übertrage die Tabelle in dein Heft und berechne die fehlenden Werte.

Spannung U (V)	120 V	40 V	?
Widerstand R (Ω)	?	8 Ω	15 Ω
Stromstärke I (A)	6 A	?	6 A

7.8 Elektrizität und Sicherheit

Vorsicht beim Umgang mit Strom! Der Umgang mit Elektrizität oder elektrischen Geräten kann gefährlich sein. Da wir kein Sinnesorgan für die Wahrnehmung von Elektrizität haben, können wir nicht sehen, ob ein Gerät unter Spannung steht. Spannung und Stromstärke sind nur durch geeignete Messgeräte feststellbar. Der menschliche Körper ist für Strom ein guter Leiter. Wenn wir die Strom führenden Teile eines Elektrogerätes berühren, wird der Strom durch unseren Körper weitergeleitet anstatt durch den Stromkreis. Verbrennungen, Muskelkrämpfe oder lebensgefährliche Herzstörungen können auftreten (Abb. 6).

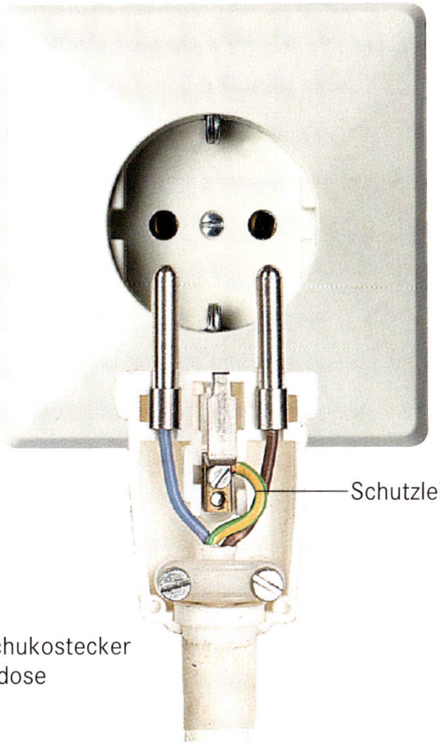

Abb. 2 Schukostecker und Steckdose

Schutzleiter und Schukostecker. Viele Elektrogeräte wie Waschmaschine, Bügeleisen und Toaster haben ein Gehäuse aus Metall. Wenn in einem solchen Gerät die Isolierung des Anschlusskabels defekt ist, kann der Strom zum Metallgehäuse geleitet werden und das Gerät steht dann unter Spannung. Beim Berühren des Gerätes würde der Strom durch den menschlichen Körper fließen. Um das zu verhindern, ist das Metallgehäuse mit einem zusätzlichen Leitungsdraht verbunden (Abb. 1). Dieser Draht ist an seiner grüngelben Isolierung zu erkennen und wird als *Schutzleiter* bezeichnet. Er führt zusammen mit den beiden anderen Leitungsdrähten zum Gerätestecker. Hier ist der Schutzleiter an eine Metallspange angeschlossen (Abb. 2). Ein solcher Stecker heißt *Schukostecker* (Schutzleiter-Kontakt-Stecker). Beim Einstecken in die Steckdose ist der Schutzleiter mit der geerdeten Leitung der Steckdose verbunden. Dadurch wird Folgendes erreicht: Wenn das Metallgehäuse des Elektrogerätes durch eine defekte Isolierung unter Spannung geraten sollte, fließt der Strom durch den Schutzleiter in die geerdete Leitung ab. Gleichzeitig wird der Stromkreis durch eine Sicherung sofort unterbrochen.

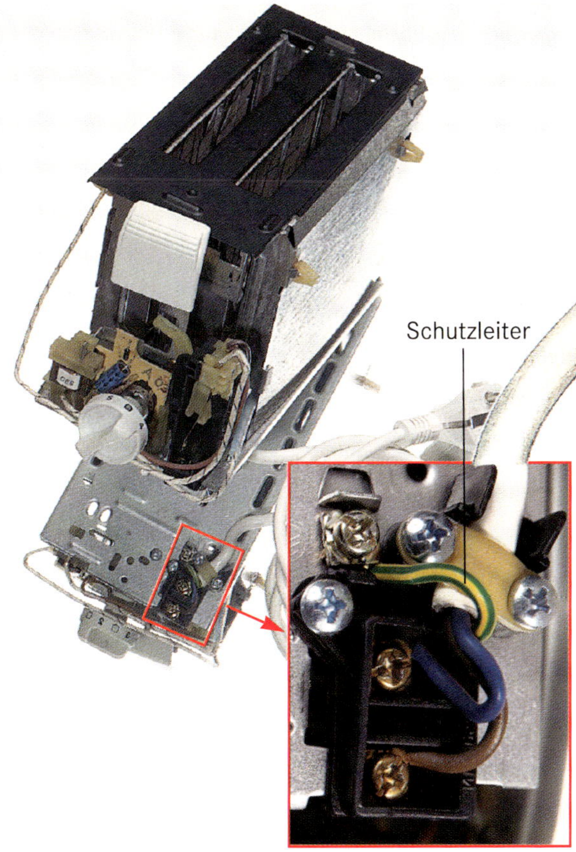

Abb. 1 Toaster auf einem Spiegel fotografiert. An der Unterseite ist das Metallgehäuse mit dem Schutzleiter verbunden.

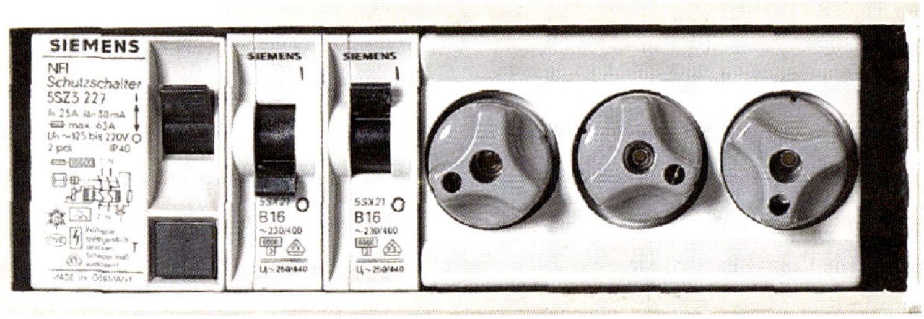

Abb. 3 Sicherungskasten mit Schmelzsicherungen und Magnetschaltern

Sicher ist sicher. Sicherungen dienen dazu, Schäden am Elektrogerät und Unfälle durch Strom zu vermeiden. Im Haushalt sind sie in einem Sicherungskasten untergebracht (Abb. 3). Wenn die Stromstärke einen bestimmten, durch die Sicherung vorgegebenen Wert übersteigt, wird der Stromkreis sofort unterbrochen. Eine solche Unterbrechung erfolgt beispielsweise, wenn sich in einem defekten Anschlusskabel die beiden Leitungsdrähte unmittelbar berühren. Der Strom fließt dann nicht mehr durch das Gerät, sondern auf kurzem Weg von einem Leitungsdraht über den anderen Leitungsdraht zur Stromquelle zurück. Diesen Vorgang bezeichnet man als *Kurzschluss*. Es gibt zwei verschiedene Sorten von Sicherungen: Schmelzsicherungen und Sicherungsautomaten. Das wichtigste Merkmal einer *Schmelzsicherung* ist ein sehr dünner Draht (Abb. 4). Bei einer plötzlichen Erhöhung der Stromstärke wird dieser dünne Draht so heiß, dass er sofort schmilzt. Der Stromfluss wird dadurch wie durch einen Schalter unterbrochen.

Eine Schmelzsicherung muss erneuert werden, wenn der Draht nach einem Kurzschluss geschmolzen ist. Das ist bei einem *Sicherungsautomaten* nicht notwendig (Abb. 3). Hier wird durch einen Magnetschalter bei zu hoher Stromstärke der Stromkreis unterbrochen. Danach kann man den Automaten durch Betätigen eines Schalters wieder funktionsfähig machen.

Merksatz

Wenn man Strom führende Teile eines Elektrogerätes berührt, wird der Strom durch den menschlichen Körper geleitet. Das kann lebensgefährlich sein. Schutzleiter und Sicherungen unterbrechen den Stromfluss, wenn eine bestimmte Stromstärke überschritten wird. Schäden an Geräten und Verletzungen des Menschen werden so verhindert.

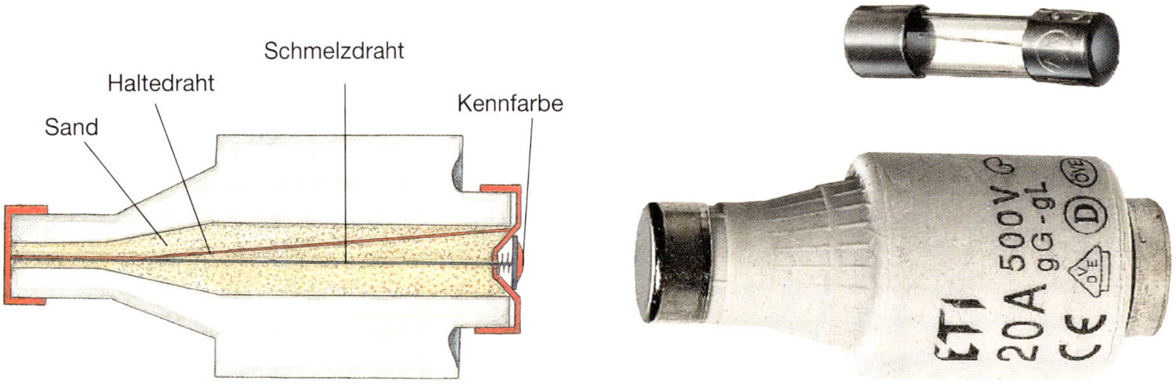

Abb. 4 Verschiedene Schmelzsicherungen mit Schemazeichnung

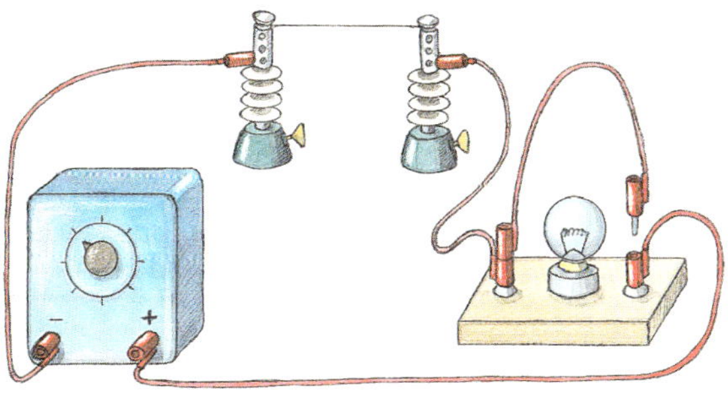

Abb. 5 Stromkreis zur Schmelzsicherung

Stromstärke	Wirkung auf den Menschen (in 1 sec)
bis 0,5 mA	keine Wirkung; Ströme dieser Stärke werden von den meisten Menschen nicht wahrgenommen
0,5-20 mA	Kribbeln in den Händen und Handgelenken bis 3 mA; bei größeren Strömen schmerzhafte Krämpfe der Muskeln; keine direkten Schäden
20-50 mA	Muskeln verkrampfen stark und schmerzhaft; man kann den stromführenden Gegenstand nicht loslassen; Unregelmäßigkeiten des Herzschlags und Bewusstlosigkeit möglich
über 50 mA	Höchste Lebensgefahr! Aussetzen des Herzschlags; Unterversorgung des Gehirns mit Blut; Bewusstlosigkeit; Atemstillstand; ohne geeignete Notfallmaßnahmen nach kurzer Zeit der Tod

Abb. 6 Strom ist gefährlich

1 Schmelzsicherung

Du brauchst:

- Transformator
- Glühlampe (12 V) mit Fassung
- 2 Isolatoren
- 5 cm Konstantandraht (0,1 mm Durchmesser)
- Experimentierkabel

Baue einen Stromkreis wie in Abb. 5 auf. Stelle am Transformator eine Spannung von 12 V ein. Überbrücke dann das Lämpchen mit einem Experimentierkabel, sodass ein Kurzschluss entsteht. Beobachte den dünnen Draht zwischen den Isolatoren. Was kannst du feststellen?

2 Bau einer Sicherung

Du brauchst:

- Feinsicherung

Entferne die Endkappen von einer Feinsicherung.

a) Zeichne und beschreibe ihren Aufbau.

b) Welche Aufgabe hat die Feinsicherung?

c) Was geschieht im Falle eines Kurzschlusses?

3 Höchste Gefahr

Abb. 6 zeigt die Wirkung von Strom auf den Menschen. Ein Sicherungsautomat unterbricht den Stromkreis schon bei einem Strom von 0,02 A. Erkläre, warum die Sicherung schon bei einer solch geringen Stromstärke den Strom ausschaltet.

4 Vorsicht beim Umgang mit Strom

Wir alle gehen ständig mit Elektrizität um. Deshalb müssen wir die Regeln kennen, um uns nicht in Gefahr zu bringen.
Lies die Regeln in Abb. 7 und schreibe zu jeder Regel auf, welchen Sinn sie hat.

Vorsicht beim Umgang mit elektrischem Strom!

- Elektrogeräte gehören nicht an den Rand von Badewanne, Waschbecken oder Spülbecken, selbst dann nicht, wenn sie ausgeschaltet sind.
- Mit einem Elektrogerät in der Hand darf man nicht gleichzeitig Heizungsrohre, Wasserhähne oder Spülbecken anfassen.
- Elektrogeräte dürfen nicht mit Wasser gereinigt werden. Wenn sie nicht ans Stromnetz angeschlossen sind, kann man sie feucht abwischen.
- Defekte Geräte oder Geräte mit defektem Kabel dürfen nicht ans Stromnetz angeschlossen werden.
- Stecker dürfen nicht an der Leitung aus der Steckdose gezogen werden.
- Wenn man barfuß im Freien oder auf einem Steinfußboden steht, darf man keine Elektrogeräte benutzen.
- Wenn Kleinkinder im Haus leben oder häufig zu Besuch kommen, müssen Steckdosen durch spezielle Einsätze gesichert werden.
- In der Nähe von Freileitungen darf man keine Drachen steigen lassen.

Abb. 7

7.9 Elektrische Leistung: Watt

Große und kleine Helfer. Viele Haushaltsgeräte werden mit elektrischem Strom betrieben. Die Elektromotoren in den Geräten wandeln elektrische Energie in Bewegungsenergie um. Sie nehmen uns Arbeit ab, für die wir sonst unsere Muskeln anstrengen müssten. In der Küche sind das z. B. Geschirrspüler und Mixer. Andere Elektrogeräte wie Bügeleisen und Lampen wandeln elektrische Energie in Wärmeenergie oder Lichtenergie um.

Was ist ein Watt? Alle Elektrogeräte im Haushalt erbringen eine bestimmte *Leistung*. Sie ist in der Regel auf dem Typenschild des Gerätes angegeben. Die Leistung wird in der Einheit Watt gemessen, abgekürzt W. 1000 Watt sind ein Kilowatt, abgekürzt kW. Die Bezeichnung Watt ist vom Namen des englischen Ingenieurs und Erfinders der Dampfmaschine JAMES WATT abgeleitet. Er lebte von 1736-1819. Je höher die Wattangabe, desto größer die Leistung. Eine Lampe mit 100 Watt leuchtet deshalb heller als eine Lampe mit 25 Watt. Eine Kochplatte mit 500 Watt liefert mehr Wärmeenergie als eine Platte mit 180 Watt (Abb. 1).

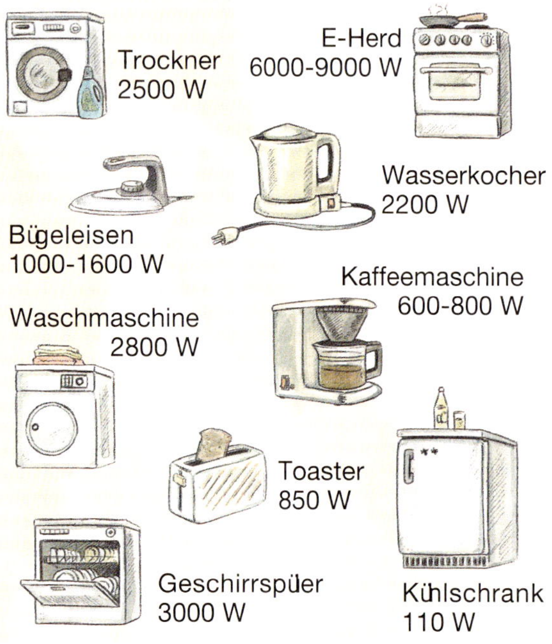

Abb. 1 Haushaltsgeräte haben verschiedene Leistung

Die Leistung einer Waschmaschine. In einem Haushalt werden die meisten Elektrogeräte mit 230 Volt betrieben. Trotzdem können ihre Leistungen sehr unterschiedlich sein. So leistet eine Waschmaschine mit 2800 Watt ca. 100-mal so viel wie ein CD-Spieler mit 25 Watt. Diese unterschiedlichen Leistungen sind möglich, weil die Waschmaschine dem Stromnetz eine viel höhere Stromstärke entnimmt als der CD-Spieler. Die Leistung eines Elektrogerätes ist also nicht nur von der Spannung, sondern auch von der Stromstärke abhängig. Das Symbol für die Leistung ist der Buchstabe P. Sie lässt sich berechnen, indem man das Produkt aus Stromstärke und Spannung bildet: $P = I \cdot U$.

Leistung der Waschmaschine: 2800 W

Spannung am Netz: 230 V

$$\text{Stromstärke} = \frac{\text{Leistung}}{\text{Spannung}}$$

$$I = \frac{2800}{230} = \text{ca. } 12\ \text{A}$$

Abb. 2 Welche Stromstärke entnimmt die Waschmaschine dem Netz?

Merksatz

Elektrogeräte sind Energiewandler. Sie wandeln elektrische Energie in Bewegungsenergie, Wärmeenergie oder Lichtenergie um. Je mehr Energie ein Elektrogerät in einer Sekunde umwandelt, desto höher ist seine Leistung. Die Leistung ist das Produkt aus Spannung und Stromstärke. Die Einheit der Leistung ist das Watt, abgekürzt W.

1 Je heller, desto Watt

Du brauchst:

- Transformator
- Glühlampe (12 V)
- Amperemeter
- Experimentierkabel

Baue einen Stromkreis aus dem angegebenen Material auf. Stelle am Transformator nacheinander 6 V, 8 V, 10 V und 12 V ein. Miss zu jeder Spannung die Stromstärke durch das Lämpchen. Was kannst du über die Helligkeit der Glühlampe sagen?

2 Leistung berechnen

Du machst Versuche mit verschiedenen Glühlampen, die für eine Netzspannung von 230 V gebaut sind (Abb. 3). Wenn du die Stromstärke durch verschiedene Glühlampen misst, erhältst du diese Ergebnisse:

100-Watt-Glühlampe:	0,435 A
75-Watt-Glühlampe:	0,326 A
60-Watt-Glühlampe:	0,261 A
20-Watt-Glühlampe:	0,087 A

a) Überlege, welcher mathematische Zusammenhang zwischen der elektrischen Leistung P der elektrischen Spannung U und der elektrischen Stromstärke I besteht.
b) Wie muss eine Formel lauten, mit der man aus Spannung und Stromstärke die Leistung berechnen kann?

3 Reicht die Sicherung?

Ein Heizlüfter hat eine elektrische Leistung von 2200 Watt. Kann er bei der Netzspannung von 230 Volt betrieben werden, wenn die Stromstärke durch eine 10-Ampere-Sicherung begrenzt ist? Berechne.
Wie groß darf die elektrische Leistung bei einer 10-Ampere-Sicherung höchstens sein?

Abb. 4 Typenschilder von Föhn und Bohrmaschine

4 Stromstärken berechnen

Suche zu Haus bei verschiedenen Elektrogeräten die Typenschilder und notiere ihre elektrische Leistung in Watt (Abb. 4). Berechne wie in Abb. 2 für jedes Gerät die Stromstärke, die beim Betrieb hindurchfließt.

5 Was passiert?

Bei Familie Klever ist die Heizung ausgefallen. Um nicht frieren zu müssen, werden im Wohnzimmer zwei Heizlüfter mit je einer Leistung von 2000 W eingeschaltet. Der Stromkreis im Wohnzimmer hat eine 16-Ampere-Sicherung. Was passiert?

6 Aufgabe

Anna findet auf dem Typenschild eines Elektrogerätes die Angabe P_{el} = 350 VA. Was bedeutet dieser Wert?

7 Kurzschluss

Bei dir zu Haus springt mehrfach die Sicherung heraus, obwohl kein Kurzschluss aufgetreten ist. Was könnte der Grund dafür sein?

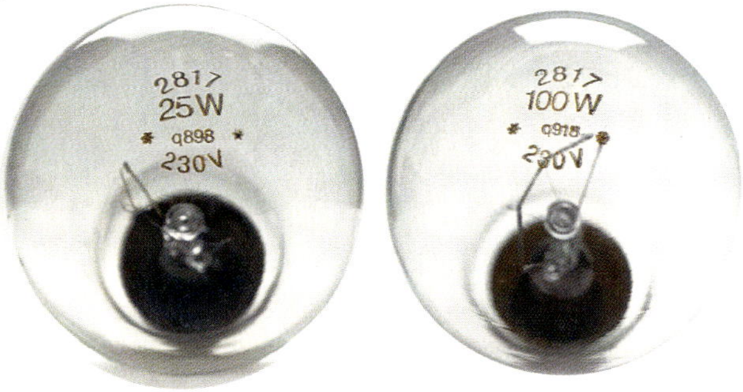

Abb. 3 Die Leistung steht auf jeder Glühlampe

7 Elektrizität

7.10 Energie sparen

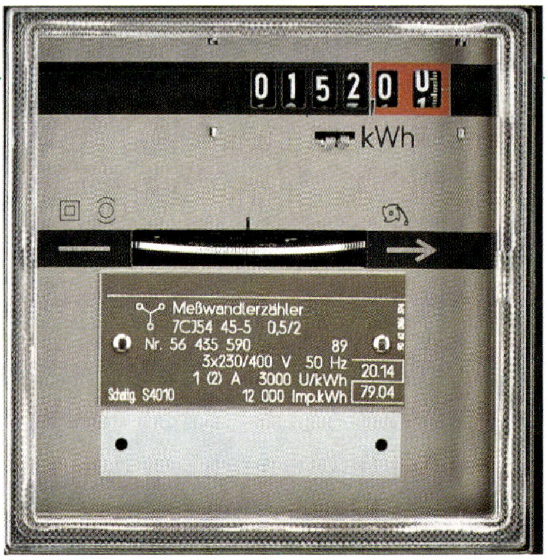

Abb. 1 In jedem Haushalt ist ein Stromzähler

Die Stromrechnung kommt. Jeder Haushalt besitzt einen Stromzähler (Abb. 1). Sobald ein Elektrogerät eingeschaltet wird, dreht sich in dem Zähler eine Metallscheibe mit einer roten Markierung. Die Scheibe dreht sich umso schneller, je mehr Energie pro Sekunde aus dem Stromnetz entnommen wird, je mehr Leistung verlangt wird. Auf einer gut sichtbaren Zahlenskala wird die Leistung laufend gezählt. Sie wird in Kilowatt (kW) mal Stunden (h) angegeben, oder kurz *Kilowattstunden* (kWh). Ein Beispiel: Eine 100-W-Glühlampe, die eine Stunde lang brennt, entnimmt dem Stromnetz in dieser einen Stunde 100 Watt. 1 Stunde = 100 Wh. Nach einer Leuchtzeit von zehn Stunden hat diese Lampe 10 Stunden mal 100 Watt dem Netz entnommen. Das sind 1000 Wattstunden (1000 Wh) oder eine Kilowattstunde (1 kWh). Die gleiche Energie entnimmt ein Bügeleisen mit einer Leistung von 1000 Watt bereits in einer Stunde (Abb. 2). Im Durchschnitt kostet eine Kilowattstunde 0,15 Euro.

Jetzt geht mir ein Licht auf! Wenn eine 40-W-Glühlampe längere Zeit leuchtet, wird sie so heiß, dass man sie nicht mehr anfassen kann. Von der elektrischen Energie wird nur ein sehr geringer Teil, nämlich nur 5 % in Licht umgewandelt. Der weitaus größere Teil der Energie wird in Wärme umgewandelt (Abb. 3). Bedeutend günstiger ist die Lichtausbeute bei einer Leuchtstofflampe. Sie enthält ein Gasgemisch, das nach dem Einschalten des Stroms Leuchtstoffschichten an der Glaswand zum Leuchten bringt. In einer solchen Lampe werden immerhin 25 % der Energie in Licht umgewandelt (Abb. 3). Praktisch bedeutet das: Die Leuchtstofflampe kommt mit weniger Energie aus, wenn sie gleich hell leuchtet wie eine Glühlampe. Leuchtstofflampen werden auch Energiesparlampen genannt. Eine 4-W-Energiesparlampe bringt ungefähr die gleiche Helligkeit wie eine 20-W-Glühlampe. Ein weiterer Vorteil der Energiesparlampen ist ihre längere Lebensdauer. Den eindeutigen Vorteilen einer Energiesparlampe stehen allerdings auch einige Nachteile gegenüber. In der Anschaffung ist eine solche Lampe teurer. Und sie enthält umweltschädliche Stoffe. Deshalb müssen Energiesparlampen als Sondermüll entsorgt werden.

Stromsparen schont Geldbeutel und Umwelt. Es ist ja so einfach: Man braucht nur einen Knopf zu drücken oder einen Schalter zu

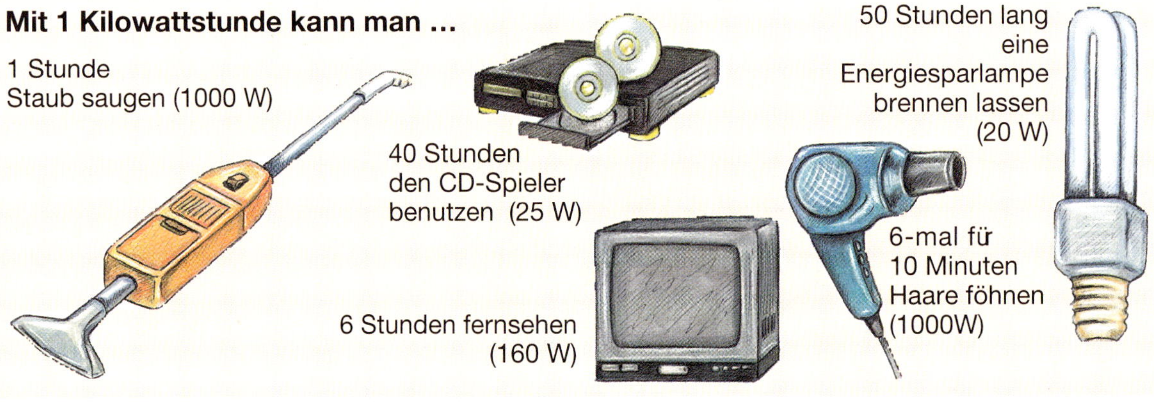

Abb. 2

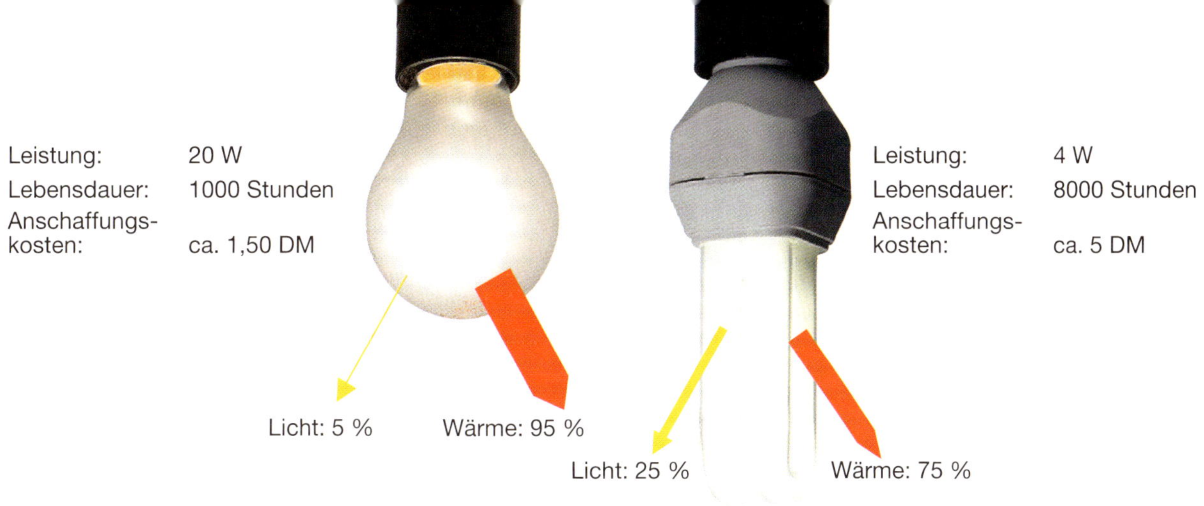

Abb. 3 Vergleich: Glühlampe - Energiesparlampe

betätigen und schon fließt der Strom. Weil elektrische Energie so bequem und fast überall und immer zu erreichen ist, gehen wir gedankenlos mit ihr um. Dabei ist Stromsparen aus mehreren Gründen sinnvoll und notwendig. Im Haushalt macht sich das Stromsparen unmittelbar in der niedrigeren Stromrechnung bemerkbar. Für die Umwelt wirkt sich ein niedriger Verbrauch in zweifacher Hinsicht aus: Zum einen wird die Luft mit weniger Kohlenstoffdioxid aus den Strom produzierenden Kohlekraftwerken belastet, zum anderen könnte man nach und nach auf Strom aus Kernkraftwerken verzichten, deren radioaktiver Abfall zu großen Problemen führt. Jeder Einzelne kann mithelfen Strom zu sparen. Es gibt dafür einige einfache und praktische Tipps (Abb. 5).

Immer in Bereitschaft. Viele elektrische Geräte nehmen auch dann Energie auf, wenn wir sie gerade nicht benutzen. So verbraucht ein Fernseher Strom, wenn er mit der Fernbedienung ausgeschaltet ist, aber die rote Lampe anzeigt, dass das Gerät in Bereitschaft gehalten wird. *Stand-by-Betrieb* nennen wir diesen Zustand, mit dem wir bequem vom Sessel aus den Fernseher bedienen können. Wir lassen uns diese Bequemlichkeit bis zu 20 Euro im Jahr kosten. Stand-by-Betrieb haben auch viele andere Elektrogeräte: Videorekorder, Faxgeräte, Anrufbeantworter, Drucker, Computer und Stereoanlagen. Fast 3 % des gesamten Stroms in Deutschland wird für den Stand-by-Betrieb benötigt (Abb. 4). Beim Kauf eines neuen Gerätes spart man Geld, wenn man darauf achtet, dass das Gerät im Stand-by-Betrieb einen geringen Stromverbrauch hat.

Abb. 4 3 % des Stroms in Deutschland wird für den Stand-by-Betrieb benötigt. Das entspricht der Leistung von zwei Großkraftwerken und dem Strombedarf von Berlin.

Merksatz

Die in einer bestimmten Zeit dem Stromnetz entnommene Energie wird in Kilowattstunden gemessen (kWh). Da sich die Elektrogeräte in ihrer Leistung unterscheiden, ist auch ihre Energieaufnahme in einer Stunde unterschiedlich hoch. Richtiges Verhalten bei der Nutzung der Geräte spart Strom und Geld.

7 Elektrizität

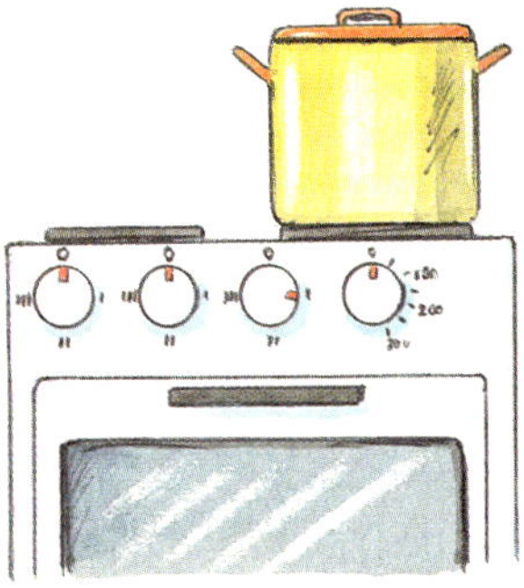

Benutze nur Kochtöpfe mit glatten Böden und gut schließenden Deckeln.
Die Kochplatte darf nicht größer sein als der Topfboden. Schalte einige Minuten vor dem Ende der Kochzeit den Herd aus und nutze die Restwärme der Platte.

Öffne den Backofen nicht unnötig.

Schalte Spülmaschine und Waschmaschine nur an, wenn sie voll beladen sind.
Normal verschmutzte Wäsche wird bei 60 °C sauber. Verzichte auf die Vorwäsche.
Trockne die Wäsche möglichst oft an der Sonne, drinnen auf einem Ständer oder dem Trockenboden.

Schalte das Licht nur dort ein, wo es gebraucht wird. Verwende für Dauerbeleuchtung Energiesparlampen.

Schalte Fersehgerät und Radioanlage ganz aus, wenn du sie nicht nutzt.

Schließe Kühlschrank und Gefrierschrank (Gefriertruhe) schnell nach dem Gebrauch. Stelle keine warmen Speisen in den Kühlschrank, den Gefrierschrank oder die Gefriertruhe.

Abb. 5 Energiespartipps

1 **Vergleich Glühlampe - Energiesparlampe**
Familie Schuppe ersetzt eine 25-Watt-Glühlampe durch eine 11-Watt-Energiesparlampe.
a) Wie viel spart sie bei den Betriebskosten in einem Jahr, wenn die Lampe täglich 5 Std. lang brennt und die Kilowattstunde 0,15 Euro kostet?
b) Wie viel spart sie während der gesamten Betriebsdauer der Energiesparlampe von 8000 Stunden gegenüber der normalen Glühlampe, die nur 1000 Stunden hält? Berücksichtige dabei auch, dass die Energiesparlampe 8 Euro, die Glühlampe aber nur 0,75 Euro kostet.

2 **Heizen mit Nachtstrom?**
Es gibt immer noch Häuser, die elektrisch beheizt werden. Bilde dir zu dieser Art der Beheizung selbst ein Urteil, indem du die Zeitungsartikel in Abb. 6 und 7 auswertest.

3 **Erneuerbare Energie**
Elektrische Energie kann man auch aus erneuerbaren (regenerativen) Energiequellen herstellen.
a) Was versteht man unter erneuerbaren Energien?
b) Welche Vorteile bietet die Gewinnung von elektrischer Energie aus erneuerbaren Energiequellen?
c) Welche Gründe könnte es dafür geben, dass in Deutschland erneuerbare Energiequellen noch zu wenig genutzt werden?

Modernes Gaskraftwerk geht ans Netz

Im Beisein des Oberbürgermeisters und des Staatssekretärs im Umweltministerium legte der Direktor der Stadtwerke heute den Schalter um, der das neue Gaskraftwerk in Betrieb setzte. Bei seiner Rede vor 120 geladenen Gästen erläuterte er die außergewöhnlichen technischen Daten dieses modernen Kraftwerktyps.
Während bei Kraftwerken älteren Typs nur etwa 35 % der Energie der verbrannten Brennstoffe beim Verbraucher in Form von elektrischer Energie ankommen, sind es bei diesem Kraftwerk über 43 %. Erreicht wurde dies durch verschiedene Maßnahmen, welche die Verbrennung des Gases verbessern helfen. Besonders stolz ist der Chef der Stadtwerke darauf, dass die Abgase besonders schadstoffarm sind. Er wies auch darauf hin, dass Gaskraftwerke gegenüber Kohle- oder Ölkraftwerken den geringsten Ausstoß von Kohlenstoffdioxid haben. Auf die Frage eines umweltbewussten Zuhörers musste der Direktor der Stadtwerke einräumen, dass der Energieverlust von weit etwas 50 % nicht weiter reduziert werden kann, weil ca. 33 % des elektrischen Stroms bei der Hinleitung zum Verbraucher durch den Widerstand der Leitungsdrähte verloren gehen. Dies seien physikalische Gesetzmäßigkeiten, die sich nicht umgehen ließen.

Abb. 6 Zeitungsartikel

Neue Tarifstruktur für elektrischen Strom

In einer Pressekonferenz hat der Leiter der Elektrizitätswerke gestern den Vertretern der örtlichen Presse die neuen Stromtarife vorgestellt. Er machte deutlich, dass es in zwei Bereichen deutliche Änderungen geben werde. Diese Änderungen seien nötig, um die Stromtarife an die Anforderungen des Umweltschutzes anzupassen. So werde für einen normalen Haushalt der monatliche Grundbetrag, abgeschafft und auf den Preis pro Kilowattstunde aufgeschlagen. Damit ist dann zwar die Kilowattstunde um 0,2 Cent teurer, aber der Anreiz zum Energiesparen deutlich größer.
Die zweite grundlegende Änderung betrifft den Nachtstromtarif. Bisher war Nachtstrom um bis zu 60 % billiger als der Strom tagsüber. Das hat dazu geführt, dass Bauherren in ihre Häuser Elektro-Nachtspeicher-Heizungen eingebaut haben, deren Einbau deutlich billiger war als Gas- oder Ölzentralheizungen. Dies sei nicht mehr zeitgemäß und verschwende unsere Energiereserven, meinte der Chef des Elektrizitätswerks.
Für die betroffenen Haus- und Wohnungsbesitzer werde es eine 5-jährige Übergangszeit geben, in der die Nachtstromtarife schrittweise an den Normaltarif angepasst würden. Damit hätten alle Betroffenen genügend Zeit andere Heizungssysteme einzubauen.

Abb. 7 Zeitungsartikel

4 Energie sparen, aber wie?

Zähle fünf Möglichkeiten auf, wie du persönlich elektrische Energie sparen kannst.

5 Energie sparen in der Schule

Zähle fünf Möglichkeiten auf, wie in der Schule elektrische Energie gespart werden kann.

6 Sparsame Waschmaschinen

Moderne Waschmaschinen sparen dadurch Energie, dass sie weniger Wasser verbrauchen. Manche haben auch zusätzlich einen Warmwasseranschluss, der Energie sparen hilft. Wieso lässt sich durch solche Maßnahmen Energie sparen?

7 Teures Stand-by

Du brauchst:

- Elektrogerät mit Stand-by (z. B. Fernseher)
- Energiemessgerät oder Energiekostenmessgerät (wird von den Elektrizitätsversorgungsunternehmen kostenlos verliehen)

Schalte das Gerät auf Stand-by-Betrieb und das Messgerät zwischen Steckdose und Elektrogerät. Miss über einen Zeitraum von 24 Stunden. Rechne aus, was das Gerät in einem Jahr allein für den Stand-by-Betrieb an Strom braucht.

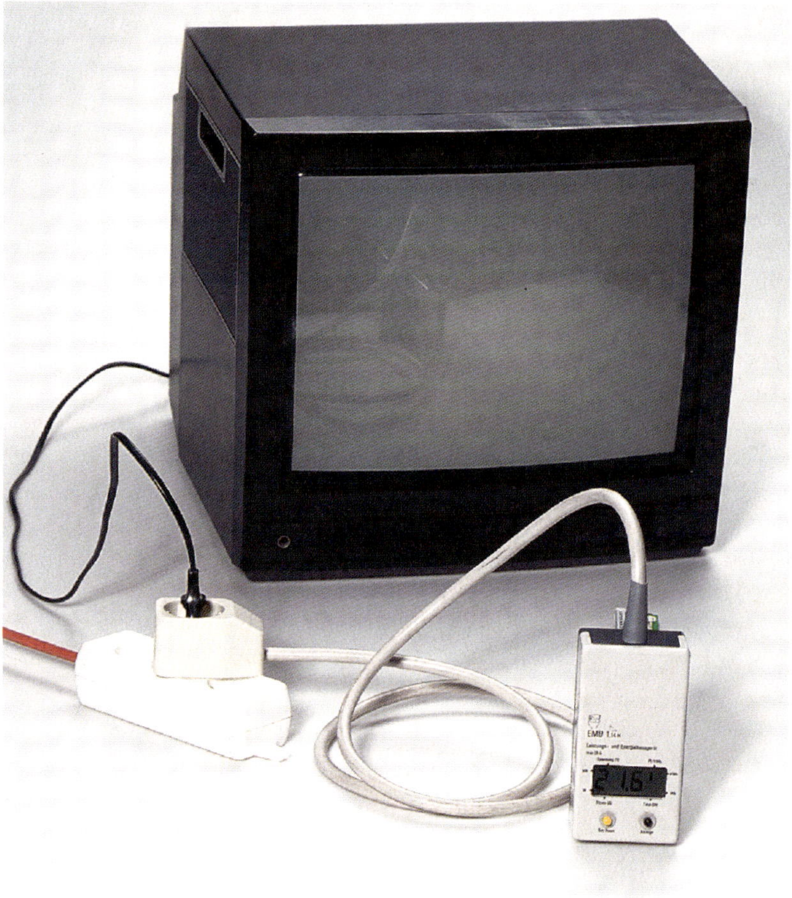

Abb. 8 Energiemessgerät

8 Elektrogeräte im Haushalt

Elektrische Energie kann man auch dadurch sparen, dass man bestimmte Elektrogeräte weniger benutzt oder gar nicht erst anschafft. Schreibe alle Elektrogeräte auf, die ihr zu Hause habt. Auf welche Geräte könntet ihr verzichten? Welche Geräte könntet ihr weniger benutzen?

9 Ein neuer Kühlschrank?

Frau Fischer denkt darüber nach, ihren 20 Jahre alten Kühlschrank durch einen neuen zu ersetzen. Ihr alter Kühlschrank benötigt 1,6 kWh am Tag. Der neue, so steht es im Prospekt, nur 0,7 kWh.

a) Wie viel Euro kann sie pro Monat sparen, wenn eine Kilowattstunde 0,15 Euro kostet?

b) Würdest du Frau Fischer raten, sofort einen neuen Kühlschrank zu kaufen oder erst, wenn der alte kaputt ist?

A

7.11 Batterien und Akkus

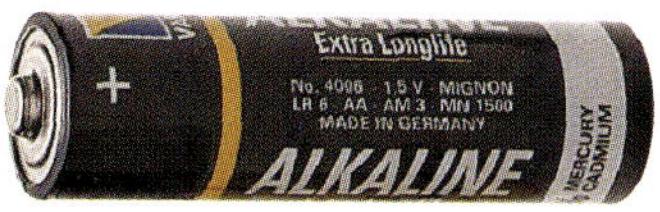

Strom ohne Netz. Ob wir eine Taschenlampe oder ein Handy benutzen - immer verwenden wir als Stromquelle eine Batterie oder einen Akku. In Deutschland wurden 1996 etwa 870 Millionen *Batterien* und *Akkus* verkauft. In beiden Energiequellen werden durch chemische Vorgänge Elektronen freigesetzt. Am negativen Pol einer Batterie oder eines Akkus werden diese Elektronen in den Stromkreis abgegeben. Über den positiven Pol kehren sie zur Batterie bzw. zum Akku zurück. Nach der Größe unterscheidet man bei Batterien und Akkus zwischen den kleinen, flachen Knopfzellen und den größeren, runden Monozellen.

Wohin mit einer verbrauchten Batterie? Eine „leere" Batterie, die keine Elektronen mehr antreibt, kann nicht wieder aufgeladen werden. Mit Ausnahme bestimmter Knopfzellen, die als Bestandteil giftiges *Quecksilberoxid* enthalten, sind Batterien relativ schadstoffarm. Trotzdem gehören Batterien nicht in den Hausmüll, da sie verschiedene Metallverbindungen enthalten. Sie müssen beim Händler oder bei Sammelstellen zurückgegeben werden.

Akku statt Batterie? Ein Akku unterscheidet sich von einer Batterie durch seine Zusammensetzung. Es sind andere Stoffe, die an der Freisetzung der Elektronen beteiligt sind. Die chemischen Vorgänge, die in einem Akku ablaufen, können wieder rückgängig gemacht werden, indem der Akku mit einem Ladegerät für eine bestimmte Zeit an das Stromnetz angeschlossen wird. Man kann einen Akku viele Hundert Male wieder aufladen. Deshalb spart man durch die Verwendung eines Akkus Geld. Die zusätzlichen Kosten für das Ladegerät haben sich bald bezahlt gemacht (Abb. 1). Akkus sollte man dort einsetzen, wo ein Gerät regelmäßig betrieben wird und viel Energie benötigt. Da man einen Akku wiederholt verwenden kann, wird weniger Abfall produziert als bei der Benutzung von Batterien. Außerdem werden Materialkosten für die Herstellung von Batterien gespart. So gesehen ist die Verwendung von Akkus statt Batterien umweltschonender. Andererseits enthält fast jeder Akku *Nickel* als Bestandteil, einige Typen auch *Cadmium*. Beide Stoffe sind umweltschädlich: Nickel kann allergische Reaktionen auslösen, Cadmium gilt als krebsverdächtig. In den pro Jahr verkauften Akkus sind etwa 600 Tonnen Nickel und 615 Tonnen Cadmium enthalten. Deshalb alte Akkus immer bei Sammelstellen oder beim Händler zurückgeben.

Abb. 1
Akkus in einem Ladegerät

Verwenden, wo nötig, verzichten, wenn möglich. Zur Herstellung einer Batterie oder eines Akkus wird 40- bis 100-mal mehr Energie benötigt als diese Energiequelle später selbst liefert. Eine ungünstige Energiebilanz! Auch bei einem Vergleich der Kosten für eine Kilowattstunde schneidet eine Batterie schlecht ab. Eine Kilowattstunde aus einer Batterie würde umgerechnet 1500 Euro kosten. Wo es möglich ist, sollte man deshalb den Strom aus dem Netz verwenden. Er ist billiger.

Merksatz

In Batterien und Akkus wird die elektrische Energie durch chemische Vorgänge freigesetzt. Verbrauchte Batterien und Akkus gehören nicht in den Hausmüll, sondern müssen bei Sammelstellen oder beim Händler zurückgegeben werden.

7.12 Strom - Vom Kraftwerk bis zur Steckdose

Kraftwerke gewinnen elektrische Energie. In einem Kohlekraftwerk wird die Energie der Braunkohle oder Steinkohle in elektrische Energie umgewandelt (Abb. 1). Durch das Verbrennen von Kohle wird Wasser erhitzt und sehr heißer Wasserdampf erzeugt. Der Wasserdampf wird mit hohem Druck zu einer Turbine geleitet. Sie dreht sich dadurch mit einer Geschwindigkeit von 3 000 Umdrehungen pro Minute. Über eine Achse ist die Turbine mit einem Generator verbunden (Abb. 2). Ein *Generator* ist eine Maschine zur Umwandlung von Bewegungsenergie in elektrische Energie. Er arbeitet ähnlich wie ein Dynamo am Fahrrad. Die elektrische Energie aus dem Generator wird vom Kraftwerk bis zu den Haushalten geleitet.

Abb. 2 Geöffneter Generator in einem Kraftwerk

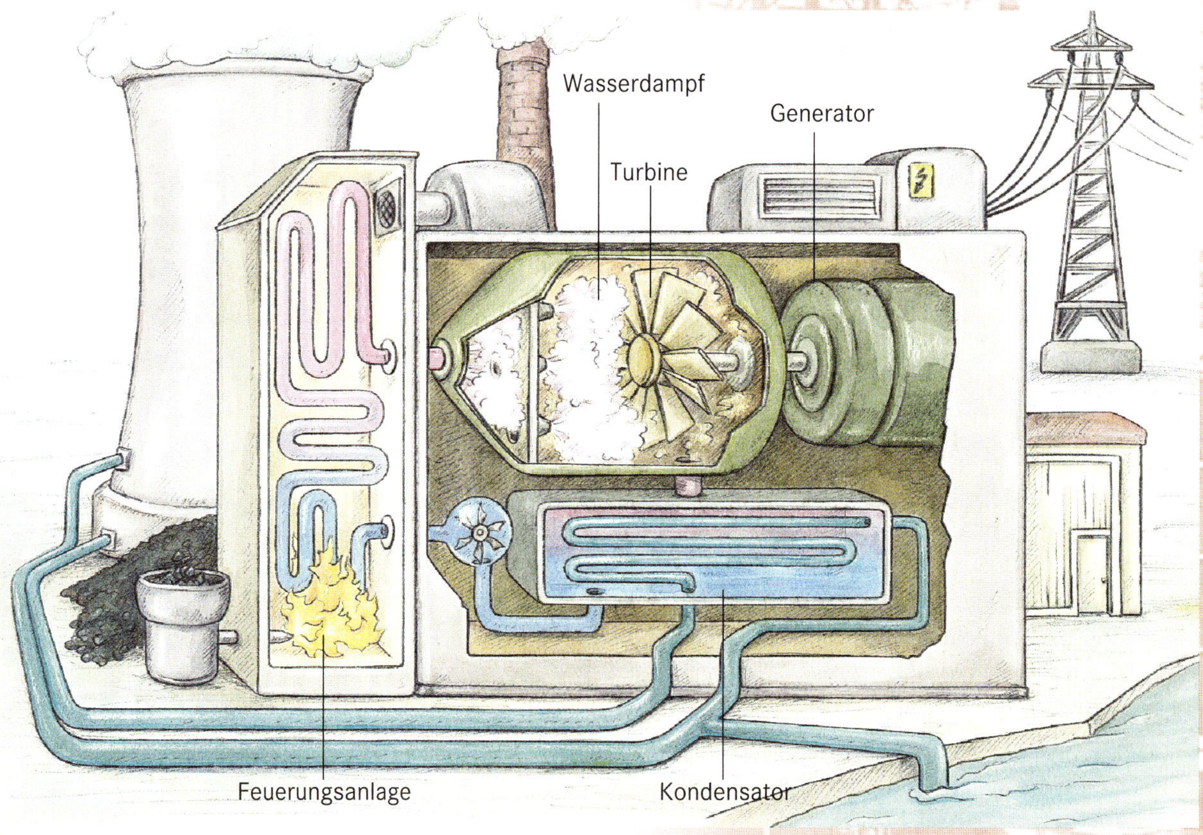

Abb. 1 Kohlekraftwerk

Wie kommt der Strom ins Haus? Bevor der Strom in einem Haushalt aus der Steckdose kommt, hat er einen weiten Weg vom Kraftwerk zum Verbraucher zurückgelegt (Abb. 3). Der in den Generatoren erzeugte Strom hat eine Spannung von 10 000 bis 20 000 Volt. Für die Weiterleitung in den Hochspannungsleitungen wird er auf eine Höchstspannung von 100 000 bis 400 000 Volt transformiert. Dies ist notwendig, um die Energieverluste während der langen Transportwege niedrig zu halten. In den Umspannwerken in der Nähe der Verbrauchergebiete wird die Höchstspannung wieder auf niedrige Werte von 3 000 bis 50 000 Volt transformiert. Von den Umspannwerken gelangt der Strom zu den Transformatoren in der Nähe der Siedlungen. Erst hier wird die Spannung auf den Verbraucherwert von 230 Volt umgesetzt und gelangt schließlich in Erdkabeln zu den einzelnen Haushalten.

Abb. 3 Weg des Stroms vom Kraftwerk zum Haushalt

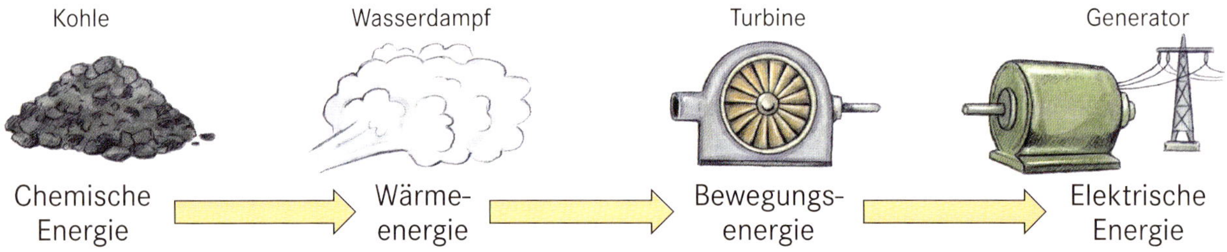

Abb. 4 Energieumwandlung in einem Kohlekraftwerk

Energie wird umgewandelt. In der Umgangssprache spricht man häufig von Energieerzeugung. Diese Aussage ist im physikalischen Sinn nicht korrekt. Denn Energie wird nicht erzeugt. Es findet immer nur eine *Energieumwandlung* von einer Energieform in eine andere statt. Diese Umwandlung wird in einem Kohlekraftwerk ausgehend von der chemisch gespeicherten Energie der Kohle in mehreren Stufen bis zur elektrischen Energie vollzogen (Abb. 4).

Ein Kohlekraftwerk liefert nicht nur Strom. Ein großes Kohlekraftwerk mit einer Leistung von 700 Megawatt benötigt pro Tag etwa 6 000 Tonnen Steinkohle, um daraus Strom zu gewinnen. Für die Anlieferung dieser Mengen Kohle ist ein Güterzug mit 240 Waggons nötig. Als Abfallprodukte entstehen verschiedene Gase, darunter auch Kohlenstoffdioxid. Etwa ein Drittel des gesamten Kohlenstoffdioxidausstoßes in Deutschland stammt aus den Kraftwerken der Stromproduktion. Das Kohlenstoffdioxid ist die Hauptursache für den *Treibhauseffekt*. Dieser hat in den vergangenen hundert Jahren dazu geführt, dass die Temperatur der Atmosphäre um etwa 1 °C angestiegen ist. Viele Wissenschaftler gehen in ihren Berechnungen davon aus, dass sich der Temperaturanstieg in den kommenden Jahrzehnten fortsetzen wird. Sie befürchten, dass sich als Folge davon die Wüstenzonen der Erde weiter ausbreiten und Unwetterkatastrophen wie Überschwemmungen und Dürreperioden häufiger auftreten werden. Deutschland hat sich verpflichtet den Ausstoß von Kohlenstoffdioxid zwischen 1990 und 2005 um 25 % zu senken. Dieses ehrgeizige Ziel ist nur zu erreichen, wenn auch die privaten Haushalte ihren Beitrag dazu leisten, z. B. durch einen sparsamen Umgang mit Strom.

Blockheizkraftwerke helfen beim Energiesparen. Ein großer Nachteil eines Kohlekraftwerks besteht darin, dass von der in der Kohle gespeicherten Energie nur knapp die Hälfte in elektrische Energie umgewandelt wird. Etwa 60 % der Energie gehen als Wärmeenergie über die Kühltürme des Kraftwerks für die Nutzung verloren. Die Lösung des Problems besteht darin, dass man die bei der Stromproduktion entstehende Wärme nutzt, um damit Gebäude zu heizen. Ein solches Kraftwerk, in dem Stromproduktion und Wärmeproduktion miteinander gekoppelt sind, bezeichnet man als *Blockheizkraftwerk*. Ein Blockheizkraftwerk eignet sich vor allem zur Versorgung von großen Gebäudekomplexen, z. B. Schulzentren oder kleineren Stadtteilen.

Merksatz

In einem Kraftwerk wird in großen Generatoren die Energie der Kohle oder anderer Energieträger in elektrische Energie umgewandelt. Dabei werden Kohlenstoffdioxid und Wärme frei. In Hochspannungsleitungen wird der Strom über Umspannwerke und Transformatoren zu den Verbrauchern geleitet.

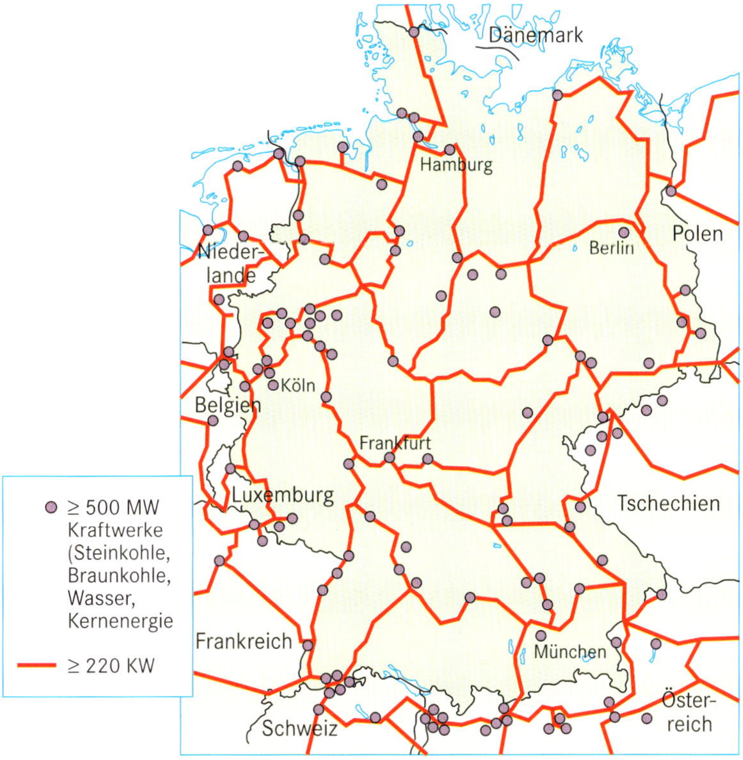

Abb. 5 Die Kraftwerke sind untereinander verbunden

1 Hausgeräte werden parallel geschaltet

Du brauchst:
- Flachbatterie (4,5 V)
- 2 Lampenfassungen
- 2 Glühlampen (4 V)
- 4 Experimentierkabel

Elektrische Geräte im Haus sind parallel geschaltet (Abb. 6). Durch die beiden folgenden Versuche kannst du den Grund dafür herausfinden. Schalte in einem Stromkreis zuerst beide Glühlampen in Reihe, anschließend parallel.
a) Welchen Unterschied kannst du feststellen?
b) Begründe, warum die Ergebnisse unterschiedlich sind.
c) Welchen Vorteil hat es, Elektrogeräte parallel zu schalten?

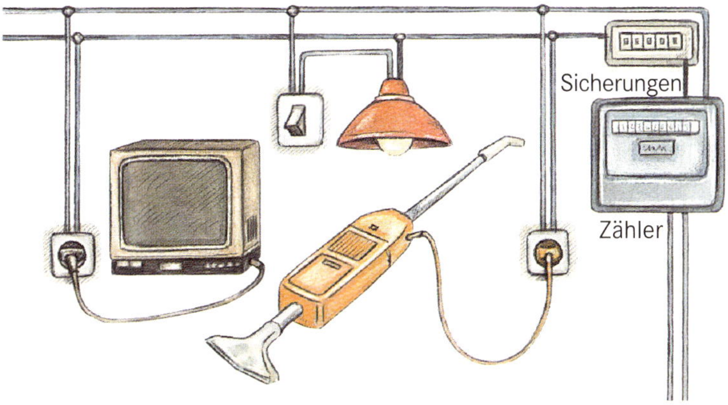

Abb. 6 Haushaltsgeräte sind parallel geschaltet

2 Kraftwerksverbund

In Abb. 5 kann man erkennen, dass fast sehr viele Kraftwerke, die elektrische Energie erzeugen, untereinander verbunden sind. Welchen Vorteil hat dieses Verbundnetz?

3 Hier an, da aus

Du brauchst:
- Flachbatterie (4,5 V)
- Glühlampe (4 V)
- Fassung
- 5 Experimentierkabel

Hat ein Raum zwei Türen, dann findet man meistens an jeder Tür einen Lichtschalter. Diese Schaltung nennt man Wechselschaltung. Baue einen Stromkreis wie in Abb. 7 auf. Schalte abwechselnd rechts und links zwischen oben und unten um.
Erkläre, wie die Wechselschaltung funktioniert. Welchen Unterschied gibt es zu einem Stromkreis mit nur einem Schalter?

Abb. 7 Stromkreis mit Wechselschaltung

7.13 Erneuerbare Energieträger

Solaranlagen liefern elektrische Energie. Bei dem Gebäude in Abb. 1 sieht man an der Seitenfront dunkle Glasflächen, die bei flüchtigem Hinsehen wie Fenster aussehen. Es handelt sich jedoch hierbei nicht um Fenster, sondern um eine *Solaranlage*. Sie dient dazu, aus Sonnenlicht Strom zu gewinnen, indem Lichtenergie in elektrische Energie umgewandelt wird. Eine Solaranlage besteht aus zahlreichen, etwa 10 cm x 10 cm großen *Solarzellen*. Jede Zelle besteht aus zwei sehr dünnen Schichten aus Silizium. Silizium ist ein chemischer Stoff, der aus Quarzsand gewonnen wird. Das Rohmaterial für eine Solarzelle ist billig. Die Herstellung ist jedoch ein aufwendiger und komplizierter technischer Prozess. Eine Solaranlage, die Strom liefert, ist daher eine recht teure Anschaffung.

So wird die Sonne angezapft. Sobald Licht auf eine Solarzelle trifft, werden aus den Siliziumschichten Elektronen freigesetzt (Abb. 2). Dadurch kommt es in einer der beiden Schichten zu einem Elektronenüberschuss, in der anderen Schicht zu einem Elektronenmangel. Die Solarzelle wird dadurch zu einer elektrischen Spannungsquelle, die bei optimaler Belichtung eine Leistung von einigen Watt liefert. Im Unterschied zu Kohle oder Erdöl, die in einem Kraftwerk als Energielieferanten verwendet werden, steht die Sonnenenergie für eine Solaranlage kostenlos und in vielen Regionen der Erde in ausreichendem Umfang zur Verfügung. Ein weiterer Vorteil einer solchen Anlage: Sie setzt bei der Stromproduktion keine umweltschädigenden Abgase frei. Sie arbeitet zudem geräuschlos, erfordert nur eine geringe Wartung und hat eine lange Lebensdauer. Mit einer Leistung von etwa 900 kWh pro Jahr eignet sich ein solches Miniaturkraftwerk vor allem für die ergänzende Stromversorgung von Haushalten. Trotz dieser Vorteile sind Solaranlagen zur Zeit noch nicht sehr weit verbreitet. Einige Gründe sind die hohen Anschaffungskosten und die geringe elektrische Leistung.

Abb. 1 Keine Fenster, sondern eine Solaranlage, das Greenpeace-Lagerhaus in Hamburg

Wasserkraftwerke. Wenn Wasser schnell fließt oder durch eine hohe Staumauer zu einem großen See aufgestaut wird, kann man seine Energie zur Stromgewinnung verwenden. Das Wasserkraftwerk liegt tiefer als der Wasserspiegel des Stausees (Abb. 3). Durch große Rohrleitungen, die einem enormen Wasserdruck standhalten müssen, wird das Wasser aus dem Stausee in die Turbinen geleitet. Da es mit starkem Druck einströmt, drehen sich die Schaufelräder rasend schnell. Von den Turbinen werden wie in einem Kohlekraftwerk die Generatoren angetrieben. Die Stromgewinnung

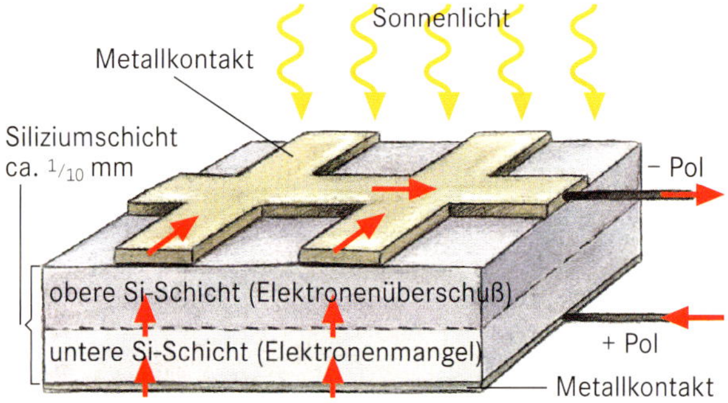

Abb. 2 Wie eine Solarzelle aus Licht Strom gewinnt

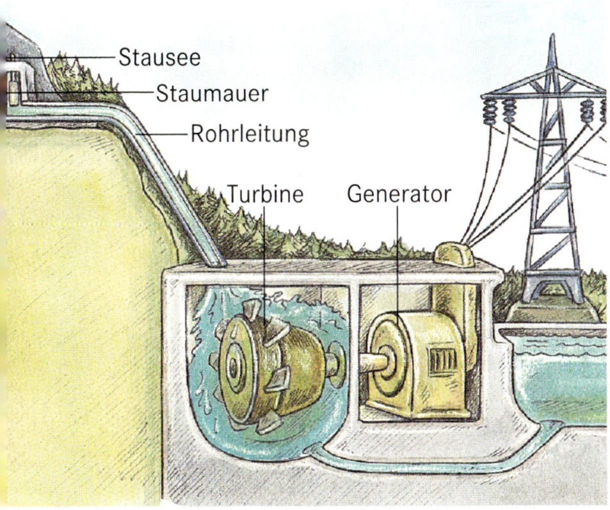

Abb. 3 Wasserkraftwerk

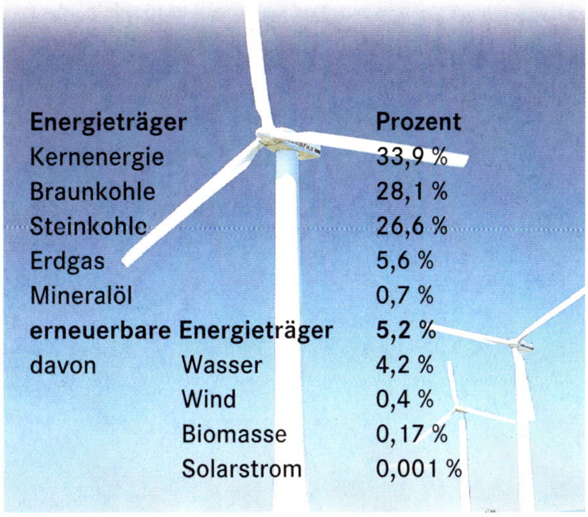

Energieträger		Prozent
Kernenergie		33,9 %
Braunkohle		28,1 %
Steinkohle		26,6 %
Erdgas		5,6 %
Mineralöl		0,7 %
erneuerbare Energieträger		**5,2 %**
davon	Wasser	4,2 %
	Wind	0,4 %
	Biomasse	0,17 %
	Solarstrom	0,001 %

Abb. 4 Anteile verschiedener Energieträger an der Stromerzeugung in Deutschland

durch Wasserkraftwerke hat mehrere Vorteile: So entsteht kein Kohlenstoffdioxid, das als Treibhausgas zur Erwärmung der Atmosphäre beiträgt. Trotzdem werden in Deutschland nur vier Prozent des gesamten Strombedarfs durch Wasserkraftwerke erzeugt.

Windkraftanlagen. Auch die Energie des Windes lässt sich für die Umwandlung in elektrische Energie nutzen. Sinnvoll ist dies jedoch nur in solchen Gebieten, in denen im Jahresdurchschnitt die Windgeschwindigkeit 4–5 Meter pro Sekunde beträgt. Dies entspricht ungefähr der Windstärke 3. Das ist an der Küste und auch in bestimmten Gegenden des Binnenlandes der Fall. Eine Windkraftanlage besteht aus einem hohen Betonmast und einem großen Propeller mit drei Flügeln, den Rotorblättern (Abb. 4). Diese werden durch den Wind in rotierende Bewegung versetzt. Eine Achse überträgt die Bewegungen auf einen hinter dem Propeller sitzenden Generator, in dem die Bewegungsenergie in elektrische Energie umgewandelt wird. Windkraftanlagen eignen sich gut für die ergänzende Stromversorgung von Gemeinden, jedoch weniger für die überregionale Versorgung.

Was bedeutet erneuerbar? Kernenergie, Kohle und Erdöl sind gegenwärtig in Deutschland die drei wichtigsten Energieträger (Abb. 4). Doch die Vorräte an Kohle, Erdöl und Uran werden immer geringer. Wann sie erschöpft sind, darüber machen die Fachleute unterschiedliche Aussagen. Sonnenenergie, Wind- und Wasserenergie haben hier einen großen Vorteil: Sie stehen immer wieder neu zur Verfügung. Sie werden deshalb auch als *erneuerbare* oder *regenerative Energieträger* bezeichnet. Eigentlich die idealen Energieträger der Zukunft! Doch Wasser- und Windenergie können für die Stromgewinnung nur dort genutzt werden, wo sie in ausreichendem Umfang vorhanden sind. Anders verhält es sich mit der Sonnenenergie. Sie beleuchtet alle Regionen der Erde, jedoch unterschiedlich intensiv. Hier setzen Tageszeit und Jahreszeit der Nutzung Grenzen. Der Anteil der erneuerbaren Energieträger an der Stromversorgung wird zwar in Zukunft steigen, vollkommen ersetzen werden diese Quellen die herkömmlichen Energieträger Kohle und Erdöl in den kommenden Jahrzehnten jedoch nicht.

Merksatz

Sonnenenergie, Wind- und Wasserenergie stehen immer wieder neu zur Verfügung. Sie werden deshalb als erneuerbare Energieträger bezeichnet.

Stichwortverzeichnis

Bildquellenverzeichnis

Uwe Anders, Braunschweig: 62.4; 90.5; 108.1; 146.4
Toni Angermayer, Holzkirchen: 15.2; 15.3; S. 16; 18.2; 45.3 u.l.; 51.1
Archiv f. Kunst u. Geschichte, AKG, Berlin: 31.6; 58.1; 84.2; 101.4
atp grafic + design, Serge Panoff, Mägenwil, Schweiz: S. 128 u.
Audi Tradition, AUTO UNION GmbH, Ingolstadt: 72.1
BASF, Ludwigsburg: 108.1
Bildarchiv Michler, Balzheim: 100.2
Bildarchiv Preuß. Kulturbesitz, Berlin: S. 35
Heinz Böttgenbach, Müster: 81.2 o.
Centrale Marketing-Gesellschaft d. dtsch. Agrarwirtschaft, CMA, Bonn: S. 123
Deutsche Presse Agentur (dpa), Frankfurt: 7.4; 30.1; 31.5; S. 59; S. 93 o.; u.; 108.1
Deutsches Museum, München: 54.3
DLR, Oberpfaffenhofen: 6.1
DS Foto-Design, Dieter Schinner, Duisburg: 46.5
FOCUS, Hamburg: 30.4; 70.2
Steffen Förster, Braunschweig: 13.2; 14.4; 39.3; 39.4; 62.7; S. 97 o.r.; 113.3; 114.3; 121.3
Greenpeace, Hamburg (F: E. Weckenmann): 160.1
Greiner & Meyer, Braunschweig: 13.2
Hautklinik Hildesheim, Prof. Dr. F. Vakilzadeh, Hildesheim: 101.7
Ifa-Bilderteam, Düsseldorf: 13.1; 30.2; 34.1; 45.3 o.r.; S. 93 r.; S. 128 o.; S. 129 M.
Institut f. Ur- u. Frühgeschichte, Innsbruck (F: W. Leitner): 100.3
A. van Kaich, Neu-Isenburg: 156.2
Klaus G. Kohn, Braunschweig: 8.6; 12.4; 20.3; 23.4; 24.3; S. 25; S. 28; S. 29; 30.3; 31.7; 31.8; S. 33; 37.2; 38.2; 39.5; 42.1; 43.4; 48.3; 49.2; 50.3; S. 52; S. 53; 54.2; 56.5; 57.1; 59.3; 72.2; 75.2; S. 88; S. 89; 90.6; 91.7; 92.1; S. 95; S. 97 o.l.; 101.5; 101.6; 110.1; S. 111; S. 112; 114.1; 115.5; S. 117; 119.2; 120.2; 122.2; 124.1; S. 126; S. 127; S. 129; S. 131; S.132; S. 133; 134.1; 136.6; 138.2; 139.7; 141.6; 142.3; 143.4; 144.5; 145.1; 145.2; 146.3; 148.2; 149.3; 149.4; 154.8; S. 155; 157.4 u.; 159.7
Lieder, Ludwigsburg: 14.5; 21.1
Luftbild Hans Bertram, Haar: 41.1
Mauritius, Mittenwald: 77.7; 91.8; S. 128/129
Nature & Science, Vaduz, Liechtenstein: 14.3
Nederlandse Fietsersbond, Utrecht, Holland: 74.1
Okapia, Frankfurt: 67.3 (F: Reinhard); 69.5 (F: Bayer); 81.2 (F: Pelka); 157.4 (F: Schramm)
Phywe, Göttingen: 146.4 o.r.
Philips Licht, Hamburg: 134.1
plus neunundvierzig medienservice gmbh, Hamburg: 71.3
Reinhard-Tierfoto, Heiligkreuzsteinach: 17.5; 17.6; 20.3; 60.1; S. 66 o.; 118.1
Dieter Rixe, Braunschweig: 50.4; 57.2; 130.1
Claus Rüping, Kamen: S. 86; S. 87
RWE, Essen: 157.4
Siemens, Erlangen: 150.1
Silvestris Fotoservice, Kastl: 15.1; 18.1; 46.1
Solvis Energiesysteme, Braunschweig:99.1
Dr. Ulrich Stodiek, Köln: 84.1
Tony Stone Bilderwelten, Hamburg: 61.3; S. 84/85; 104.3
Superbild Bach, München: S. 6/7; 7.3; 26.1; 49.1
Thyssen Krupp Stahl, Duisburg: 102.1; 103.2; 105.4
Verband Deutscher Verkehrsunternehmen, Köln: S.78
Vereinigung Deutscher Gewässerschutz e.V., Bonn, aus: “Werden wir verdursten?”: 34.1; S. 36; 38.1
Volkswagen, Wolfsburg: 73.3
Winfried Wisniewski, Waltrop: 60.2
Zentrale Farbbild Agentur (ZEFA), Düsseldorf: S. 3; 6.2 (F: Hummel); 7.5 (F: Black Star); 45.3 o.l.; 45.3 u.r.; 55.1 (F: Eugen); 55.2 (F: Horus); 63.1 (F: Dechslein); 63.2; S. 66 o.l. (F: Rustica); 67.2 o. (F: Glanzmann); 67.2 M. (F: Bauer); 68.4 (F: Wisnieswski); S. 85 o. (F: Waldkirch); S. 85 u. (F: APL); 108.1 (F: Thiele); 109.4 (F: Havlicek); 157.4 o. (F: Hackenberg); 161.4

Zeichnungen: Schwanke & Raasch, Hannover
Einbandgestaltung: Andrea Heissenberg, Braunschweig, unter Verwendung von Fotos von: DLR, Oberpfaffenhofen; Ifa-Bilderteam, Düsseldorf; Klaus G. Kohn, Braunschweig